UMA BEM-HUMORADA AUTOBIOGRAFIA NÃO AUTORIZADA

Memórias In(o/de)centes

Walter Del Picchia
Professor Titular da Escola Politécnica da USP

UMA BEM-HUMORADA AUTOBIOGRAFIA NÃO AUTORIZADA

Memórias In(o/de)centes

Capa
Thiago de Barros

Ilustração de capa
Mariaji Gandhi Salvador

Revisão final
Marina Ruivo

Coordenação editorial e Projeto gráfico (miolo)
YANG Assessoria Editorial

Impressão
Bartira Gráfica e Editora Ltda.

Dados Internacionais de Catalogação na Publicação (CIP)
Angélica Ilacqua CRB-8/7057

Del Picchia, Walter
Uma bem-humorada autobiografia não autorizada : memórias in(o/de)centes / Walter Del Picchia. – São Paulo : Sá Editora, 2014.
208 p.

ISBN 978-85-8202-038-8

1. Professores – Brasil – Biografia. 2. Autobiografia I. Título.

14-0619 CDD 923.7

Índices para catálogo sistemático:
1. Professores – Brasil – Biografia

ÍNDICE

INTRODUÇÃO DA INTRODUÇÃO

A Introdução está interessante. Não deixe de lê-la.

INTRODUÇÃO

Estas memórias, de formato decididamente não usual, constituem um pretexto para desfilar uma série de casos engraçados, pitorescos e às vezes um tanto perigosos, dramáticos ou significativos para mim, vividos nestes meus 76 anos (em 2014). Servem também para externar algumas ideias, nem sempre originais, transmitir um pouco de minha experiência de vida e prestar homenagem a algumas pessoas, a começar por minha mãe, pessoa boníssima (até demais, se julgarmos pelos padrões atuais), mãe dedicada, grande companheira (sempre apoiando meu pai em seus altos e baixos, sem qualquer murmúrio de contrariedade), uma estupenda e eclética cozinheira e executora de belíssimas peças de crochê, além de razoável pintora. A meu pai, pessoa de ótimo nível intelectual, batalhador incansável, amante das letras e negociante de livros, devo, basicamente, meu amor à literatura, à música, à poesia. Agradeço a eles minha formação e minha carreira. Em suma, o pouco que sou devo a eles e ao incentivo de meu irmão, de minhas companheiras e de meus filhos, sem esquecer as tias e tios, especialmente a tia Yolanda e Dona Livia, que me apoiaram no estudo do piano (Não posso esquecer também as férias prolongadas que passei nas casas de tia Tita e de Dona Livia).

Praticamente tudo o que aqui está descrito ocorreu realmente e com minha participação. Pouquíssimos casos os soube por terceiros (embora acontecidos próximos a mim) e os reproduzi por achá-los merecedores de registro. Muitas das piadas que fiz não eram originais; a graça, se houve, consistiu em adaptá-las para a situação e o momento oportunos.

Em uma autobiografia, mesmo que não usual, é difícil escapar de duas armadilhas: a) O relato de fatos que, em última análise, só interessam ao autobiografado; b) A aparente e inevitável demonstração de vaidade. Como sempre tive consciência de minhas limitações e da irrelevância do que aprendi, face ao que ignoro, declaro que qualquer semelhança com algum resquício de presunção é mero acaso, e peço que seja relevada.

Em uma autobiografia, é costume esconder os erros. Vou romper com a tradição e confessar que cometi muitas besteiras (más ações não intencionais), principalmente no trânsito, colocando a vida de outros em risco. Para equilibrar, na balança da existência, também pratiquei incontáveis boas ações. Por exemplo, se me devolvessem todo o dinheiro que emprestei, teria uma fortuna suficiente para dar a volta ao mundo algumas vezes...

Dedico estas páginas às mulheres que embelezaram minha vida e a todos que me ensinaram a difícil arte de viver.

1.1) UNIVERSIDADES
Tópicos quase engraçados (ou nem tanto)

☺ Na chegada do ônibus à USP – Universidade de São Paulo (Cidade Universitária), todos os professores que desciam cumprimentavam respeitosamente o Prof. Florence, idoso mas pleno de vitalidade, pessoa de uma educação impecável. Pensei comigo: "Disseram-me que ele está há um tempão aguardando a publicação de um artigo em uma Revista de Física; finalmente deve ter saído o artigo." Ao descer, apertei sua mão, sorridente, e dei-lhe um sonoro "Meus parabéns." Logo adiante comentei com o Prof. Waldman: – "Saiu o bendito artigo, hem!" E ele: – "Que nada, meu! Morreu o tio dele."

☺ Após quase duas horas em ônibus especial para irmos do antigo prédio da Politécnica (no bairro da Luz, em São Paulo) até o IPT – Instituto de Pesquisas Tecnológicas (na Cidade Universitária), finalmente vamos presenciar a única e importante experiência do dia, sobre Resistência dos Materiais: o técnico coloca um pequeno cilindro de cimento em uma enorme máquina, que começa a pressioná-lo, gemendo de dar dó, e em cinco segundos rebenta-o em cacos... e estamos liberados para voltar (mais duas horas de ônibus!). Desta vez, meu relatório foi fácil para escrever e traduziu fielmente a experiência: "Aaaaahnhnhnhnhnhnhnh, BUUMMM!!!"

☺ Durante um bom tempo, a gente almoçava no restaurante do IPT. Eles serviam o típico "Cardápio Lavoisier" (tudo se transforma, nada se perde). Era sempre feijão, arroz e salada, com: Segunda-feira, Bife; Terça, Espetinho de carne; Quarta, Carne moída; Quinta, Pastel de carne; Sexta, Pudim de carne (também conhecido por "Jesus está chamando"). Sábado e domingo não havia almoço; deste modo, os comensais podiam descansar os estômagos para a próxima semana...

☺ O professor de Cálculo, o Camargão, apagou a lousa displicentemente (costume dele), deixando um "a" que se meteu depois na demonstração de um teorema famoso. No fim, sempre sobrava um "a", e quase que ele "desprova" o teorema...

☺ Alguns apelidos de professores e suas justificativas: Brim-Brim (na disciplina Cálculo Numérico, no processo de extrair a raiz quadrada nas antigas máquinas mecânicas de calcular, a manivela devia ser girada até a conta estourar, o que era indicado por uma campainha (brrimm); o segundo brrimm acontecia porque a manivela devia, em seguida, ser girada ao contrário, para restaurar o valor anterior); Cabrão (quando falava "tomemos duas paralelas", colocava as mãos acima da cabeça, parecendo dois chifres; Sebinho ("Não coloquem os dedos nos pesinhos da balança, senão dá sebinho"); Ovo (o mestre era totalmente careca); Bundão (por motivos óbvios); Bobina (o professor era muito enrolado); Boi (estava sempre apressado e andava com a cabeça projetada para a frente); Pantera cor-de-rosa (andava como a pantera do filme); Satã (o professor não era muito amado pelos alunos); descobri que meu apelido era Pikinha – sei não, mas alunos amigos garantiram que era afetuoso; Megamestre (era super-respeitado e tinha inegável ascendência sobre todos (ou quase todos) – mais tarde aderiu de tal modo aos microcomputadores, que passamos a chamá-lo de Micromestre). Alguns outros apelidos, como o de um Chefe do Departamento, muito "querido" pelos alunos, são impublicáveis.

☺ Na Poli, o Prof. Moacir Cruz, de Geometria Descritiva (o Cabrão), era de um esmero incrível. Conseguia desenhar na lousa, com giz e um compasso rudimentar, com maior exatidão do que nós com lápis, papel e compassos de precisão. Duas historinhas que contam dele, para quem entende de geometria: 1) Um dia um aluno dormia em sua caprichada aula e o Prof. Cruz, educadíssimo, não tinha coragem de chamá-lo. Então fez o seguinte: desenhou, calmamente, um círculo na lousa, tomou dois pontos, ligou-os, assim construindo uma corda e falou, alto: – "A CORDA que liga dois pontos A e B..." O aluno acordou sobressaltado. 2) Certo dia encontrou um aluno seu que era filho de um amigo. Perguntou se tinha alguma dúvida, oferecendo-se para esclarecê-las. O aluno dizia que não, que estava entendendo tudo, as aulas eram espetaculares etc. etc.. Mas o Prof. Cruz tanto insistiu que ele disse que tinha só uma dúvida: – "Por que, quando o senhor diz "tomemos um ponto" o senhor marca dois pontos?" Seguramente, o Cruz teve vontade de enforcá-lo, pois marcar dois pontos para representar um (projeções horizontal e vertical) é o ato mais básico e elementar da Geometria Descritiva.

☺ Tive muita amizade com o Prof. Ardevan Machado, primeiro como aluno (almocei na casa dele nas comemorações do aniversário do Grêmio Politécnico), e depois como colega. Ele adorava brincar. Volta e meia, quando minha empregada atendia ao telefone, lá vinha ela com o telefone sem fio: – "Seu professor de balé quer falar com o senhor..." Um dia, quando eu mesmo atendi e era ele, aproveitei para devolver as brincadeiras. Eu: – “Pronto!” Ele, alto, como fazia sempre: – “WALTIIIINHO!!” Eu, sério: – “Que foi, meu senhor?” Ele, mais baixo: – “Waltinho?” Eu: – “Não, meu senhor. Meu nome é Gustavo, não temos nenhum Waltinho.” Ele: – “Gustavo? Mas é a voz dele, igualzinha.” Eu: – “É, acontece. Que número o senhor ligou?” Ele: – “3078-8824.” Eu: – “Mas aqui é o 3078-8825.” (dei o último algarismo errado). Ele: – “Puxa, deve ser seu vizinho. O número é quase o mesmo. O senhor desculpe. E eu brincando... É que ele é muito meu amigo.” Eu: – “Nenhum problema, meu senhor! Isto acontece com as melhores famílias!” Ele: – “Obrigado. Desculpe, até logo.” Em seguida, ele liga de novo. Eu: – “Pronto!” Ele: – “É o Walter?” Eu: – “Eu mesmo. É o Ardevan? Tudo bem?” Ele: – “Você nem imagina o que aconteceu! Liguei pra você e caiu errado num tal de Gustavo. Deve ser seu vizinho, o número é quase igual. Era a sua voz, mas não era você.” Eu – “É, acontece.” Ele: – “E eu brincando com Waltiinho.” Eu, com a mesma entonação de voz: – “Nenhum problema, meu senhor! Isto acontece com as melhores famílias!” Ele: – “Fiiilho!! Bandiido!! Era você!”

☺ No Dia do Politécnico, quando eu era aluno, fomos, eu e três colegas, almoçar na casa do Prof. Ardevan. Era praxe alunos serem convidados neste dia (chamado de “Pindura ao mestre”). No almoço fiz, baixinho, um comentário para meu colega vizinho, sobre a bonita moreninha que servia a mesa. Mas o filhinho do Ardevan ouviu e berrou: – “Pââiêê, ele falou que a Maria é gostosa e ele preferia comer ela em vez da comida...” Na comemoração de meu aniversário dos 60 anos com um jantar-surpresa, o Ardevan foi convidado. Ele comentou que eu levei só 40 anos para retribuir o almoço.

☺ O professor mais respeitado e um dos fundadores do Departamento de Eletricidade da Escola Politécnica da USP, o Prof. Luiz de Queirós Orsini, pediu-me para corrigir um maço de umas 30 provas (com questões formuladas por ele) de Circuitos Elétricos (matéria também criada por ele). Eu já era professor do Departamento de Eletricidade, sendo assistente do Prof. Orsini. Corrigi e levei à sua sala. Ele: – “Como foram os meninos?” Eu: – “Foram bem, só que um aluno esqueceu-se de pôr o nome na prova. Depois o senhor descobre quem é pela lista de presença; é um bom aluno – só não teve dez por não ter justificado algumas passagens.” (Pela regra de nossa matéria, resultados sem justificativa não seriam considerados, pois como saber se o aluno não teria copiado o resultado de outro?). Ele pegou as provas, começou a folheá-las e, de repente, parou na prova sem nome, virou para o professor com quem conversava (futuro reitor) e comentou, entre surpreso e pesaroso: – "Ô Hélio, o Del Picchia corrigiu meu gabarito e me deu oito e meio!!" Tentei disfarçar a situação, visivelmente cômica: – "Ué! Não justificou, levou! A regra é sua..." Foi depois disso que ele começou a dizer que "Prova boa é aquela em que o professor tira oito e meio."

☺ Historinha que inventei sobre a escolha, por computador, do Prof. Robba para Chefe do Departamento, na Politécnica: foi fornecido a um supercomputador um banco de dados com os nomes e características de todos os brasileiros, e solicitou-se que ele escolhesse "Um brasileiro adulto HONESTO que não ROUBA." Após dois dias de intensa procura, veio a resposta: – "Entre os brasileiros adultos, não encontrei nenhum honesto que não rouba." Pediu-se, então, a melhor aproximação. Resposta: – "A melhor aproximação é um tal de ERNESTO ROBBA." E foi assim que ele se tornou Chefe do Departamento.

☺ Na reunião do Conselho do Departamento de Eletricidade da Politécnica seria votada uma moção, cuja consequência seria o desligamento de um colega de um laboratório, fato desabonador para ele. Eu e outros tentávamos atenuar a punição. O Prof. C já havia praticamente declarado o seu voto, ao discorrer de modo crítico sobre a "falta" do colega. Na hora da votação, secreta, o Prof. C pediu para justificar o voto, pois todos haviam percebido que ele votaria contra o colega. O Chefe do Departamento: – "Não pode justificar, pois se declarar o voto, isso anula a votação." C: – "Mas eu preciso justificar!" O chefe: – "Não pode, anula a votação!" C: – "Mas eu quero..." O chefe, firme: – "NÃO PODE!" C: – "Mas.." Chegáramos a um impasse, quando tive uma ideia: – "Ô chefe, deixa o C justificar o voto." O chefe: – "Não pode, Del Picchia, o voto é secreto." Eu: – "Pois é. O C faz uma justificativa secreta: ele escreve, envelopa, cola e ninguém lê. Satisfaz os dois." O pessoal caiu na risada e o impasse foi superado.

☺ Fatos pitorescos, acontecidos em reuniões do Conselho de meu Departamento, com uma das mais vivas inteligências que conheci, o engenheiro, grande amigo e colega, o Prof. Dimetri, descendente de russos: 1) O chefe, colocando uma providência em votação, diz: – "Todos esclarecidos? Então, em votação." O Dimetri: – "Voto a favor, mas como não estou esclarecido, quero registrar meu voto favorável como não esclarecido." 2) Frase de efeito (e injusta) de outro professor sobre uma proposta do colega: – "Esta proposta é não só iníqua, como inócua." 3) Em outra ocasião, o Dimetri: – "Como concordo com a discordância dele acerca de minha discordância, quero registrar que retiro minha discordância, em vista da concordância da maioria." 4) Em outra ocasião: – "Pode parecer contraditório, mas concordo com ele naquilo em que ele não concorda comigo." 5) Outra vez: – "Sou contra, mas para não parecer que sou inflexível, voto a favor." Depois dessas tiradas, que desconfio irônicas, comecei a dizer que não só as mulheres, mas também os russos, têm estrutura mental mais evoluída.

☺ Meu colega Prof. Vitor Leite me diz, numa sexta-feira, ao fim do dia: – "Meu candidato a próximo Chefe do Departamento é você, e todo pessoal com quem conversei tem a mesma ideia." Refeito do susto, pois sabia do trabalho e da responsabilidade assumidos por um chefe de departamento (especialmente do nosso, um dos maiores da Escola Politécnica), lembrei-me da piada do executivo inglês que recebe um telegrama às 17 horas de uma sexta-feira, quando está saindo do escritório. Curioso, dá uma olhada pelo lado semiaberto: "Incêndio filial Manchester. Prejuízo 10 milhões sem cobertura seguro." Com cuidado, ele põe o telegrama sobre a mesa e murmura: – "Segunda- feira vou ter uma péssima notícia." E falei ao Vitor: – "Hoje é sexta-feira, vamos esquecer. Segunda-feira você me dá esta péssima notícia."

☺ Em minha campanha para vice-chefe, um colega, que futuramente atingiria importante posição, reclama comigo: – "Que chato! Você falou que fomos comprados" (pelo outro candidato, o qual comandava um setor com poder econômico). Eu: – "Nunca! Jamais falaria tal coisa! O que eu falei foi que vocês se venderam."

☺ O Prof. Orsini, querendo saber de um aluno: – "O Teodoro Sampaio foi bem na prova?" Eu: – "Esse não temos. Não é o Cardoso de Almeida?" Ele: – "Ah, é. Troquei de rua..." (Nota: estes nomes são de duas ruas de São Paulo).

☺ As aulas de Circuitos Elétricos eram dadas por três professores, para três turmas: o criador da matéria (o professor mais respeitado do Departamento, o Prof. Luiz de Queirós Orsini), eu e outro colega, o Prof. Amazonas. As provas, comuns a todas as turmas, eram elaboradas pelos três, cada um propondo uma questão e fazendo o respectivo gabarito. Os gabaritos eram verificados, passados a limpo, com todo capricho, pelo Prof. Orsini, e colocados no quadro, para que os alunos conferissem as soluções ao sair da prova. Em certa ocasião, quando a prova (de dez itens, valendo um ponto cada item) estava terminando, percebi que a solução do Prof. Amazonas para um dos itens de sua questão (de quatro itens) tinha uma falha oculta, não percebida por nós três na conferência prévia que fizéramos (Observação: os alunos comentavam que ele elaborava questões tão difíceis, que ele mesmo penava para resolver...), e seu gabarito tinha três itens com respostas corretas e um item com a resposta errada. Mandei avisar o Prof. Orsini, que estava tomando conta da outra turma, para não colocar o gabarito no quadro, mas ele já o havia feito. O gabarito, com um erro relevante em uma das 10 questões estava lá, com a letra inconfundível do mestre criador da disciplina! Pensei: "E agora? Como o pai da matéria vai se sair desta perante os alunos?" Como era ele quem passava o gabarito a limpo, iria parecer que o erro fora dele. Saiu-se do seguinte modo, escrevendo sob a solução posta no quadro: "Atenção. A solução que dei não se refere ao circuito proposto, mas sim ao seguinte circuito (e desenhou outro circuito elétrico). Houve erro no enunciado. As notas serão compensadas." Depois de dadas as notas, procedemos à justa "compensação", que consistia em somar um ponto a todas as notas. Minha lista de notas e a do colega (que estava ausente neste dia), feitas a mão, foram fáceis de compensar: refiz as duas em vinte minutos. Já a do Prof. Orsini, que fazia tudo em computador (havia feito um programa para cálculo das médias finais e imprimia tudo no micro dele), causou problemas, pois o programa não previa tal compensação (somar um). Gastou um tempão refazendo o programa, perdeu parte do arquivo, teve que digitar de novo, testar tudo etc.. De vez em quando eu passava pela sua sala e dizia: – "Está vendo? É isso que dá não obedecer ao Primeiro Princípio de Walter, que sou eu: só use computador se não puder fazer a mão." Quanto à justificativa dada por ele para o erro na solução, teve que me aguentar durante anos: – "Aí, hem! Se o problema não está de acordo com minha solução, modifique-se o problema; minha solução eu não mudo. Usou a filosofia delfiniana: Se a realidade não se adapta ao meu modelo (econômico), bolas para a realidade; meu modelo eu não mudo."

☺ No velório do Prof. Waneck, eu estava próximo aos pés do caixão. Falando comigo mesmo, balbuciei: – "É, o Waneck se foi." Ouço ao lado uma voz grave, gutural, cantante: – "E loogo ireemos encontráá-lo..." Era o Prof. Borzani, colega de turma do Waneck. Minha reação: – "Eu não. Só vou encontrá-lo se ele foi muito ruim." (Explicação, pois alguém pode não ter compreendido: se ele foi muito ruim, segundo os entendidos seu destino será o Fogo Eterno, e só aí haveria alguma chance de um encontro comigo...)

☺ Esta é para pessoal técnico. Quando o Jornal da Reitoria publicou minha crônica "Um plano para ninguém botar defeito", fui muito festejado, mas o colega Kovacs depreciou-o: – "Seu artigo é muito linear." Comuniquei a ele, então, que meu próximo artigo seria "O diodo e eu", pois o personagem principal seria o dispositivo elétrico "diodo", que é decididamente não linear.

☺ O Prof. Normonds, natural da Letônia e meu vizinho de sala, estava escrevendo um parecer: – "Walter, como se escreve bum?" Eu: – "Bum o quê?" Ele: – "Um bum projeto." Eu, soletrando: – "B, O, M, só que não é bum, é bom." Ele: – "E como se escreve apruvadu?" Eu: – "A, P, R, O, V, A, D, O, só que não é apruvadu, é aprovado." Ele: – "Tá bum. Brigadu."

☺ Na Secretaria do Departamento, tento dizer algo ao meu colega Contessa. Ele: – "Não posso ouvir, estou levando papéis para copiar e não faço duas coisas ao mesmo tempo." Eu, caçoando: – "Cara limitado! Outro dia, lá em casa, com o olho esquerdo eu lia um exercício de Física, com o direito um texto de Matemática, com o ouvido esquerdo escutava música, com o direito, a conversa da minha mãe com a irmã, batia um papo com minha prima e ainda dava jeito de namorar a vizinha..."

☺ Fui assistir a uma palestra do Chefe do Departamento. Havia apenas uns dez professores presentes e eu me sentei no fundo. Assunto maçante e eu com sono, não deu outra, dormi. Após a palestra, comentei com um colega: – "Acho que peguei no sono." Ele: – "Acho?? Você estava roncando..."

☺ A secretária de um dos departamentos da Poli telefona-me: – "Eu acho você muito vivo." Eu: – "A que horas você sai?" Ela: – "Não é isso, é para dizer que só agora entendi aquela frase que você dizia para as mães com filho pequeno: Quando as crianças são pequeninas, são tão bonitinhas que as mães têm vontade de comer. Depois que crescem, elas se arrependem por não terem comido." Explicação: Os sobrinhos dela tinham crescido e estavam uma peste... (Nota: Esta frase se referia aos filhos dos outros. Quanto aos meus, não tive motivos para queixar-me).

☺ Um colega professor dava um exagerado número de aulas, em várias escolas. Um dia atrapalhou-se e deu uma aula de Física do quarto ano de uma Faculdade, no lugar da aula correta de Matemática para o segundo ano de outra Faculdade. O incrível é que os alunos só perceberam após a aula. Pelo jeito, se alguém notou, ficou com vergonha de interromper o professor. Ou então, ninguém estava acompanhando a matéria...

☺ A Congregação da Politécnica estava decidindo enviar para um museu a bela miniatura de locomotiva que estava na sala do Prof. Waneck. O Prof. Fadigas já havia se manifestado contra a transferência, mas quando o Waneck disse: – "Se a máquina sair de lá, eu vou junto.", ele, rapidamente: – "Então quero mudar meu voto..."

☺ Anos atrás, na reunião do Conselho do Departamento de Eletricidade da Politécnica (formado, na época, pelos professores mais categorizados – uns 10 titulares – e vários representantes de outras categorias), o Prof. Waneck atirou um copo de cristal (grande), com água e tudo, em outro titular que o depreciara. Por pouco não acerta o vizinho, que se abaixou. Apesar da gravidade do ocorrido, as conversas que se seguiram foram hilariantes. O Prof. Zuffo, que estava na reunião, ligou-me em seguida, lamentando o caso e preocupado com a possibilidade de alguém se ferir e os jornais publicarem (eu lamentei não ter podido ir à reunião – estava atarefado com a finalização de um artigo – para ver algo tão inusitado). Logo em seguida liga o Waneck, com voz grave: – "Del Picchia, desculpe, viu?" Eu, pensando que ele fosse justificar a perda da paciência: – "O que houve?" Ele: – "Estou com má pontaria, não consegui acertar o cidadão..." Na reunião seguinte, fiz duas propostas formais: 1) "Quem se sentasse ao lado do professor alvo teria 20% de acréscimo no ordenado, a título de periculosidade."; 2) "Os copos de cristal, pesados, seriam substituídos por copos descartáveis, mais leves." O quase atingido, agradecido: – "Obrigado pela preocupação!" Eu: – "Preocupação nada! Não quero é quebrar os copos de cristal, tão caros." Outro comentário feito na reunião foi que o professor que se abaixou, famoso pela calma excessiva, pela primeira vez na vida havia sido rápido. Durante a reunião, cada copo que chegava, eu colocava na frente do atirador. Os outros: – "Para quê?" Eu, caçoísta: – "É munição. Não acertou, vamos dar uma nova oportunidade."

☺ Fotos e legendas: 1) Em uma foto tirada em um congresso, aparecíamos os três sentados, um ao lado do outro: Eu escrevendo, o Prof. Zuffo, ao meu lado, aparentando ver o que eu escrevia e o Prof. Orsini, ao lado do Zuffo, com a mão encobrindo parcialmente a boca. Os alunos não perdoaram: obtiveram a foto e publicaram-na no jornalzinho, com as legendas em balões. O Prof. Orsini dizia ao Prof. Zuffo: – "Vê se ele resolveu e passa a cola." O Prof. Zuffo dizia: – "Pera aí. Deixa eu ver o que ele está escrevendo." 2) Publicaram também uma foto, na qual estavam inspecionando um supermercado em Brasília: o então Presidente Collor, segurando uma enorme mandioca, o Senador Tuma, da Polícia Federal, com uma mão por baixo do paletó e o Kandir, encantado com a mandioca. As legendas nos balões diziam (com participação minha): – "Vejam a bela mandioca que arranjei para meu povo" (a do Collor) e "Vira isso prá lá, se não mando bala" (a do Tuma).

☺ O colega Prof. João Antônio Zuffo, um dos grandes humanistas da Escola Politécnica, além de astrônomo, traduz tudo. Daí que, a tradução de UFO sendo OVNI (Objeto Voador Não Identificado), nós também o traduzimos, para Zovni. Como a última aparição do Cometa Halley foi decepcionante, ele está esperando a próxima aparição, lá para 2060. Então, eu imaginei uma cena: O Zuffo, com mais de 100 anos e apoiado na bengala, diz pra bisneta: – "Qui-ri-da, to vêndo o comeeta." Ela: – "Que nada, biso, você está vendo a luz do poste."

☺ Uma vez, meu colega Prof. Mariotto pegou minha caneta Bic para assinar alguma coisa e, enquanto lia o texto, distraído, ficou mordendo a tampa da caneta (aquela meio pontuda). Aproveitei a chance e inventei: – "Gozado, você chupa a caneta no mesmo lugar que o Zuffo." Ele: – "Arghhhh..." O fato deu-me uma ideia brilhante: fabricar tampas de caneta sobressalentes de caramelo, para as pessoas irem chupando como pirulito e trocando. E tampinhas (aquelas redondinhas) de goma, para a mesma finalidade.

☺ Demonstração prática de reflexo condicionado: o coronel Pinto Guedes, um técnico muito nosso amigo, inspecionava regularmente os projetos financiados pelo Finep – Financiadora de Estudos e Projetos. Um dia, após tomar café conosco no barzinho do Departamento, despedira-se e ia indo embora. Como esquecera alguns papéis, nós o chamamos: – "Coronel! Coronel!" Ele continuava indo. Nós o chamamos pelo nome. E ele se distanciando. Foi aí que tive a ideia. Falei, com entonação de quartel: – "AAAL-TÔ!!" Ele parou imediatamente.

☺ Meu colaborador na Escola Politécnica, o Baptistella, médico e engenheiro, trouxe um livro com tabelas de sintomas e diagnósticos de doenças, e li que sífilis não apresenta sintomas, ao menos inicialmente. Um orientado, o Eng. Marcio Rillo (depois reitor de importante universidade) passava pelo corredor. Eu: – "Marcio, está sentindo alguma coisa?" Ele: – "Não, nada." Eu: – "Então você está com sífilis!"

☺ Brincadeiras com um colega Prof. X, muito calmo e que tinha o costume (saudável, aliás) de andar muito por toda a Cidade Universitária: 1) Enunciei o Teorema de Delpichewsky (minha homenagem ao colega Janizewsky, que dividiu por uns tempos uma sala comigo): "Quem quiser encontrar o Prof. X, pode esperar em qualquer esquina, que num tempo suficientemente longo, mas finito, ele passará por ela." 2) "O Prof. X vai se aposentar por quilômetro rodado." 3) "Ele é piloto de provas de uma fábrica de sapatos." 4) Fábula inventada e publicada pelos alunos: "Ele descende dos Mac Dogotts, família escocesa sobre a qual, devido a uma briga, recaiu uma maldição e todos os descendentes deveriam andar sem parar durante os séculos vindouros." Certa vez eu disse ao Prof. Orsini que queria ser calmo como o Prof. X. Resposta dele: – "Mas não precisa exagerar!"

☺ Quando eu ainda não era titular: após dois titulares se acidentarem dentro do departamento (um quebrou o braço e o outro a perna), espalhei que eram ações do CAT – Comando de Ataque aos Titulares – e comecei a incentivar os professores mais antigos a passarem pela "Passagem Darwin" (uma passagem perigosa sobre a laje que ligava os dois prédios que usávamos), onde os mais velhos cairiam para dar lugar aos mais jovens.

☺ Troca de gentilezas: 1) Ao fim de horas de trabalho com o Chefe do Departamento e auxiliares, despeço-me: – "Até logo, é tarde, agora preciso ir! Tive muito prazer em trabalhar com vocês." Ele, caçoando: – "Pena que eu não possa dizer o mesmo." E eu: – "Então minta como eu..." 2) Um amigo, querendo brincar comigo: – "O Adauto é veterinário, você podia se tratar com ele." Eu: – "Deu bom resultado para você?"

☺ Num dos laboratórios havia um protótipo de uma pesquisa, sobre controle eletrônico de braço mecânico, com mão de borracha acoplada. O controle era feito por meio de sinais elétricos. Eu dizia: – "Este é o único invento em que se pode cumprimentar o invento em lugar de se cumprimentar o inventor..." Um dia ligamos o braço a uma antena de rádio e ele gesticulava freneticamente, como um maestro regendo, furioso, uma orquestra invisível. Fomos ouvir a estação que estava pegando, e ela tocava uma vibrante marcha militar da Banda da Força Pública.

☺ Ensinamentos irônicos e/ou pragmáticos que eu transmitia aos alunos: 1) Podem colar à vontade, mas têm que colar certo. Colar errado é burrice e, se eu pego, dou zero na questão toda. Eu inventava: – "Está no livrinho vermelho do Mao que a cola é uma manifestação coletiva contra o individualismo capitalista, mas colar errado é ato de sabotagem contrarrevolucionária." 2) Não acreditem em fórmulas com mais de três centímetros. 3) Ignorem teoremas sem nome, pois 99% das vezes são sem importância. 4) Vão nadar no Centro Esportivo para aproveitar o Sol e estudem à noite, pois o estudo não precisa de Sol. 5) Desconfiem de quaisquer ensinamentos, pois quem os dá também tem seus interesses.

☺ Um dia, ao finalizar uma aula, ao invés de sair pela porta ao lado da lousa, saí pela porta mais distante dela. Olhei para a lousa que eu acabara de encher de fórmulas e me assustei com a grande confusão. Pensei: "Que bom que tenho alunos inteligentes. Só um aluno com bom nível de inteligência consegue decifrar minha aula..."

☺ Após aposentar-me, aconteceram dois "dilúvios" em meu Departamento:

1) Chuvas muito fortes acumularam água sobre a laje superior, que vazou e inundou minha ex-sala, na qual tinha ficado meu sucessor, o Prof. Ciparrone. Eu lhe disse: – "Mereceu! Por que não seguiu minha recomendação para que subisse sobre a laje e desviasse a água para a sala vizinha?"

2) Após N tentativas, o Prof. Y, embora com muita oposição de colegas e receio de alunos e funcionários, havia conseguido eleger-se Chefe do Departamento (o que tentara inúmeras vezes, mas não conseguira, pela atuação do grupo ao qual eu pertencia – embora amigo, eu era do grupo politicamente opositor a ele). Contaram-me, mais tarde, que houve tantas desavenças internas que o departamento acabou se dividindo em quatro...

☺ Na capa de meu livro técnico há um humanoide com uma abertura horizontal na cabeça, onde uma mão coloca um disquete de computador (naquele tempo, em lugar de CDs e pen-drives, usávamos disquetes). Na Secretaria, com várias secretárias presentes, um colega recriminou-me por estar sugerindo a programação de seres humanos. Eu: – "Que nada! Só quero programar as mulheres." As moças ficaram atentas. "Proponho que, cedo, coloquemos nelas um disquete programado para tratarem das crianças; na hora do almoço, outro disquete para tratarem da comida; à tarde, um disquete programado para tratarem da casa; e à noite, outro, para tratarem da gente." As moças: – "MACHISTA!" Na semana seguinte voltei e disse: – "Vocês tinham razão, nada de uma mulher com quatro disquetes, vou adotar a solução maometana." Elas: – "E como é?" Eu: – "São quatro mulheres diferentes, uma para cada coisa." Tive que fugir para não apanhar. (Nota: a revista *Veja* copiou minha capa, sem pagar royalties, apenas substituindo o disquete por um CD).

☺ Desejei felicidades ao Prof. Orsini e ele respondeu: – "Desejo o dobro para você." Eu: – "Nem posso falar o mesmo para o senhor, dobrando de novo. Se não, o senhor pode desejar o dobro outra vez e, de dobro em dobro não vamos mais sair daqui." Os matemáticos diriam que estaríamos criando uma progressão geométrica de felicidades com razão dois.

☺ Eu, ensinando, ironicamente, como fazer teses: – "Já tenho prontos para uso os Agradecimentos, a Introdução e a Conclusão, com espaços para preencher. É só fazer a Bibliografia, com livros recentes. Estes quatro itens são examinados atentamente. O resto, é só pegar qualquer texto, de qualquer área, e organizar com todo o cuidado. Raramente leem mesmo e, se alguém ler e não entender, vai pensar que a deficiência é dele..." Recomendo ainda que deixem alguns errinhos de português (grafia, concordância etc.) para que os examinadores tenham algo a criticar. Para os músicos, sugiro tomar o mesmo cuidado numa Aula Magna (Master Class): o pianista a ser orientado não pode ser perfeito demais, se não, quem estiver ministrando a aula não vai ter o que criticar/comentar, e todos sairão frustrados...

☺ Um dia fui assistir à aula de uma colega. Diverti-me muito, pois ela, uma moça normalmente recatada, transformava-se e dava uma aula tipo espetáculo. A apoteose de uma demonstração era sempre precedida da exclamação: – "Vejam só que maraviiiilha!" Quando ela perguntava: – "Vocês estão entendendo?", era com a intenção de ouvir a pergunta padrão: – "Com sinceridade?" Quando havia alguma soma de vetores (cada vetor é representado por uma flecha, com ponta numa extremidade e "penas" na outra), ela sempre vinha com o lembrete: – "Cabecinha de um no rabinho do outro." Era o que ela definiu para mim como sendo uma "porno-aula".

☺ Ex-professor meu, engenheiro civil, brincalhão: – "Ô Pikinha mole." Eu: – "Anote um ditado, próprio para engenheiros civis: Pikinha mole em estrutura dura, tanto bate até que fura."

☺ Um colega usava frequentemente expressões latinas. Um dia perguntei: – "Por que você fala tanto data vênia?" Ele: – "Eu gosto." Eu: – "E o que significa?" Ele: – "Você sabe que eu não sei? Acho bonito..."

☺ Um professor amigo chocava-se tanto com os que estavam administrativamente acima dele (ou os outros é que se chocavam com ele, pois costumava externar suas opiniões sem muito formalismo), que nós, caçoisticamente, indagávamos qual a semelhança entre ele, o Mate Leão e o Giordano Bruno. Resposta: – "Os três têm vocação para serem queimados."

☺ Num maço de provas, fiz o gabarito e, de brincadeira, dei nota 10 para ele. Enganei o técnico da oficina, meu amigo Serrano, que o Gabá era um bom aluno e que sempre tirava 10. Depois que ele descobriu a piada, ficou bravo (por algumas horas...).

☺ Fui testemunha: um aluno foi pedir revisão da prova ao Prof. Leo, meu colega de turma. Achava que merecia mais uns dois pontos. O Leo começou a examinar a prova e, repentinamente, virou-se para o aluno: – "Acho que eu me enganei na nota, mas te dei dois a mais. Vou mudar sua nota, vou tirar os dois." O aluno só faltava arrancar os cabelos.

☺ Em minha formatura em Engenharia, no Teatro Municipal, o orador, um importante e antigo professor, resolveu falar sem microfone. Falava ora voltado para a plateia, ora para os formandos, que estávamos atrás, no palco, alternando de minuto em minuto. Como ouvi só metade do discurso, e meu tio, na plateia, ouviu a outra metade, depois, em casa, tentamos juntar as duas partes, reconstituindo o discurso inteiro (aproximadamente...)

☺ Em meu Departamento, o funcionário Anselmo batia repetidamente na porta do banheiro, pensando que fosse um aluno amigo: – "Aí, fazendo seu cocozinho, hem?" Pois era um de nossos professores titulares mais categorizados e respeitados (e um dos mais sérios...).

☺ Assisti a uma palestra, na Biologia da USP, de um pesquisador que desenvolvera vários fitoterápicos eficientes, ministrados em forma de chás. Pois não é que ele declarou, publicamente, e com o maior cinismo que, para pesquisar possíveis efeitos colaterais, experimentava os chás na própria esposa?

1.2) UNIVERSIDADES
Tópicos quase sérios (ou nem tanto)

☹ Nem sempre convém produzir. Para publicar artigo meu em revista do exterior, em nome da Politécnica, eles pediam para enviá-lo em cinco cópias, o que me obrigava a tirar umas 150 cópias xerox. Pedi à Diretoria e esta negou. Comentário meu ao Prof. Orsini: – "Se eu ficasse sem fazer nada, seria melhor." Resposta dele: – "Justamente. Se ficasse quieto em seu canto, você não incomodaria ninguém." (Nota: após intervenção do Orsini, as cópias foram liberadas).

☹ Fui eleito Vice-chefe do Departamento de Eletricidade da Escola Politécnica. Concorri porque percebi que o cargo de melhor relação benefício/custo era o de vice, pois confere um "status" sem impor obrigações (quem é responsável por tudo é o chefe). Não contava, porém, com dois fatos: esqueci que o chefe, o Prof. Américo, saía de férias e, de repente, vi-me na posição de chefe por um mês, respondendo por todas as obrigações, que não são poucas, rezando para o chefe voltar logo. Quando, porém, ele voltou, não deu nem tempo de eu respirar aliviado, pois foi imediatamente nomeado para um cargo importante, e eu penei na posição de chefe por longos meses, num departamento com várias centenas de funcionários, professores, bolsistas e pesquisadores (era um dos maiores departamentos da Politécnica, maior do que muitas faculdades). Não tinha tempo para nada, era reunião atrás de reunião, compromissos, visitas; continuei dando aulas, mas quase abandonei minhas pesquisas, pois vivia administrando problemas dos outros, menos os meus. Para conversar com os componentes de meu grupo de pesquisas, tinha que os colocar na sala ao lado, e nos intervalos dos afazeres, ia ter com eles. Pior que queriam me eleger para chefe, eu era o candidato natural. Resisti e consegui eleger um chefe e seu vice, e caí fora. Uffa!! Até que foi bom, pois depois dessa fiquei curado da ideia de me candidatar a Diretor da Politécnica. Eu já tinha até iniciado minha campanha, com um programa simples, atraente e eficiente: "Se eleito, decretarei uma semana de sambão e chopada." Com um programa destes, eu seria imbatível...

☹ Quando, como Chefe, presidi uma reunião do Conselho, meu amigo, Prof. Glaser, uma pessoa das mais sérias, tentou fazer uma graça qualquer. Eu, fingindo rigor: – "Enquanto eu presidir este Conselho, não vou admitir nenhuma baderna!" O Glaser ficou quieto durante a reunião toda. Ao final, disse para ele: – "Ô Glaser, eu que sou um dos maiores bagunceiros, você acreditou?" Ele: – "Pô, você falou tão sério..." (É a autoridade do cargo).

☺ O Prof. Orsini, após receber o título de Prof. Emérito da Poli, disse-me que preferia ser estagiário com 20 anos que Prof. Emérito com mais de 70.

☺ Verificação de uma das Leis de Parkinson (O tempo gasto em uma decisão é inversamente proporcional ao dinheiro em jogo): numa reunião do Conselho do Departamento, gastou-se um tempo enorme criticando a distribuição do café, feita num carrinho empurrado pelo Sr. José, cujo ruído incomodava algumas pessoas. Eu e o Prof. Castrucci comentávamos: – "É não só a Lei do Parkinson, como o próprio exemplo dele."

☺ Notei que meu Departamento, na Politécnica, estava ficando por demais comercial, dando prioridade a projetos que rendessem financeiramente. Tentava transmitir esta impressão ao Prof. Orsini, esperando que se pudesse fazer algo para corrigir os rumos. Até que um dia, após um comentário dele, eu disse: – "Pelo que entendi, estamos na posição X e o senhor desejaria que fôssemos para a posição Y, mas não possui a função de controle (a capacidade de atuar) para tal mudança." Ele: – "Justamente." Eu: – "Então, de hoje em diante, não direi mais nada sobre isto, pois minha insistência estará prejudicando a causa que defendo." (E calei-me).

☺ Nossas provas de Circuitos Elétricos possuíam três questões, num total de 10 itens a resolver. Cada um dos três professores da matéria era responsável pela correção da questão que propusera. Eu sempre levava um enorme número de provas para casa (por volta de 150), para corrigir a minha parte. Começava lá pelas 19 horas e não parava até terminar, por volta das 5 horas da manhã (meu princípio era: se você não gosta de fazer algo, faça logo – e eu gostava de dar aulas, de pesquisar, de escrever artigos, livros, apostilas, mas corrigir provas é cansativo, mormente se com a preocupação de ser justo). Relato isto para contar um fato interessante: quase todas as vezes em que o relógio da sala começava a dar as doze badaladas da meia noite, eu estava corrigindo a prova do aluno José da Encarnação. Ainda bem que eu nunca tive medo de almas do outro mundo.

☺ Aconteceu após minha aposentadoria (tive conhecimento por um acaso), mas conto para ilustrar até onde pode chegar a inventividade dos alunos (que se consideram injustiçados) quando querem mostrar seu desagrado em relação a um professor autoritário, avesso a um contato mais humano com seus pupilos. Os fatos: alguns alunos, com a conivência da maioria da classe (e a abstenção ou desconhecimento de outros), compraram um peixe já meio passado e deixaram-no fora da geladeira. Depois desatarraxaram a calota da roda do carro do professor (o carro estava no estacionamento, sob um sol abrasador), colocaram o peixe e parafusaram a calota novamente. Dá para imaginar, ao fim do dia, o odor nauseabundo que emanava do local. No horário conveniente, postaram-se ao longe, filmando a vinda do mestre. Este chegou, abriu a porta, sentou-se, abriu a janela e pôs a cabeça para fora, tentando descobrir de onde provinha o cheiro. Saiu do carro e, por um bom tempo, olhou ao redor, no chão, embaixo do carro etc.. Como não encontrou nada, pareceu se conformar, entrou de novo e saiu dirigindo, com a cabeça para fora. Não acharei estranho se, algum dia, cumprirem a promessa de colocar o filme na internet. Para mim, de mentalidade oposta, a chave de um contato produtivo sempre foi a frase atribuída ao Che: "Ser duro sem perder a ternura." Aprendi com o Prof. Orsini – éramos rigorosos nas cobranças, mas, para nós, era prioritário estar sempre à disposição dos alunos para prestar toda a assistência solicitada, de modo atencioso e, principalmente, paciente.

☺ Enviei um artigo técnico para uma das mais prestigiosas publicações internacionais, os "IEEE Transactions on Computers", com 16 páginas datilografadas tamanho A4. Circularam pelos consultores e responderam que publicariam, desde que eu reduzisse o texto para umas 10 páginas. Como eu não queria cortar nada, para não reduzir a inteligibilidade, cometi o jeitinho brasileiro: sem alterar uma letra sequer, diminui as quatro margens no mesmo papel A4, reduzi o tamanho das letras e dos espaços, mudei as tabelas verticais para a posição horizontal. Com mais alguns pequenos artifícios, cheguei às 10 páginas. E aí eles publicaram!!

☺ Notei que muitos alunos só desejavam obter o diploma de engenheiro, sem se importar com o aprendizado. Então fiz uma proposta sarcástica, para termos dois tipos de diplomas na Escola Politécnica: 1) Engenheiro PTC – Por Tempo de Casa: após o ingresso, não haveria provas, estágios ou trabalhos; a passagem do primeiro ao quinto ano seria por inércia, com promoção automática baseada apenas na frequência (de modo parecido com o Judiciário, onde a promoção se dava principalmente por antiguidade); 2) Engenheiro DPC – Diplomado Por Competência, no qual se progrediria pelo estudo: haveria trabalhos, estágios e provas rigorosamente honestos; e o aluno só passaria de um ano para outro, se comprovasse ter absorvido os ensinamentos ministrados.

☺ Não sei por que os fatos, as novidades, as notícias sigilosas sempre me procuraram, chegando a mim naturalmente, por pessoas envolvidas ou por secretárias, sem nenhuma ação por minha parte. Ocorreu numa manhã no café do Departamento. Virei-me para o Prof. Helio: – "Que bom esse contrato com a firma de projetos – vai render uma boa pesquisa." Ele, surpreso: – "Como é que você sabe? Fechamos isso ontem, tarde da noite e você já sabe hoje cedo..." É claro que eu não contei de onde viera, inesperadamente, a informação.

☺ Certa época meu Departamento recebeu uma oferta de N computadores, doados pelo governo estadual (penso que toda a Poli recebeu tal oferta). Soubemos que o financiamento seria do Banco do Estado e era obrigatório receber junto vários programas computacionais, cujo preço estava bem acima dos congêneres. O negócio era suspeito, denotando superfaturamento, pois havia informações de que quem desenvolvera os programas não iria receber toda aquela quantia. Nosso pessoal dividiu-se, uns achando vantajoso receber o equipamento, alheando-nos quanto ao resto. Outros, como eu, pensávamos ser imoral participarmos da aparente negociata. Na votação, os últimos fomos vencidos, mas tive o gosto de deixar registrada a seguinte "Declaração de voto: Voto contra porque não sou favorável a doações deste tipo, nas quais, tudo leva a crer, alguns ganham muito, alguns poucos recebem pouco, e toda a sociedade paga a conta sem ser consultada."

☺ Desde 1964, eu ministrava aulas na FEI – Faculdade de Engenharia Industrial. Em 1967 obtive meu doutoramento na Poli e a seguir fui promovido na FEI para um alto grau, logo abaixo de Titular, que era o topo da carreira (ao que parece, na época fizeram uma reclassificação e, como eu já tinha doutoramento, ganhei a nova posição). Por pura coincidência, pedi demissão, em 1968, logo após a promoção!! Até hoje devem estar pensando que não gostei da amabilidade... Pedi para sair, pois iria iniciar um projeto na Fapesp – Fundação de Amparo à Pesquisa do Estado de São Paulo–, cujo Diretor Científico, Prof. Warwick Kerr, propôs (a mim e ao Eng. Pierre Erlich) um desenvolvimento pioneiro: projetar e construir o protótipo de uma máquina de calcular eletrônica nacional. Pelo que entendi, a ideia era depois desenvolverem o modelo industrial, tendo em vista a produção no Brasil. Isto proporcionaria uma renda industrial à Fapesp e alavancaria desenvolvimentos similares. O ordenado era pouco inferior ao que eu ganharia na FEI, mas o trabalho era um desafio que me entusiasmava e nos deixaria conhecidos. Pedi demissão da FEI (onde acabara de ser promovido) e iniciei o projeto, mesmo sem nenhum contrato formalizado (estas filigranas jurídicas a gente só aprende depois de apanhar). Por artes do Capeta, a diretoria mudou, ficou o dito pelo não dito e ainda fomos criticados como exploradores, por propormos (!?) um projeto, pleiteando pagamentos acima dos valores normais. Fiquei sem o trabalho do desenvolvimento, sem o cargo na FEI (onde fiquei com a aparência de mal agradecido) e ainda mal visto pela nova diretoria da Fapesp. Para esclarecer a situação, só restou pegar um ônibus e ir até Ribeirão Preto pedir ao Prof. Kerr que escrevesse uma carta à diretoria da Fapesp, explicando que o convite partira dele. Assim foi feito e o novo Diretor Científico da Fapesp, após entender que eu fora prejudicado, concedeu-me uma modesta bolsa de pesquisa, que não compensou o prejuízo, mas ao menos o atenuou...

☺ No tempo da ditadura, propus a um amigo uma pesquisa interessante. Programaríamos um computador com um modelo econômico plausível (consultaríamos alguns economistas de peso). Deixaríamos um parâmetro que poderia variar entre zero e um. O valor zero representaria o capitalismo mais radical (ou "selvagem") e o valor um representaria o comunismo mais radical (ou "extremista"). Fazendo várias simulações, variando o parâmetro entre 0 e 1, procuraríamos o melhor valor dele para um melhor desempenho futuro (segundo parâmetros a definir). Poderíamos testar quantitativamente a afirmação de que o capitalismo sabe gerar riquezas, mas as distribui mal, enquanto o comunismo e o socialismo distribuem melhor as riquezas, mas as geram em menor escala. O argumento de meu amigo para abortar o projeto foi simples: "Suponha que as simulações indiquem que o melhor desempenho se dá para o parâmetro mais próximo de um que de zero. Vamos para a cadeia você, eu e o computador."

☺ O Prof. Dimetri queixou-se que ganhávamos pouco. Eu: – "Merecemos o dobro, mas pagam-nos a metade porque estão cobrando as regalias que sabem que temos. Pois, em relação à maioria, somos privilegiados. Trabalhamos em lugar agradável (USP), arborizado, temos estacionamento grátis, colegas em tudo quanto é especialidade para podermos perguntar o que quisermos, hospital e assistência médica, clube esportivo, estabilidade e aposentadoria integral aos

30 anos (naquele tempo). Você deveria ficar feliz por poder ganhar a metade e desfrutar tudo isto, que é a outra metade. Não é qualquer um que pode optar por ganhar menos, tendo capacidade para ganhar mais. Ele, mais tarde: – "Depois que você disse aquilo, fiquei com uma paz de espírito e dizia para mim: Tem razão, eu posso!"

☺ Deixo aqui meu testemunho sobre o convívio com o Prof. Wagner Waneck Martins, grande amigo, parceiro de invenções e um personagem tão fora do nosso cotidiano (eu diria, um personagem quase excêntrico), que constantemente se chocava com colegas. Descobri que os ditos normais fazem a manutenção do mundo, mantendo-o próximo ao ponto no qual o encontraram; os que tentam fazê-lo evoluir, através de pesquisas e experimentos, são considerados malucos pelos normais. Neste sentido, os professores/pesquisadores da Universidade são considerados malucos. Como o Waneck era considerado maluco por nós, professores, dei-lhe o qualificativo de "maluco ao quadrado", e ele apreciou, pois entendeu que era um elogio. Dizíamos que se 0,1% das ideias de um maluco derem certo, o mundo evolui sensivelmente.

O Waneck era supercriativo, mas suas ideias nem sempre eram fáceis de entender, e nem ele se preocupava muito em ser entendido. Num mundo formal, ele era aformal (não dava a mínima bola para a formalização). No Universo waneckiano, representando suas ideias por vetores, havia vetor pra tudo quanto é lado, e eu percebia que a resultante era positiva, mas entre ele e o resto do mundo havia uma barreira semântica; quando ele dava palestras sobre suas ideias, eu dava giz amarelo para ele escrever as ideias dele, e branco para as ideias de "russos e estadunidenses" (metáfora para "o resto do mundo"...). Era como se uma pessoa estivesse andando bem à frente da gente, falando numa linguagem incompreensível até para quem conseguisse ouvir. Uma vez propus botá-lo em um quarto fechado, incomunicável, com janelinhas com gavetas. Ele poria as ideias nas várias gavetas e atrás de cada uma haveria uma equipe para interpretá-las, desenvolvê-las ou rejeitá-las (ele tinha várias ideias por dia...). Um especialista que levava muito a sério as ideias waneckianas era o Eng. Gondin, o qual tem feito várias tentativas para promovê-las.

Uma das ideias fixas do Waneck era destruir a barragem de Edgard de Souza, no Rio Tietê (ela provocava inundações na cidade de São Paulo, acarretando graves prejuízos) e fechar a Usina de Cubatão, São Paulo, que se transformaria no Laboratório de Eletrotécnica da Politécnica.

Ele estava estudando um modo de criar plasma, com pulsos de energia promovidos por bobinas supercondutoras, para obter fusão nuclear (chegou a obter uma patente empregando este processo). A hipótese de sucesso era remota, mas poderia mandar o laboratório para os ares; então, como que para minimizar o perigo, o laboratório-sala dele ficava num dos extremos do prédio...

Certa vez o Waneck convidou a mim e ao Prof. Dimetri para uma demonstração do Teorema da Existência da Aritmética Qualitativa, item importante nas ideias waneckianas. Procedeu à demonstração; eu não entendi, mas o Dimetri pareceu ter entendido, levantou-se e abraçou demoradamente o Waneck, dando-lhe os parabéns. No dia seguinte, ao encontrar o Dimetri, pedi para me explicar. Ele: – "Sabe? Pensei que tivesse entendido, mas também não entendi..."

O Waneck propôs a TN – Transformada Numérica –, uma representação numérica das funções booleanas, funções estas que, juntamente com as equações booleanas, possibilitam a representação algébrica de fatos lógicos (Ledley, com seus números designadores, propôs algo similar, mas com omissões relevantes e muito menos (a/im)plicações). Utilizando a TN, Waneck criou um algoritmo para resolver equações booleanas (Método W). A partir da ideia do Waneck, formalizei a TN e desenvolvi vários algoritmos e aplicações, descrevendo-os em minha tese de Livre-Docência na Escola Politécnica. Continuando o trabalho, agora com a colaboração de Amilcar Brunazo Filho e outros, desenvolvemos aplicações na tomada de decisões, por meio da resolução de problemas lógicos, propostos na linguagem POP – Português Padronizado (uma linguagem inteligível ao homem e à máquina). Mais tarde provei o Método W, o Eng. Amilcar propôs um método (que provei depois) eficiente para computadores e desenvolvi outros algoritmos, um deles apropriado para cálculo manual. Todos os resultados a que chegamos foram por mim descritos e provados no livro *Métodos numéricos para a resolução de problemas lógicos*, onde há programas para computador e também aplicações em hardware. Uma técnica de criptografia utilizando a TN, de Brunazo e Ting, foi premiada em Congresso de Informática.

Outra proposta teórica do Waneck foi o Esção (Engenharia de Sistemas de Computação Automatizada Otimizada), uma nova arquitetura para computadores, diferente da usual (Von Neumann) e que podia ser utilizada para implementar computadores assíncronos. Compreendia uma técnica de Projeto Automático de Circuitos Interruptores, apresentada em livro e que deu origem a um trabalho e a um software (desenvolvidos por um aluno do Rio Grande do Sul, premiados no exterior). Uma vez ele me disse que adotou o nome Esção para que os estadunidenses não conseguissem pronunciá-lo... O Waneck afirmava que seu método de programação produzia softwares naturalmente livres de erro.

A invenção do transruptor merece uma exposição à parte: um dia o Waneck aparece em minha sala com um pequeno dispositivo da General Electric, um relé bi-estável, projetado para ser associado a lâmpadas. Numa posição do relé, a lâmpada ficava apagada, na outra, ficava acesa. Uma das vantagens era que o fio de comando para ligar/desligar a lâmpada podia ser fio fino, econômico (diferentemente das instalações usuais, em que o fio é mais grosso, pois a corrente da lâmpada passa por ele). O comando era feito apertando um botão tipo campainha – cada aperto fazia o relé mudar de posição, ligando/desligando a lâmpada. O defeito do dispositivo era que, embora bastasse um simples toque no botão campainha, se a pessoa ficasse apertando o botão, poderia queimar, ou o dispositivo ou o fio de comando. O Waneck especificou: – "Você precisa inventar um desses que ligue a lâmpada, e desligue o comando automaticamente (e quando desligar a lâmpada, também desligue o comando)." Assim passaria pelo fio de comando um simples pulso, tanto ao ligar como ao desligar, e não haveria perigo de queima do dispositivo ou do fio. Seria um relé biestável inteligente, que fabricaria o próprio pulso, pulso este que teria a mínima energia necessária para acionar o relé. Comecei a pensar no caso; com contato(s) auxiliar(es) no relé, era fácil resolver o problema. Mas eu queria uma solução mais simples, sem outro contato além daquele que ligava/desligava a lâmpada, embora eu desconfiasse da impossibilidade do que desejava. Eu tinha uma bancada em casa, onde fazia meus desenvolvimentos pessoais após o trabalho (na Poli, os laboratórios eram para as atividades didáticas e de pesquisa, não podiam ser utilizados para atividades pessoais). Projetei um relé que ligava/desligava um interruptor tipo abajur (desses que, apertando, liga a luz e apertando de novo, desliga-a); meu irmão Sergio, estudante de engenharia na época, construiu o dispositivo. Fiquei cerca de duas semanas desenhando e montando circuitos com o relé associado ao interruptor tipo abajur. Certo dia, como não conseguia o que queria, decidi deixar a procura para mais tarde e, como sempre fazia, resolvi documentar onde havia chegado, desenhando os circuitos estudados. Quando fui desenhar um fio no esquema elétrico, sem querer prolonguei-o erradamente até outra linha. Já estava com a borracha na mão para efetuar a correção, quando acendeu uma luzinha em minha cabeça: o que será que acontece se eu ligar assim errado? Pois o "desenho errado" resolvia o problema, o que confirmei montando o circuito (não atribuo a resolução ao acaso, mas ao meu subconsciente). Eu chegara ao relé inteligente que fabricava o próprio pulso de comando: com um interruptor tipo campainha dupla, apertando um lado, o relé ligava a lâmpada e desligava o comando; apertando o outro lado, o relé desligava a lâmpada e desligava o comando – assim, o operador podia ficar pressionando, sem problemas, o lado do interruptor que acionara. Telefonei ao Waneck (passava das 23 horas) e ele veio imediatamente da Lapa até meu apartamento, próximo ao centro. Parecia uma criança feliz testando o circuito. Medíamos a corrente e podia-se ver que, quando se ligava ou desligava a lâmpada, o amperímetro mostrava apenas um pequeníssimo pulso de corrente passando pelo fio de comando e pela bobina do relé. E o Waneck partiu para os aperfeiçoamentos. Esta primeira ligação foi chamada de AB-1; a partir dela, ele chegou até o AB-5 e inventou N aplicações (comando múltiplo, comando central, comando de itinerários, alarme etc.), e eu generalizei o comando com uma matriz de diodos – tudo isto constituiu o Sistema Abvolt, descrito em nossos artigos (Abril/1966 e Março/1982) para a revista *Mundo Elétrico*. O modelo industrial foi construído com ímãs e operava, no circuito que eu "descobrira", de modo similar ao protótipo com o botão abajur (tinha a vantagem da repulsão de dois polos magnéticos norte, abrindo o contato violentamente, extinguindo o arco). Patenteamos no Brasil e em inúmeros países; ficou metade da patente para mim, que dividi com meu irmão, e metade para o Waneck, que dividiu com o Eng. Décio Silveira, o qual construíra o modelo industrial. Durante vários anos, o transruptor foi fabricado pela Pelmag, a quem cedemos a exploração da patente e que desenvolveu desde minuterias a transruptores de potência. Houve várias aplicações: mansões com sistema de iluminação complexa, prédios com instalação inteligente, campos de mineração, sistemas de alarme, afora centenas de instalações domiciliares. Nossos recebimentos pela cessão da patente eram de pequena monta, mas foram recebidos por alguns anos. E soubemos de vários profissionais que ganharam um bom dinheiro com aplicações do transruptor.

Um fato pitoresco relacionado: o Waneck queria criar a versão eletrônica de nosso dispositivo (eletromecânico); seria o "transruptor do estado sólido". Um formando, o Kovacs, construiu (como trabalho de fim de curso), utilizando um capacitor, um transruptor eletrônico que tinha memória – do mesmo modo que o transruptor eletromecânico, ele se mantinha na última posição em que fora deixado. O Waneck ficou superfeliz e deu-lhe nota 10 em sua matéria. Após a formatura, não se conseguiu fazer outro dispositivo igual (ou o capacitor utilizado tinha alguma propriedade de guardar carga por mais tempo, ou houve algum engano). Só sei que aí o Kovacs já estava formado e não havia jeito de abaixar a nota. Pois o Waneck queria reprová-lo *a posteriori*!

Outro acontecimento relacionado: há meses eu tentava desenvolver, a partir do transruptor, o "transjuntor", um desligador instantâneo de baixo custo, semelhante aos disjuntores, só que muito mais rápido, pois eletromagnético (com ímãs). O Waneck explicava: seria um plugue inteligente que ficaria na extremidade dos fios dos aparelhos, aquela extremidade que se liga às tomadas. Na eventualidade de um curto-circuito no aparelho, ele cortaria a corrente, como os disjuntores que existem em nossas casas, só que muito mais rapidamente e de modo individual (um para cada aparelho). O usuário removeria o curto, pegaria o transjuntor e, com um movimento brusco com a mão no ar (como quem dá um peteleco), o ligaria de novo. Se a causa tivesse sido corrigida, o transjuntor ligaria novamente o aparelho; caso contrário, ele desligaria outra vez. Pois minhas tentativas para construir o transjuntor haviam sido infrutíferas até aquele momento, mesmo com a ajuda de meu tio Alfredo, um técnico eletrônico de alto nível. Toda a vez em que provocávamos um curto, o transjuntor, em lugar de funcionar como desejado, se queimava. Um dia chego à sala do Waneck na Politécnica, e lá estava ele com um transjuntor funcionando perfeitamente. Provocava-se um curto radical e ele desligava imediatamente, podendo-se repetir a experiência quantas vezes fosse necessário. Pensei: "Vou aumentar o cartaz dele junto ao Prof. Orsini (o qual aparenta me ter em boa conta), dizendo que o Waneck conseguiu o que eu tentei por meses." Falei claramente a ele: – "Vou mostrar ao Prof. Orsini. Não vem atrás; é bom eu explicar sozinho!" Pois estou no meio da explicação, e aparece o Waneck. Não deu outra; ele quis explicar, e quando o Orsini perguntou onde entrava a corrente, ele mostrou. Mas quando perguntou onde saía, o Waneck respondeu: – "Não sai!" Para o criador da matéria de Circuitos Elétricos, uma impropriedade dessas é uma heresia, quase uma ofensa pessoal. E o que saiu foi uma baita briga, que degenerou para outros assuntos. E eu, só pensando: "Ele conseguiu perder uma bela oportunidade..." Sei que, posteriormente, o Waneck foi à GE nos EUA e demonstrou, entre outros, o transjuntor. Numa montagem, ele tirava a lâmpada acesa do bocal e jogava limalha de ferro em seu lugar. Acontecia um forte curto-circuito. O transjuntor desligava imediatamente e as instalações da GE, que se presume bem protegidas eletricamente, nem percebiam: o transjuntor era mais rápido que os dispositivos deles...

Outras do Waneck: além de seus trabalhos em Sinalização Ferroviária, ainda propôs novo modo de operar os semáforos (criticava os dois amarelos ao mesmo tempo, causa de desastres e, salvo engano, os semáforos de São Paulo estão sendo operados, em 2014, de acordo com as antigas propostas dele), criou o sistema Vanec para avaliações, o Sistema Praice para financiamentos, patenteou circuito para a geração de plasma para fusão nuclear, fez aplicações da Transformada Numérica na Lógica, na Linguística e na Genética, criou a Pera – Programação Estruturada Racional Atualizada –, estava pesquisando a construção de um motor para autos utilizando o princípio do transruptor etc. etc.. Foi candidato a deputado pelo PTN. Os alunos grudaram no quadro uma foto de propaganda dele e escreveram embaixo: "Entre tantos PT1, PT2, PT3, tinha que escolher o mais genérico." Era um cantor com voz potente (suas aulas no térreo eram ouvidas no terceiro pavimento). Certa vez, numa reunião do Conselho do Departamento, berrou tanto com outro professor, que a secretária, que estava entre os dois, andou torta uma semana, com desvio para o lado do ouvido atingido... Também, certa ocasião, como demonstração, emitiu um Lá prolongado. Meu irmão, que estava na direção do som, ficou dias meio surdo de um ouvido. Era um criador de frases, palavras e "traduções": "Não me queixo, mas meto o pau", "Puxa-saquismo sem se rebaixar", "Nádegas flácidas", "Buziness Center" (Buzine e sente), "Plis betuin citi bank" (Por favor, entre e sente no banco), "Fast fund" (Afaste e afunde). Estas frases em "inglês" faziam parte do dialeto "Yankbras". Ele sempre dizia que almejava ser um generalista, um especialista em generalidades... Quando dizia que "o ótimo é inimigo do bom", eu o recriminava, argumentando que isto era desculpa para fazer coisas mal feitas. Mas, às vezes, tinha que concordar, quando aconteciam fatos como o de um colega que levou anos e anos caprichando numa tese, tão rebuscada que ele perdeu os prazos e nunca mais a defendeu; houve também casos de artigos que nunca saíam porque o autor estava sempre corrigindo o texto.

Anos após o Waneck ter se aposentado, o Eng. Amilcar telefonou-me: – "O Waneck merece uma homenagem. Estão saindo notícias sobre desenvolvimento de neurônios artificiais, modelos de neurônios, redes neurais. Pois o Waneck há muito propunha a construção dos neuristores, modelos elétricos dos neurônios. Usava os transruptores, e os diferentes pesos de cada entrada eram obtidos com resistências diferentes. A tecnologia era antiga, anterior aos transistores e circuitos integrados atuais, mas o conceito era semelhante. Vamos promover um jantar em homenagem a ele?" Eu topei a ideia e começamos a agir. Após decidirmos que uma pizzaiada seria apropriada, liguei para várias pizzarias, levantei preços e decidimos por uma, onde caberiam até umas cem pessoas. Contatei a secretária do Prof. Zuffo e obtive uma grande lista de pessoas a convidar. Seria por e-mails e telefonemas. Redigimos um texto a ser gravado numa plaquinha de prata e a esposa do Amilcar foi atrás da gravação. Após inúmeros convites feitos, contei ao Waneck. Pois ele simplesmente recusou a homenagem! Entrei em contato com sua filha mais velha, os filhos tentaram convencê-lo e nada de ele concordar. Só restou comunicar aos convidados que estava tudo suspenso, desfazer todas as providências (ainda bem que não recebêramos nenhum pagamento, nem tínhamos pago nada). Alguns dias depois o Waneck me liga: – "É, me convenceram, dá para fazer a festa?" Eu: – "Acho que agora vai ser difícil mobilizar todos de novo..." E, por decisão própria, ele acabou não tendo a merecida homenagem.

O Waneck, além de amigo (eu conhecia a família e várias vezes fui à sua casa e toquei em seu piano), além de termos registrado patentes e escrito artigos juntos (nosso modo de escrever era original, ele andando, declamando, e eu, com a caneta na mão, objetando, cortando, e redigindo no formato que eu queria), foi um "excêntrico" que me proporcionou vantagens: nossa invenção, o transruptor, rendeu muito pouco cada mês, mas isso durante anos, e minha tese de livre-docência foi desenvolvida sobre a Transformada Numérica, uma ideia dele – após ser aprovado no concurso, subi de posto e de ordenado (ele não fez parte da banca). Sem falar no mais importante, a satisfação de desenvolver assuntos inéditos, tanto dispositivos como ideias.

Além do Waneck, não posso esquecer os inúmeros professores e amigos que sempre me trataram com consideração. Na impossibilidade de citar todos, simbolizo-os no Prof. Orsini, a quem devo o convite para ingressar no corpo docente da Poli, a constante orientação didática e sobre a vida acadêmica, o valioso apoio e o convívio gratificante nos 30 anos em que lecionei sob sua orientação.

☺ Trecho de uma mensagem do Amilcar a um correspondente: "Além do relativo à engenharia, a principal lição que recebi do Del Picchia foi que, no mundo do embate acadêmico, tem a mesma importância a paixão na defesa da sua tese quanto o rigor formal na construção e apresentação da tese. No meu primeiro livro, agradeci essa lição assim: ao Walter, que mais que ninguém sabe como se equilibrar na tênue linha que separa a genialidade da loucura que cada um de nós tem. Ensinou-me a comandar a intuição e não ser comandado por ela."

☺ No Conselho Departamental havia professores que sempre votavam pela cartilha progressista (solidariedade, justiça social), outros pela conservadora (individualismo, ordem social). Alguns variavam de tal modo seus votos (ou se abstinham) que era difícil descobrir a tendência. Para mim, o Prof. Orsini era um progressista que, em certos casos, contraditoriamente, votava com os conservadores.

☺ Minha estreia dando aulas na Poli foi um tanto inusitada. Recém-formado, com jeito de moleque, jogaram-me de cara para dar aulas a uma turma de dependentes, em média com minha idade, e vários com aparência bem mais velha que a minha. Fiquei receoso, mas resolvi enfrentar o desafio, e penso que ganhei o respeito da turma com um simples ato de honestidade: um dos alunos perguntou-me, na frente dos outros, sobre uma questão cabeluda cuja resposta eu ignorava. Disse a ele: "Não sei. Vou estudar e respondo na próxima aula." Na aula seguinte procurei o aluno e respondi à pergunta. Isto o sensibilizou, pois, disse-me depois, estava acostumado com professores que, ou tentavam esconder sua ignorância ou prometiam responder, mas se "esqueciam" de fazê-lo.

☺ No quinto ano da Politécnica, como assistente-aluno, montei um kit de computador analógico comprado pelo Departamento e o utilizei na resolução de vários problemas de engenharia (publiquei alguns artigos na revista técnica *Electron*). Depois de formado e já professor, continuei trabalhando na área, e minha tese de doutoramento consistiu no desenvolvimento e construção do "Gerador de Funções Múltiplo (GFM)" para operar com o computador analógico. Ele possibilitava gerar funções do tempo, resolver equações diferenciais com parâmetros variáveis, multiplicar funções e gerar uma função dada de uma função de entrada. O GFM era uma versão eletrônica de um dispositivo eletromecânico (já existente) que gerava funções para os computadores analógicos. Nele, as funções eram geradas de um modo rudimentar, por meio de um arame colado sobre um cilindro que girava, comandado por um servo-motor. Por meio de resistores e um contato deslizante, obtinha-se uma voltagem função do tempo com a forma da função desenhada com o arame. A utilização deste dispositivo era por demais trabalhosa, incentivando-me a construir uma versão eletrônica, mais fácil de utilizar e com propriedades bem mais amplas que o modelo mecânico. Assim surgiu o Gerador de Funções Múltiplo, com direito a quatro Notas Prévias em publicação internacional (os IEEE Transactions on Electronic Computers). O fato digno de citação ficou por conta da construção de um trabalhoso painel de 60x60 cm, no qual, por meio de pinos, era desenhada a função desejada. Esta "matriz de contatos" era constituída por duas placas de circuito impresso justapostas, a da frente com 60 linhas e a de trás com 60 colunas. Em cada um dos 3.600 cruzamentos das linhas com as colunas foram rebitados dois ilhoses, um em cada placa. Para fechar o contato entre uma linha e uma coluna desejadas, construíram-se pinos com arames de aço de forma especial e molinhas, que faziam pressão sobre os ilhoses, no sentido de aproximá-los. O projeto e a construção deste painel ficaram por conta de meu irmão Sergio, aluno do curso de engenharia naval da Poli. Para isto, ele partiu de duas placas de 60x60 cm de material isolante cobertas por cobre (usualmente empregadas para a confecção de circuitos impressos). O trabalho foi apreciável: com um estilete, ele riscou as placas de lado a lado (240 riscos), formando 120 faixas em cada placa. Após isso retirou, em cada placa, as faixas ímpares, formando assim 60 faixas de cobre em cada placa, isoladas entre si. Justapondo as placas (a da frente com as faixas dispostas horizontalmente e a de trás, verticalmente), obteve 60x60 = 3.600 cruzamentos, nos quais executou 3.600 furos, com furadeira manual. Em cada placa, rebitou e soldou 3.600 ilhoses nos furos, num total de 7.200. Confeccionou 60 araminhos de aço de forma especial, 60 molinhas e 60 cabeças de plástico (a partir de agulhas de tricô). É difícil entender, sem desenhos explicativos, o que foi descrito. A ideia por trás de minha explanação foi valorizar o enorme trabalho realizado.

Antes do concurso em que me tornei titular, participei de outro concurso para esta posição (serviu como treino...). A abertura de uma vaga era o incentivo para trazer um colega e amigo, o Prof. Normonds, de volta para a Politécnica, desejo que era meu também. Ele estava lecionando na Unicamp, para onde, para desgosto de todos, havia se transferido de armas e bagagens, após um desentendimento com o Departamento, devido a um concurso. Em um congresso havido em Campinas, na minha frente e na do Prof. Orsini, ele havia dito que não se interessava em concorrer. Em virtude desta sua decisão, insistiram para que eu me inscrevesse. Passei um ano preparando os documentos, as cópias dos trabalhos publicados e em andamento, as cópias dos resultados de trabalhos externos, o memorial descritivo etc.. Estudei tudo que pude, relacionado às matérias e disciplinas do programa (no concurso para titular havia o sorteio de um assunto e teríamos que dar uma aula sobre o tema; como havia físicos na banca, estudei até Relatividade, matéria fora de minha área). Após imenso trabalho, na inscrição entreguei cerca de 20 Kg de material escrito (sete pesadas caixas de arquivos). A surpresa foi saber que o Normonds já se inscrevera – vi o material entregue por ele, algumas cópias de artigos publicados. Pensei: "Que desagradável, também quero trazer o Normonds de volta, mas agora, após tanto esforço, vou ter que concorrer e espero ganhar pelo número de trabalhos publicados (o outro candidato também havia entregue menos publicações)." Pois não foi o que aconteceu: em todas as provas e com todos os examinadores, eu tive notas cerca de décimo abaixo das do Normonds e o outro candidato era agraciado com notas menores; e este padrão se repetiu em todas as notas. Quanto às outras provas, não tenho base para reclamar, mas quanto à aula, quem a assistiu disse que a minha havia sido superior, tanto em conteúdo como em desempenho. O outro candidato ficou revoltado com o acontecido, pois teve notas limítrofes. O consolo foi que, com o nosso sacrifício, conseguimos trazer o Normonds de volta. Mas poderíamos ter tido o mesmo resultado sem tanto esforço de nossa parte...

☺ Em uma conferência sobre a Teoria da Computação, o palestrante afirmou que certo fato **nunca** seria possível, pois contrariava um teorema existente. Observei: – "Primeiro, a palavra **nunca** deveria ser utilizada com cuidado; a experimentação e as teorias em dez, cem, mil anos poderão chegar a resultados que nem suspeitamos. E depois, já vi tantas afirmações cabais serem desmentidas, que hoje, quanto a leis restritivas, só aceito a da conservação da energia, e ainda com um pé atrás. Vai ver, algum dia alguém a desmente..."

☺ Em meu Departamento havia um professor um tanto autoritário e o receio de muitos professores e funcionários era que ele conseguisse se eleger chefe. Mas quando ele se encarregou da segurança de nossos equipamentos, demonstrou-se rigoroso, dedicado e eficiente, levando-me a elogiá-lo. Pensei comigo: "E como ficam minhas convicções, que detestam autoritarismo?" Foi aí que percebi que a democracia (a maioria decide), em certos casos, não pode prescindir do auxílio de pessoas enérgicas, delegando-lhes mandato para implementar as decisões tomadas pela maioria. Mas só para executar o decidido, pois, se extrapolarem o mandato, cria-se a ditadura. A ditadura acontece quando aqueles que deveriam cumprir as decisões tomadas pela maioria, resolvem eles próprios tomar as decisões.

2.1) EMPRESAS
Tópicos quase engraçados (ou nem tanto)

☺ Fui a Montevidéu, como convidado, para apresentar, num congresso de biólogos, sanitaristas e congêneres, o modelo matemático de poluição em lagos e reservatórios que eu estava desenvolvendo na Cetesb. Era uma versão supercomplicada, cheia de integrais e com definição de funções estranhas, usando todas as ferramentas matemáticas que eu e o colega Eng. Neville conhecíamos. Após minha apresentação, na qual enchi a lousa com fórmulas cabeludas que assustavam até a mim e respondi a algumas perguntas um tanto capciosas (sobre assunto estranho a um engenheiro eletrônico como eu, embora curioso em relação aos fenômenos biológicos), sou abordado por um senhor corpulento que se apresenta como almirante e diz: – "Quero cumprimentá-lo. Usted se salió muy bien." Eu: – "Por que, não esperava?" Ele: – "Não! Pois queriam comê-lo vivo!" Descobri depois que, como eu chegara um dia após o início, não estava sabendo dos comentários críticos sobre a ingerência (pretensiosa?) de um engenheiro eletrônico na área deles...

☺ Eu era consultor da Cetesb, e lá pelas tantas fomos convocados, eu e o Eng. Celso Eufrásio, funcionário graduado, para irmos a um congresso em Caracas, Venezuela. Era promovido pela OEA, participando pessoas da América Latina e EUA. Com tudo pronto, malas feitas e passagens compradas, 24 horas antes da viagem recebemos, lá pelas 10 horas da manhã, um telegrama urgente: "Compareçam Ministério Relações Exteriores antes embarque, sala tal, das tantas às tantas horas." Conseguimos o endereço da sede do Ministério no centro de São Paulo, pegamos o carro e fomos lá. Não era, o local estava em obras e deram-nos outro endereço, que também não era, e indicaram outro... Só sei que ficamos horas procurando o local. Foi aí que, já no fim da tarde, um dos diretores da Cetesb descobriu que era para comparecermos em Brasília!! (Acho que quem convocou não tem noção das distâncias no Brasil). Como isto era impossível àquela altura dos acontecimentos, ele nos disse que imaginava o que queriam de nós: cuidado para não endossarmos qualquer resolução sobre rios fronteiriços, pois havia alguma pendência e a gente poderia se envolver por desconhecimento. Em Caracas foi ótimo, receberam-nos muito bem, são muito hospitaleiros. No meio do Congresso, pediram para eu descrever os dois projetos nos quais estava participando, a rede de medição de poluentes atmosféricos e o modelo de simulação da poluição das águas. Nos dois, o Brasil estava mais adiantado: os mexicanos estavam montando uma rede de medição, mas com bem menos estações e poluentes medidos do que a nossa, em São Paulo (e fora eu quem elaborara parte do projeto preliminar deste sistema) e os venezuelanos estavam trabalhando num modelo de poluição das águas de rios mais simples que o desenvolvido por mim na Cetesb (o MAPS). Fiquei feliz em poder contar prosa sobre meu país, mas as duas línguas oficiais eram o castelhano e o inglês (devido à participação dos EUA), com tradução simultânea entre as duas, e não me atreveria a falar em inglês (o pouco que falo tem uma pronúncia horrível), e falar em castelhano, na terra em que se fala o próprio, seria outra tragédia. Então procurei a moça da tradução simultânea, fui simpático com ela e pedi sua boa vontade para traduzir do português para o castelhano. Disse-me que, se eu falasse devagar, ela o faria. Antes de entrar no assunto, declarei para todos, em portunhol: – "Yo voy hablar en português (Todos: – Ohhh...), pois se hablo em castellano, ninguno entende lo que hablo y si hablo en ingles, nem mismo yo entendo lo que hablo." O pessoal riu e larguei brasa em português, com tradução simultânea em castelhano. E os estadunidenses ficaram chupando o dedo, pois não entendiam nada. Penso que foi a primeira vez que realizamos uma cerimônia da OEA com a exclusão dos EUA.

☺ Para ver como opiniões extremistas se chocam: para meu amigo Mattos, professor da FGV – Fundação Getúlio Vargas, São Paulo –, só existe Bach, a música parou nele e o resto é irrelevante. Ele tem gravações da obra completa de Bach! Um dia encontro o "Brigadeiro" (ligação da Cetesb com o governo militar): – "Bach é enganação, o pessoal diz que gosta por fingimento, para parecer erudito, mas na verdade, ninguém gosta." Eu: – "Eu gosto muito, mas não vou debater com o senhor. Prefiro encaminhá-lo para meu subsecretário para assuntos bachianos, o Mattos (nós dois éramos consultores da Cetesb)." Não sei se eles entraram em contato, se houve algum desdobramento, mas, receando o resultado de um encontro, alertei o Serviço Funerário.

☺ Em almoço na Cetesb, ouço a conversa ao meu lado e entro nela. Devido a pequena irritação, o médico mandou meu amigo advogado lavar o pênis com permanganato de potássio, um forte oxidante, em concentração de 1 para 10.000. Em lugar de 0,1 grama em um litro de água, como bom advogado ele fez a conta errada, e usou 10 gramas em um litro (concentração de 1 para 100, extremamente forte e corrosiva). Eu tinha experiência com esse produto, pois já sofrera com sua agressividade. Perguntei: – "Após diluir, ficou como vinho rosê ou vinho tinto?" Ele: – "Vinho tinto bem escuro." Eu: – "Nossa!" Ele: – "Por quê? Tem perigo?" Eu: – "Perigo, não. Mas se for urinar, depois não balança, que cai." Ele se assustou e eu soube que, mais tarde, levou dois amigos para uma inspeção. Comentaram que estava mais preto que carvão...

☺ Em uma palestra que dei na Cetesb, uma frase minha foi comentada entre os engenheiros, acostumados a desenhar gráficos: – "Quando ignoramos um assunto, a melhor coisa que podemos fazer é construir um gráfico."

☺ Nosso colega na Sabesp – Companhia de Saneamento Básico do Estado de São Paulo –, o Eng. Rodolfo Costa e Silva, gostava tanto de discursar que não perdia nenhuma oportunidade. Então inventamos esta historinha para ele: um dia, ao chegarmos a São Paulo de avião, na volta de um congresso havido em Buenos Aires, o piloto fez aquele longo agradecimento de praxe: – "Senhores passageiros. Dentro de instantes estaremos pousando no aeroporto de Cumbica. O tempo está etc. etc.. A Companhia e a tripulação agradecem a preferência e esperam poder servi-los de novo em uma próxima oportunidade e etc. etc. etc..." Quando ele terminou, o Rodolfo deu um pulo da cadeira: – "Senhores e senhoras, este improviso não pode ficar sem resposta! Quero declarar, alto e bom som, que etc. etc. etc..." E falou mais de meia hora, só parando porque apagaram as luzes...

☺ Curso de oratória na Sabesp: ao fim de uma aula no lindo anfiteatro da Sabesp, todo forrado de veludo vermelho, após todos saírem, fiquei só com a professora, para receber algumas explicações. Para esclarecer melhor, ela me fez deitar na mesa da frente, elevada (onde ficam os expositores e convidados ilustres), e começou a explicar como respirar. Como eu não o fizesse a contento, daí a pouco ela estava inclinada, com as duas mãos em minha barriga, pressionando e relaxando, numa posição deveras esquisita e comprometedora para quem não soubesse a finalidade daquilo. Confesso que me senti bem receoso: e se alguém entrasse lá, de repente, e visse cena tão estranha?

☺ Um dia aparece na Cyberplan, empresa de Informática que eu dirigia, um vendedor de livros e pede para me oferecer uma grande promoção. Como não gosto de desanimar quem trabalha, concordei. Ele tirou da pasta um lindo plástico de um metro quadrado, com belas fotos coloridas de uma enciclopédia em inglês com 20 volumes e ofereceu-a, especificando o preço. Expliquei que estava pagando o apartamento e não podia aumentar os gastos. Aí ele tirou outro lindo plástico, oferecendo como brinde, se eu comprasse a Enciclopédia, 2 volumes de um famoso dicionário. Educadamente, repeti a explicação. Ele tirou da pasta mais um enorme plástico colorido, dando de graça mais 18 volumes dos Ensinamentos para a Casa, uma espécie de dicionário de utilidades, tudo em inglês. Repeti a explicação. Ele tirou outro bonito plástico: 4 volumes da Enciclopédia Médica, outro brinde. Repeti a explicação. Aí ele tirou outro belíssimo plástico, que me balançou: 10 volumes do Livro da Arte, em papel couché, com belíssimas ilustrações de pinturas chinesas, japonesas, indianas, ocidentais etc., mais um brinde. E virou a pasta, balançando-a, mostrando, desanimado, que não tinha mais nada a oferecer. Pensei: "Venci!" Mas para não deixá-lo triste depois de tanto esforço, resolvi ser compreensivo. Falei: – "Não fique chateado, pois como estou pagando o apartamento, caso comprasse, só iria poder começar a pagar daqui a uns 5 meses." Ele: – "Fechado!!" Foi assim que comprei, sem o desejar e para filhos pequenos, 54 livros em inglês, língua que eles não falavam e eu apenas arranhava.

☺ A caminho para assinar, com o Reitor da PUC, importante contrato para processamento, pela Cyberplan, dos exames vestibulares, percebi que estava com uma caneta Bic baratinha. Pedi a um meu diretor uma caneta melhor, pois iriam tirar fotos. Na hora da assinatura, faço pose e saco a "minha" bela Parker. O Reitor saca a Bic baratinha dele...

2.2) EMPRESAS
Tópicos quase sérios (ou nem tanto)

☹ Quando estava no quinto ano do curso de Engenharia Eletrônica da Politécnica, fui contratado como assistente-aluno pelo Centro de Estudos de Radio Física da Escola Politécnica da USP, presidido pelos Profs. Orsini e Helio Guerra. Recebêramos um kit com um computador analógico educacional (apropriado para a resolução de sistemas de equações diferenciais) e fui incumbido de sua montagem e operação. Adicionei outros equipamentos (estabilizador, fontes de tensão, osciloscópio, registrador e um amplificador de potência de dois canais, projetado e construído por mim). Aproveitei para efetuar a simulação de dois sistemas relevantes: o sistema de suspensão de um automóvel e o sistema de ignição de um motor a explosão. Como consideraram os resultados merecedores de divulgação, escrevi dois artigos: um sobre as bases da computação analógica, com exemplos de programação; e outro sobre as duas aplicações citadas, mostrando que a simulação poderia ser utilizada para estudo e projeto dos dois sistemas (suspensão e ignição). Adicionei um estudo teórico sobre o cálculo dos erros associados e publiquei os artigos na revista técnica *Orientador Ibrape*, de Outubro e Novembro de 1962. Foram meu primeiro trabalho de engenharia e meu primeiro artigo técnico.

😐 Posso dizer que meu primeiro trabalho profissional propriamente dito (fora do ambiente universitário) foi a aplicação da computação analógica a um problema de poluição de rios e represas, proposto pelo Eng. José Maria C. Rodrigues, da Planidro. Executei-o e levei os resultados (gráficos). O Eng. José Maria mediu vários pontos, efetuou alguns cálculos e, surpresa!, diz: – "Seus resultados estão corretos." A seguir, adquirida a confiança, encomendou um trabalho bem mais pesado, envolvendo uma bacia com inúmeros rios, com afluentes primários e secundários. Para executá-lo, alugamos o computador analógico do Instituto de Energia Atômica (na USP) e tive que desenvolver e montar um equipamento eletrônico com timers, os quais comandavam relés, simulando a entrada em cena de cada rio. O sucesso do trabalho serviu para desenvolver minha autoconfiança. (Aqui vale uma observação: um dos desafios do engenheiro recém-formado é justamente adquirir confiança em sua capacidade – conforme os problemas vão sendo enfrentados, descobre-se que somos capazes de fazer muito mais do que imaginávamos). Mais tarde, como consultor da Planidro, realizei vários cálculos de redes hidráulicas (desenvolvi programas para computador digital) e cheguei a construir um dispositivo eletrônico regido pelas mesmas equações dos trechos das redes (a ideia era interligar vários destes dispositivos, simulando eletricamente a rede hidráulica em estudo).

😐 Eu costumava satirizar o fato de que nossos dirigentes tomam suas decisões politicamente e depois chamam os técnicos para justificá-las. Minha opinião sobre os técnicos que aceitam tal papel está nas frases sarcásticas que eu dizia na Cetesb – Companhia Ambiental do

Estado de São Paulo –, onde eu era consultor: – “Digam-me o resultado que vocês desejam, que eu desenvolvo uma teoria coerente para chegar lá.” ou “Os técnicos estão sempre prontos para justificar uma decisão política previamente tomada.” Eis alguns exemplos: 1) No metrô, em São Paulo, havia interesse político em construir antes a linha Norte-Sul. Os técnicos endossaram a decisão política. 2) Para construir outro aeroporto para São Paulo, o governo federal decidiu que poderia ser em Caucaia do Alto. Projetos e estudos técnicos foram executados, a despeito de a região ser coberta por matas com fauna e flora próprias, mananciais e uma represa. 3) Os técnicos endossaram a decisão política de que era mais vantajoso financiar casas para a classe média, em detrimento do financiamento para os mais pobres. 4) Hoje (2014), alguns técnicos conseguem provar que o novo Código Florestal, proposto pela bancada ruralista e decididamente permissivo, não vai desmatar...

😐 Certo dia, na Cetesb, fomos convidados para assistir, em seu anfiteatro, a um filme sobre a poluição. O filme era dramático, descrevendo um futuro com a Terra coberta por uma espessa camada de poluição, grossa, pesada, e que não permitia enxergar a mais de meio metro. As pessoas, para não morrerem sufocadas, tinham que se refugiar em enormes estruturas em forma de circo, cujas lonas arfavam como se fossem os pulmões de um enfermo, com um ruído ritmado e pesante. Pelas ruas, os coveiros iam recolhendo os mortos em carrinhos de mão. Quando o filme terminou, o diretor da Cetesb responsável pelo controle da poluição do ar foi à frente e desceu a lenha no exagero, que só servia para amedrontar e gerar pânico na população. Pensei: “Como o autor do filme vai se safar desta crítica?” Pois ele se saiu muito bem: – “Meus amigos. A realidade já é trágica e nós, como já nos acostumamos, não a notamos. Se eu fizesse um filme mostrando como é hoje, como a poluição está nos matando, não dariam a mínima atenção. Então temos que exagerar para causar impacto, como que dizendo: Se não tomarmos consciência, vejam aonde, pouco a pouco, vamos chegar.” E todos se calaram.

😐 Notei que, muitas vezes, os presidentes das empresas governamentais que contratam grandes obras são oriundos do corpo dirigente das grandes construtoras de estradas, barragens, túneis etc.. Comentei com um político e ele me explicou: – “As grandes empreiteiras têm enorme influência, pois dão boa parte do dinheiro que financia as campanhas políticas. Assim, qualquer que sejam os eleitos, de cima a baixo, são em boa parte reféns delas.” Pois, naquele ano, o Governador do Estado de São Paulo, recém-eleito, nomeara seu Secretário de Obras que, oficialmente, comandaria várias empresas. "Mas (continuou o político), quase todos os presidentes das empresas que interessam aos empreiteiros foram nomeados à revelia do Secretário, menos o da Cetesb, a empresa que deixaram para ele brincar." Perguntei: – "E se o Secretário não concordar com as nomeações?" Ele: – "Derrubam o secretário.." Eu: – "E se o governador prestigiar o secretário?" Ele: – "Derrubam o governador..." Eu era consultor na Cetesb e presenciei as "brincadeiras" que o Secretário de Obras promoveu e, em duas ocasiões, choquei-me com o ele:

1) Deram-nos um prazo curtíssimo para fazer o anteprojeto, para fins de licitação, pela Cetesb, de um sistema de medição em tempo real das concentrações de diversos poluentes em São Paulo, composto por 27 estações de medição fixas e 2 laboratórios volantes (além de permitir acompanhar os níveis de poluição, estes sistemas são empregados para estabelecer as situações de atenção, alerta, emergência). Eu me encarregara da parte de tratamento da informação coletada pelos medidores, outros especificavam os equipamentos medidores, outros tratavam da parte financeira e outros da jurídica. Projetei um sistema o melhor que era possível em tão poucos dias (deixei claro que poderia fazer melhor, se nos dessem mais tempo). Pois não deu outra: quando da entrega, descobriram-se várias lacunas nas partes jurídica e financeira. Prorrogado o prazo substancialmente, pude caprichar, adotando como base o projeto de um sistema de controle, elaborado pelo Eng. Melo. A parte relativa à comunicação dos dados, deixei aos cuidados de um colega especialista. Desta vez, fiquei satisfeito com o resultado. A seguir, fomos fazer a entrega oficial, em reunião com o Secretário. Lá pelas tantas, após elogiar meu trabalho, ele se vira para mim e pergunta: – "Na outra vez, eu me pergunto, onde erramos?" Eu, displicentemente: – "Não falo mais, toda vez que falo, acham ruim comigo." Ele, amável: – "Fale sim, o senhor pode falar." Não resisti: – "É essa maldita mania de vocês sempre darem prioridade aos prazos políticos, em detrimento dos prazos técnicos. Aí a ponte cai, a estrada desmancha, o prédio desmorona, nossa licitação sai errada." Não sei por que a reunião terminou tão rápido. Conforme o previsto, a Philips ganhou a concorrência, entre inúmeros comentários de grandes cambalachos, inclusive entre as firmas inscritas...

2) O Eng. Della Togna, presidente da Cetesb, teve a má ideia de levar-me com ele em uma visita ao Secretário de Obras, má ideia porque eu já estava revoltado com o que gente séria afirmava sobre o comportamento deste último. No meio da conversa, ele me diz que

desejava que desenvolvêssemos um programa computacional que, pela análise da direção dos ventos e medidas de poluentes, identificasse a firma poluidora (missão impossível, pois nós não conhecíamos os padrões de vento, além de serem eles muito mal comportados). Falei, secamente: – "Não dá." Aí ele começou a discorrer sobre bancos de dados e o escambau, fugindo completamente do problema. Após uns 20 minutos de sabedoria, vira-se para mim e pergunta, todo risonho: – "Que tal?" E eu, com a mesma cara e entonação anteriores: – "Não dá." Depois dessas franquezas, virei persona non grata para ele.

☺ Em uma reunião solene na Sabesp, com dezenas de autoridades, após uma apresentação de cerca de três horas do Eng. Nucci e meia hora minha, o Secretário de Obras de São Paulo, competente professor da Escola Politécnica (não era mais o citado no parágrafo anterior), manifestou estranheza porque um importante projeto que a equipe desenvolvera para a disposição dos esgotos da cidade de São Paulo (a Solução Integrada) era mais eficiente e com custo menor que os outros, e pediu mais estudos. Mas ele já havia sido exaustivamente estudado, por uma grande equipe, por três anos! O Eng. Costa e Silva tentou argumentar: – "Enquanto isso, não dá para ir estudando a licitação?" O Secretário, justificando: – "É esquisito. Vocês estão apresentando uma solução melhor e mais barata." Não aguentei: – "Por isso não. Sempre dá para piorar o projeto." O secretário, não tendo o que argumentar, atrapalhou-se: – "É.., é... uma questão de efetividade." O Secretário de Finanças veio em socorro do colega: – "É que quando a esmola é muita, o santo desconfia." O pessoal riu por uma semana (mas, na hora, todos se seguraram, é claro). No dia seguinte, ao encontrar o coordenador do projeto, tentei desculpar-me: – "Sinto muito, escapou..." Surpreendentemente, recebi um elogio: – "Você disse o que todos gostariam de falar, mas não tinham coragem." Até hoje tenho saudades daquele tempo em que trabalhei com o pessoal da Sabesp (Engs. Nucci, Costa e Silva, Sadalla, João Luiz, Maurício e outros) que desenvolviam a Solução Integrada para o tratamento dos esgotos de São Paulo, sob a competente direção do Eng. Nelson Nucci. Esta solução propunha encaminhar os esgotos, através de um túnel sob o Morro do Jaraguá, para a Bacia do Juqueri, onde, por meio de aeração, teria tratamento secundário de baixo custo, podendo então as águas serem encaminhadas para o Rio Tietê. Infelizmente (mas compreensivelmente...), no governo seguinte, optou-se por uma solução bem mais cara, a das Estações de Tratamento de Esgotos.

☹ Uma aplicação ao vivo de uma das Leis de Parkinson (O tempo gasto em uma decisão é inversamente proporcional ao dinheiro em jogo): no anteprojeto do Sistema para medição dos poluentes em São Paulo, eu me encarregara da parte de tratamento da informação. Após reunião sobre o assunto, estávamos na sala do presidente da Cetesb, o Eng. Della Togna. Como, com um dispositivo eletrônico sobressalente, a confiabilidade do sistema aumentaria, perguntei se eu poderia colocá-lo na licitação. Ele concordou na hora. Tempo gasto: 10 segundos. Custo do dispositivo: 10 mil dólares. Continuamos conversando e o Presidente criticou longamente um gasto exagerado com N cópias xerox do Diário Oficial que tinham feito, quando o correto seria comprar mais exemplares. O advogado que estava conosco, por coincidência, fora o solicitador das cópias; ele explicou como era complicada a compra de muitos exemplares dos diários – teria que ir aonde imprimiam e, como estava esgotado, só vendiam com apreciável ágio. Aí fiz a conta. Tempo gasto: 30 minutos. Custo das cópias: 48 reais.

☹ Não sei qual a propaganda que o Prof. Orsini, de quem eu era assistente na Politécnica, fez a meu respeito para o Eng. Celestino Rodrigues (conhecido professor de Física e a quem eu não conhecia pessoalmente), que ele me chamou, em meados de 1968, para ir à sede da Tenco, firma chefe de uma holding que compreendia, entre outras, firmas como a Evans (materiais), Centenário (imobiliária) e firmas de projeto, além da própria Tenco, construtora de grandes obras (túneis, pontes, barragens etc.). Fui à sede, na R. Maria Paula, com toda a tranquilidade, pensando: "Ôba, mais um trabalho de aplicação da Informática na Engenharia", atividade à qual eu vinha me dedicando há algum tempo (já desenvolvera programas para projeto de redes de água, para cálculo de viabilidade de sistemas de captação, tratamento e distribuição de água, para cálculo de curvas de remanso em canais e barragens, além de outros menos complexos, e pusera em operação um complicado programa para cálculos em aerofotogrametria). Encontrei um simpático senhor já idoso, mas transpirando vitalidade, com quem entabulei um papo que durou mais de três horas. Falei que logo teríamos correspondências instantâneas; gostou quando falei que no futuro o dinheiro desapareceria, e disse-me que ele estava adiantado, pois abolira o uso pessoal até do talão de cheques e do relógio. Encaminhou-me para falar com o Eng. Renato, diretor técnico. Eu soube depois que o Eng. Celestino havia deixado instruções com o Renato para que, logo que voltasse da viagem que faria, de uma semana, queria ver constituída uma firma de Processamento de Dados, eu dirigindo, para dar assistência às outras firmas do grupo e a quem de fora o desejasse. Assim foi feito e, em curto prazo, lá estava eu dirigindo a Cyberplan S.A. Eles nomearam o Diretor Financeiro, como seria de se esperar, e levei o Diretor Técnico e o Diretor Comercial. Os estatutos foram escritos por mim e pelo meu tio Arlindo e atribui-me o pomposo título de Superintendente. Arbitraram um certo valor para quatro programas computacionais meus, que entraram como 20% do capital da firma, financiaram uma pequena participação para os diretores que levei, e integralizaram o restante. Negociei com a IBM e a Burroughs um sistema de grande porte (possante para a época). Explorei com habilidade a verdadeira competição que havia entre as duas grandes firmas e, conversando com elas alternadamente, fui obtendo condições cada vez mais vantajosas, como preço, número de horas de uso grátis, estágios e cursos para pessoas por nós indicadas (pratiquei muitas boas ações pois, por meio desses cursos, cerca de uma centena de pessoas entrou na área da Informática e muitos se deram bem – na época havia falta de profissionais na área, e os ordenados ficavam inflacionados). Dei muito trabalho para os dois representantes, da IBM e da Burroughs, que pareciam atuar mais como aliados meus, obtendo mais vantagens, do que como funcionários de suas firmas. Infelizmente, não podia fechar o contrato com os dois e acabei fechando um supervantajoso com a Burroughs, lamentando até hoje o trabalhão que dei ao representante da IBM.

E iniciamos as atividades. Nos quase três anos da Cyberplan, desenvolvemos e/ou aplicamos programas comerciais e científicos para a Tenco, Evans, Planidro, Metrô, PUC (exames vestibulares) e inúmeras outras firmas. De vez em quando o Eng. Celestino enviava-me artigos seus e trechos de futuros livros, solicitando opinião sobre eles. Publicou artigos meus no *Jornal do Instituto de Engenharia-SP*, do qual foi presidente. O Eng. Braz Juliano, que foi um dos diretores do Instituto, disse-me que o Eng. Celestino gostava muito de mim e sempre me elogiava.

O desenvolvimento da firma foi frustrado quando tentamos aplicar os caríssimos programas comerciais desenvolvidos para as firmas construtoras do grupo, em outras do mesmo ramo. Tivemos uma dificuldade, que depois o Eng. Celestino me disse ter previsto: as firmas concorrentes da Tenco, quando descobriam que fazíamos parte da holding, simplesmente se afastavam (pois não iriam deixar seu processamento de dados na mão de um concorrente). E nosso faturamento, insuficiente, acabava provindo apenas da aplicação de programas para firmas projetistas e as do grupo. Nossa empresa acabou se associando à Datamec, que apreciou e levou junto o supervantajoso contrato que eu obtivera com a Burroughs. Incumbiu-se também dos trabalhos que prestávamos à holding da Tenco.

Esta associação deu-se justamente quando a Datamec (cujo comando era no Rio, presidida por Sergio Lacerda) havia obtido o contrato para implantação e processamento da Loteria Esportiva. Na junção das firmas, como eu era sócio da Cyberplan, fiquei com um cargo meio decorativo e deram-me a incumbência da implantação dos cursos de uma semana para os operadores da Loteria, que se inscreveram às pencas. Consegui sair bem da incumbência, organizando os cursos com a filosofia de linhas de produção simultâneas e deslocadas, com entrada, processamento e saída. Fiz também alguns estudos, tipo engenharia de produção, sobre a otimização do uso das máquinas de perfuração de cartões, muito usadas na época, especialmente no processamento dos trabalhos bancários executados pela Datamec. Após algum tempo, deu-se a vinda a São Paulo de uma espécie de interventor para comandar a Datamec e, meses depois, ele me chamou e propôs comprar meus 20% da Cyberplan. Aceitei gostosamente e saí todo feliz, pois não estava nada satisfeito em viver em um ambiente tão competitivo. Posso dizer que o "estágio" na Datamec foi muito proveitoso, desvendando-me o ambiente de uma empresa de porte razoável, as pressões que as pessoas exercem umas sobre as outras, as competições por espaço e poder, as deslealdades, os desrespeitos mútuos. Lá conheci também pessoas dignas e cordiais, às quais agradeço os ensinamentos e/ou a consideração que me dispensaram. Uma recordação marcante foi quando agendaram uma reunião importante no Rio e fretamos (um diretor de São Paulo e eu) um avião de três lugares, para ida e volta. A viagem de volta, com tempo ensolarado, sobrevoando o belíssimo litoral do Rio até Santos, à baixa altura, e a subida brusca do maciço da Serra do Mar, entre Santos e São Paulo, é algo inesquecível para um amante da natureza e dos belos cenários.

Foi nessa época que vivi um acontecimento um tanto dramático. A ditadura corria solta e a repressão era violenta. Tínhamos um funcionário brilhante, aluno da Politécnica em final de curso, brasileiro de origem espanhola, e que lá pelas tantas foi preso ao pintar frases contra o governo. Soube depois que a atuação política dele constituía-se na participação ativa no movimento estudantil, o que, na época ditatorial, já era considerado subversão. Eu, que não aprecio nenhum governo, apreciava menos ainda aquele regime violento e admirava quem tinha a coragem de protestar, sob risco de ser preso, torturado, morto. Senti-me na obrigação de fazer algo. Como o Eng. Celestino tinha relações com o governo, para o qual inclusive realizava obras, corri a falar com ele, dizendo que um funcionário importante da Cyberplan, com trabalhos em andamento, tinha sido preso por engano, como nos vários casos que conhecia. Ele ligou para um general conhecido, comandante de não sei qual unidade, e me disse, com toda a convicção: – "O general falou que de jeito nenhum é nosso funcionário. O que eles pegaram foi um espanhol perigosíssimo." Eu sabia que "perigosíssimo" era uma aberração, mas quando ouvi "espanhol", quase que me traio, exclamando: – "É ele, é ele!!" Fiquei inibido e perdi a voz; paralisado, não sabia o que falar, temendo confirmar que era o nosso funcionário e, possivelmente, envolver colegas amigos dele – havia vários alunos trabalhando conosco – e complicar ainda mais a situação. Hoje, talvez agisse diferentemente, insistindo que era um engano. Mais tarde soube que sofreu torturas; queriam saber como voltara de Cuba, para onde ele nunca havia ido. Quando foi solto, tempos depois, estávamos já nos transferindo para a Datamec e perdemos o contato por uns tempos. Devem ter reconhecido sua capacidade, pois, quando o procurei, disse-me que estava projetando armas para o Exército.

A última vez que vi o Eng. Celestino foi na Av. Paulista, pouco antes de sua morte. Passei de carro e o vi de pé na calçada, cumprimentei-o e perguntei se tudo estava bem. Respondeu que esperava o carro que seu motorista fora buscar. Ele chegou em seguida e o Eng. Celestino perguntou se eu o levaria a sua casa, despediu o motorista, entrou no meu carro e fomos conversando até a casa dele.

☺ Não posso deixar de citar a convivência e a parceria que tive com o Prof. Francisco Romeu Landi em uma firma de projeto e construção de ambientes para grandes computadores. O Prof. Landi dedicou grande parte de sua vida à Engenharia e à Escola Politécnica, da qual foi diretor, e foi com pesar que o perdemos ainda em plena atividade.

☺ A Cyberplan ganhou a concorrência para executar o processamento dos exames vestibulares da PUC – Pontifícia Universidade Católica de São Paulo –, com um enorme número de candidatos. Tivemos que nos submeter a um bom número de exigências para assegurar a integridade do processamento (fiscalização cerrada em todas as etapas, gente da PUC dentro da sala do computador, fiscalização dos transportes das provas e dos resultados etc.). Antes dos exames, um repórter de jornal de grande circulação veio me entrevistar e expliquei os procedimentos e os cuidados para "afastar as suspeitas de fraude e favorecimento, **suspeitas estas** muito comuns nos exames desse tipo." Pois grande foi minha surpresa quando ele, mudando quase nada no texto, mudou completamente o sentido, comprometendo-me com todos que processavam exames vestibulares. Ele escreveu no jornal: "Cuidados foram tomados para afastar dois tipos de suspeitas: o favorecimento e a fraude, muito comuns nos exames desse tipo, diz o diretor." Ou seja, ficou como se eu tivesse dito que a fraude e o favorecimento eram muito comuns. Até hoje não sei como não fui processado pelos atingidos pela acusação.

☺ Fui consultor da Emplasa – Empresa Paulista de Planejamento Metropolitano. Lá pelas tantas, noticiou-se que o Maluf iria transferir a capital do Estado de São Paulo para o interior. O curioso é que a localização da nova capital variava de mês em mês. Após certo tempo, em cada lugar que se ia, no estado, o pessoal apontava para um local e dizia que a nova capital seria lá. E os preços dos terrenos próximos eram inflacionados. Comentei isto com um professor dos mais experientes e ele fez uma observação interessante (eu diria maldosa, caso não fosse sobre o Maluf): – "Como a família dele possui terras em tudo quanto é lugar, espalhar os boatos sobre os locais é ótimo (e eles nunca vão desmentir), pois seus terrenos valorizam." Mas na Emplasa a gente sabia onde se propunha construir a nova capital do estado, num platô próximo à cidade de São Pedro. O planejamento era feito considerando desde os voos aerofotogramétricos e a criação de empresa para administrar a construção, até o traçado da cidade e o projeto e execução das obras de infraestrutura (água, esgoto, energia elétrica etc.). E tudo isto era colocado por mim numa rede Pert, solicitada pelo presidente da companhia, que trabalhava bem com esta ferramenta. Apreciei muito o trabalho, no qual eu era alimentado pelos entendidos e traduzia tudo no Pert. No final, a capital não foi construída, mas quem lucrou fui eu, que aprendi como se planeja a construção de uma cidade. Se alguém desejar fundar uma, eu ensino.

☺ Consegui uma proeza que causava inveja aos matemáticos. Como autônomo, eu prestava serviços de computação para escritórios de engenharia. Um trabalho que rendia era o Cálculo de Viabilidade Financeira de Sistemas de Produção e Distribuição de Água (para cada cidade, o fluxo de caixa era feito mês a mês durante dois anos, e ano a ano durante 20 anos). Um resultado importante e muito trabalhoso, se calculado à mão (por tentativa e erro), era o menor preço por metro cúbico de água que viabilizava o sistema (o saldo acumulado, período a período não podia ser negativo). Consegui equacionar e resolver o problema por meio de um sistema de inequações, o qual, programado em computador, dava o resultado como subproduto das tabelas de fluxo dos empreendimentos. Vendi tantas tabelas que, em três meses, comprei à vista um dos carros cobiçados da época (para inveja dos matemáticos que, em geral, só sabiam ganhar dinheiro ensinando Matemática).

3.1) POLÍTICA/ECOLOGIA
Tópicos quase engraçados (ou nem tanto)

☺ Numa reunião política, para o lançamento da candidatura de meu primo jornalista, o Pedro Del Picchia, iniciamos uma conversa, eu, meu tio Arlindo e um senhor distinto. Meu tio, naquele dia, estava com a macaca, falou sem parar e não deixou o senhor abrir a boca – este, quando tentava dizer algo, era interrompido e se calava. Após ele se ir, meu tio pergunta: – "Quem é esse aí?" Eu: – "O Fernando Sabino." Meu tio: – "Puxa, tão importante e não falou nada!" Eu: – "E você deixou o cidadão falar?"

☺ Nas reuniões, simpósios, assembléias, eu e amigos às vezes tomávamos a palavra e tínhamos uma coleção de frases padrão para finalizações ou aberturas dos discursos. Entre elas: "E a sociedade anestesiada deverá entendê-lo como tal"; "E isto é de suma importância, não só para esta como para as futuras gerações"; "As palavras são poucas para agradecer tão imerecida honraria"; "O prêmio é gratificante, a criação de uma nação" (minha preferida); "E a luta só findará quando os trabalhadores plantarem a bandeira no cume da montanha". Esta última frase era a predileta de meu colega Assis. Um dia em que falei antes (fiz uma intervenção em defesa dos direitos das mulheres em um Congresso da APPD – Associação dos Profissionais em Processamento de Dados –, na qual eu era Diretor Técnico), usei a frase dele e deixei-o órfão para terminar seu discurso. Quando proferi a frase, ao fim de meu arrazoado, só ouvi uma palavra ao lado, dita entre dentes: – "Filho..."

☺ Na campanha para governador de São Paulo, em 1982 (quando não existiam ainda nossas fraudáveis urnas eletrônicas), acho que fui tão convincente que um eleitor me disse: – "Vou votar no senhor." Eu: "Não sou candidato." Ele: – "Mas eu quero votar no senhor." Eu: – "Não adianta, eu não sou candidato." Ele: – "Mas eu quero..." Eu: – "Então vota, ué..."

☺ Numa mesa redonda da APPD, a Estelinha, sentada ao meu lado e falando baixo, contava suas fantasias: – "Gostei de sua participação no debate, enfrentou os poderosos, despertou minhas fantasias, sabe quais são?" Sem esperar resposta, desfiava uma série de impropriedades cabeludas – e eu com medo que os outros participantes ouvissem. Foi a primeira vez na vida em que perdi o rebolado e não sabia o que falar. O jeito foi, na hora de ir embora, dizer a ela: –"Vou pensar em tudo que você falou, processar e respondo depois."

☺ Os EUA mantinham (e mantêm ainda, muito mais desenvolvido) um sistema de espionagem chamado Echelon, com bases nos países de língua inglesa. Este sistema era/é capaz de analisar milhões de mensagens de telefone, fax, internet etc. e filtrá-las, pesquisando palavras-chave como bomba(s), atentado(s), estouro, guerra santa etc. etc.. A existência de expressões e palavras-chave, de acordo com o número delas em uma mensagem, transformava, quem delas se utilizava, em virtual suspeito de terrorismo. E, pelo que sabíamos, tais mensagens passavam por filtros e eram separadas e submetidas a exame mais minucioso. Um dia, penso que por volta de 1990, recebi um e-mail convocando para, certo dia, tentarmos saturar o Echelon. Isto seria feito por meio de milhares de mensagens inócuas, mas contendo palavras suspeitas. Escrevi (e enviei para dezenas de correspondentes), mais ou menos o seguinte: "Caro amigo. Estou escrevendo para contar que minha avó fazia umas **bombas** de chocolate que eram um **estouro**. Eu comia tanto, que poderiam **implodir o prédio** sobre mim, pois não faria mal. Quem gostava era meu primo X, **piloto**, o qual não sei como não **derrubava o avião**, de tanto que bebia. Pois ele era uma verdadeira **dinamite**, sempre encharcado de álcool; era só alguém **fazer fogo** perto dele que teríamos uma enorme **explosão**." Desconfiávamos que uma carta "suspeita" como esta mereceria ir parar na mesa do espião-chefe. Eventualmente, minha mensagem poderia suscitar nele a vontade de passar na doceria para comer umas bombas de chocolate.

☺ Para os que detestávamos a ditadura, era crucial a oposição vencer as eleições, elegendo Franco Montoro para governador de São Paulo. Por isso, nós da APPD (Associação dos Profissionais em Processamento de Dados) engajamo-nos de corpo e alma na campanha. Nas vésperas da inauguração do Comitê do MDB na Av. Brigadeiro (São Paulo), escrevi, desafiado por uma colega, companheira na campanha, duas estrofes satíricas obscenas. Ela desdenhara poesias românticas minhas, dissera que só gostava de poesias pornográficas, e eu exerci meu espírito vingativo (talvez exacerbado pelo fato de que eu estava em processo de separação). Combinei entregar, à noite, na inauguração – escrevi nas costas de um cartão de visitas. Não é que ela adorou? Mais tarde, perguntou: – "E meus versinhos?" Eu: – "Joguei fora." Ela: – "Por quê?!!" Eu: – "Prevenção. Imagine que me apresentem à esposa do candidato, e eu me distraio: "– Meu cartão." e entrego a poesia por engano." Seria expulso do Comitê e no dia seguinte o jornal traria a manchete: "Professor da USP expulso a pontapés." Na inauguração do Comitê, ao chegar, subimos para o primeiro andar. Havia lá, numa sala, uma festa particular (de aniversário), com comes e bebes. Paramos na porta da festa, todos com um baita apetite (tínhamos vindo direto dos respectivos trabalhos). Como entrar? Nisso sai de lá uma garota bonita, toda sorrisos e me pergunta: – "Ô meu, tu sabe onde é o banheiro das muié?" Eu: – "Que eu saiba é lá, mas é uma mistura só, de homem, mulher, travesti, e tá cheio, não sei se cabe mais uma." E lá foi ela, saltitante. Na volta, abordei-a: – "Ô gata, tu que parece bem relacionada, como é que se entra nesta festa?" Ela: – "Tu qué entrá? Vem comigo." Pegou minha mão e me puxou para dentro. Entrei, comi pizzinha etc. e levei pipoca pros amigos. Ela falou com uns e outros e sugeriu: – "Vamos tomar chope lá embaixo." Fomos. O chope tinha acabado. Ela: – "Vou te pagar uma cerveja, vamos pro barzinho em frente." Pediu cerveja, mostrei umas poesias, ela mostrou uma carta, leu, chorou em meu ombro. Eu: – "Vamos comer alguma coisa?" Ela: – "Antes tenho que voltar ao comitê para falar com Dona... (esposa de um político). No caminho de volta ao comitê, paramos em meu carro (eu tinha um Alfa-Romeu). Pus uma música chopiniana. Ela: – "Ô meu, tu é abonado, hem?" Ouvimos a música e ela: – "Espera aí que já volto e vamos passear." Entrou no comitê, correndo. Voltou correndo: – "Ela foi pro Teatro Ruth Escobar, me leva lá?" Fomos ao teatro, entrou correndo, saiu correndo, ofegante: – "Subi duas escadas pra não te deixar esperando. Agora podemos passear." Fomos à Praça Panamericana, ela me "ensinando o caminho", do jeito dela – fez-me entrar na Av. Brigadeiro na contramão para carros, na faixa exclusiva dos ônibus, com ônibus atrás, tentando me pegar. Ela era um terremoto, não parava três segundos no mesmo lugar – na lanchonete, nem bem sentou, levantou-se: – "Me espera, tô naqueles dias." Foi ao banheiro. Na volta derrubou tudo (a bolsa, o prato, o refrigerante). Depois fomos ao mirante, lugar calmo, com bonita vista. Ela: – "Quando o Montoro ganhar, vamos comemorar com champanhe M. Chandon." Eu: – "Só quando ele ganhar?" Ela: – "É que, quando ganhar, é com M. Chandon." Estávamos apreciando a vista, abraçados como dois anjinhos e ela (sempre com o cigarro na mão), de repente exclama: – "É fogo, é fogo!!" Eu (convencido): – "Quem, eu?" Ela aponta uma brasa que caíra do cigarro e estava perfurando sua calça de brim!.. Não resisti, morri de rir. Mais tarde levei-a para casa (de rico) no Pacaembu. Da rua, ela mostrava sua janela: – "Quando quiser me chamar é esta aqui – Ô Vilma gostosa! – mas não vai se enganar de janela, que a janela vizinha é da minha mãe. Me telefona." E escreveu N vezes o telefone no vidro embaçado do automóvel. Entrou de repente no carro: – "Vou te ensinar o caminho." Fez-me dar enorme volta para mostrar o caminho e voltamos à casa dela de novo: – "Repete o que te ensinei que vai dar na avenida." Despediu-se e entrou. Realmente, foi uma experiência inesperada.

☺ Uma vez dei carona para o futuro Governador Montoro, quando candidato. Em respeito ao grande estadista, nunca mais lavei o banco do carro...

☺ O Eng. Horácio Ortiz (ex-deputado) levou-me a uma reunião-almoço de uma ONG defensora do meio ambiente, a Abeppolar, no Instituto de Engenharia de São Paulo. No fim do almoço diz, de surpresa: – "O Walter escreveu um livro e vai falar sobre ele." Perguntei: – "Quanto tempo tenho?" O presidente da ONG (o Lobato): – "Até a gente cansar." De improviso, falei umas duas horas sobre meu livro satírico *A República da Panákia* e sobre fatos pitorescos da Politécnica, e se divertiram. Pensei até em alugar um teatro e fazer um daqueles shows de um só ator. Fiquei frequentador das reuniões da Abeppolar, que consiste em um almoço, uma vez por semana, no Instituto de Engenharia. Como bom anarquista, gostei por não haver nenhuma obrigatoriedade de comparecimento, ou de horário de chegada ou saída, nem pauta obrigatória, mas o esquema funciona bem. Ora comparecem meia dúzia de pessoas, ora aparecem trinta ou mais. Às vezes são convidadas personalidades, em outras há palestras sobre assuntos relevantes (eu mesmo, já levei vários palestrantes, e já falei sobre nossas fraudáveis urnas eletrônicas), ora é um candidato a vereador ou à presidência do Instituto, pedindo votos. A constante, o assunto pelo qual sempre tive interesse, é a defesa do meio ambiente, do nosso e do planeta. Quando o assunto resvala para política ou ideologia, isto não me atrai e, inclusive, considero contraproducente, pois percebi que afugenta pessoas. Alguns participantes primam por um conservadorismo primário (é a direita infantil, que vê esquerdismo até no Lula...). Outra característica é o "autoritarismo oratório": quando alguém fala (especialmente o presidente e alguns outros), não se pode comentar nada com o vizinho, sob pena de admoestação do orador. Mas, contraditoriamente, é uma ditadura exercida democraticamente, pois qualquer um que esteja falando pode exercer o mesmo "direito reclamatório" (e eu já o exerci). Para um dos partícipes, o S. Costa, propus o lema: "O homem que ataca os problemas de frente!" Em suma, é uma reunião alegre, ouvem-se fatos curiosos e sempre que posso, compareço. De vez em quando, o Lobato organiza visitas e congressos ligados à ecologia e à defesa civil. Na comemoração dos 40 anos da Abeppolar, em 2006, com o auditório do Instituto de Engenharia transbordando, dei uma audição de piano de quase uma hora. O Lobato sofreu com o preço do aluguel do piano de cauda, mas adorou a audição (ou, mais realisticamente, adorou a audição, mas sofreu com o preço...). O vídeo da audição está no Youtube (Em: Audição no Instituto de Engenharia).

Poema que fiz em homenagem à ONG e ao Lobato, que o enviou a todos os membros da entidade, VOU-ME EMBORA: Vou-me embora pra Abeppolar / Lá sou amigo do Lobato / Terei ecologia sem par / Com flores, sem carrapato / Um meio ambiente exemplar / Pra poder tirar retrato // Vou-me embora pra Abeppolar / Lá sou amigo do Lobato / Eu pago mensalidade / Mas tem almoço barato / Que se devora no ato / Comem pouco nessa idade / Alguns acham que isso é fato / Porém, afirmo, é boato // Vou-me embora pra Abeppolar / Lá sou amigo do Lobato / Garanto, não sou gaiato/ Sou até muito cordato / Aparento ser pacato / Pois só falo o que é exato / O que me pedem eu acato / Promessa de candidato / Se reclamam, não me abato / E ética, aqui, é mato // Vou-me embora pra Abeppolar / Lá sou amigo do Lobato / A todos sou muito grato / Embora sendo novato / Aqui nesse campeonato / Ensinem-me o pulo do gato / Pagamento? Só abstrato / Espero, sem peculato / Consignado em contrato // Vou-me embora pra Abeppolar / Lá sou amigo do Lobato / Lá até engordaria / Comendo tanta iguaria / Bem sei que tenho o endosso / Do Instituto de Engenharia / Mas não preciso nem almoço / Pra mim basta a companhia.

☺ Pela Abeppolar, fizemos uma visita à Fábrica de Geradores Eólicos e ao Sítio do Eng. Stecca, em Sorocaba. Na volta, meu amigo Mohamad Murad gentilmente serviu, no ônibus, confeitos árabes, um para cada passageiro (umas 30 pessoas). Eu fiquei segurando o confeito, vendo os outros comerem. Alguém me pergunta: – "Você não come por quê?" Eu, em voz alta, para todos ouvirem: – "É que combinamos envenenar o ônibus inteiro. Estou esperando para ver se ele cumpriu o combinado."

☺ Em um dos almoços da Abeppolar, um dos participantes elogiou os EUA, devido a terem uma rede eficiente de gasodutos, outra rede eficiente de estradas, outra de ferrovias, outra de comunicações etc.. E eu completei: – "E a mais importante, sem a qual as outras não seriam tão eficientes, uma rede completa de fábricas de bombas e outros artefatos militares..."

☺ Em uma correspondência da Abeppolar sobre excursão às instalações da Marinha, em Aramar, no final vinha grafado: "Favor acusar recebimento." Respondi: "Não "acuso o recebimento" pois nunca fui dedo duro e não é agora que vou acusar, seja lá o que for... Mas comunico que recebi, e agradeço a deferência."

☺ A expressão "Ele está com os neurônios combalidos", que usei referindo-me a uma autoridade burrinha, foi considerada tão bonita, que o referido a interpretou como um elogio. Só faltou agradecer-me.

☺ Estou pensando em fundar o PAC – Partido Anarquista Colérico (de oposição a tudo) – e, simultaneamente, antes que outros o façam, a dissidência, o PAC do B (do Brasil). Como bom agrupamento anarquista e prevendo que logo surgirá algum desentendimento, é conveniente a criação preventiva e simultânea do partido dissidente. Desse modo, quem quiser se filiar pode, democraticamente, escolher o original ou a dissidência. A futura fusão do PAC com o já existente GCI – Grupo de Cidadãos Indignados –, formará o PICCHIA – Partido Independente dos Cidadãos Coléricos Histéricos e Indignados Anarquistas. Bem que os governos merecem uma oposição com um nome destes.

☺ Para quem se lembra do governo Collor: 1) Conseguiu um milagre: uniu a direita e a esquerda brasileiras – contra ele... 2) Era tão ruim que fez o impossível: deixou-nos com saudades do péssimo governo do Sarney. 3) Comparando com Calígula, Nero era um santo; comparando com Collor, Calígula era um santo (não tentou roubar a mulher do irmão, nem bloqueou todo o dinheiro da população). 4) O Presidente Figueiredo tratava cavalos como gente, Collor tratava as pessoas como cavalos. 5) Para seus entusiasmados adeptos, eu dizia: o governo Collor é uma questão de tempo; um dia você também será contra.

☺ Tínhamos (e temos ainda, em 2014) um Fórum de debates na Internet, em www.votoseguro.org para denunciar a insegurança do voto eletrônico brasileiro e propor aperfeiçoamentos. Vários participantes queriam transformar o Fórum em uma ONG – Organização Não Governamental do voto eletrônico. Em lugar de ONG, propus fundar uma OAG – Organização AntiGovernamental. Para servir aos governos, como grande parte das ONGs faz, é mais apropriado criar OBs – Organizações Bajuladoras. Para analisar, fiscalizar e/ou criticar os governos, as OAGs seriam mais apropriadas.

☺ Em nosso Fórum de debates (e críticas) sobre a urna eletrônica brasileira, às vezes, para fugir da aridez das discussões, fazíamos piadas sobre coisa séria. Assim, escrevi uma poesia com quatro estrofes, elogiando a urna honesta, aquela que avisa que está roubando (por exemplo, mostrando uma foto diferente da do candidato escolhido). Uma nossa participante estadunidense gostou e verteu para o inglês. Foi assim que, a seguir, escrevi: "Que bom! Agora posso dizer que sou um mau poeta em duas línguas."

☺ Mimos malufianos: 1) Tive um colega professor que, quando calouro na Escola Politécnica, teve sua cabeça raspada, no trote, pelo Maluf. Ficou careca, pois seu cabelo nunca mais nasceu! Falei para ele: – "Eu processava!" 2) Os políticos falam: – "Deus me livre de ele tocar piano como nos governa!" Os músicos falam: – "Deus me livre de ele nos governar como toca piano!" Ou: – "Se o Maluf nos governa como toca piano, Deus tenha piedade de nossas almas." E eu: – "Se ele toca piano como nos governa, Deus tenha piedade de meus ouvidos." 3) "Atrás de uma sua ação, há sempre uma má intenção. Por exemplo, se ele mandar rezar uma missa, desconfie de alguma sacanagem." 4) Qualquer um é melhor candidato que ele. Consequências: a) "Numa eleição, entre ele e qualquer um, fico com qualquer um." b) "Se, no segundo turno, sobrarem ele e o Capeta, voto no Capeta e faço campanha pro Capeta até no Vaticano." 5) "Por mais que se fale mal dele, é pouco." 6) "De modo semelhante ao que sucedia com Gengis Kahn, onde o Maluf passa não nasce nem grama."

☺ Quando nos governava um presidente que tinha um dedo a menos em uma das mãos, um amigo escreveu, no fim de uma mensagem: – "Tiram-nos o mercado e somos roubados por esses impostos extorsivos; e a mão que nos rouba chama-se governo." Respondi: – "E olhe que podia ser pior, podia ter um dedo a mais." Na mesma época, em um abaixo-assinado pela internet, apoiou-nos o Sr. A. Espingardeiro, do Rio de Janeiro. Na mensagem de apoio vinha escrito: "Saudações Revolucionárias." Escrevi para uma amiga: – "Espingardeiro quando cresce vira fuzileiro? Note como o nome condicionou a vocação revolucionária de nosso apoiador." Não sei como, ele soube e me escreveu: – "Professor, o senhor é um homem muito gozado, né?" Respondi, explicando que era um elogio, pois eu também era revolucionário, e que "puz" (com z) coisas mais gozadas em meu livro a sair." Ele gostou, mas caçoou que "pus" era com s. Escrevi: – "Realmente, pus é com s. Foi erro de meu dedo indicador esquerdo, e não posso nem achar ruim com ele, pois o s e o z são vizinhos no teclado. Não fosse isso, juro que o cortaria, para ele nunca mais fazer tal coisa." Resposta dele: – "O senhor é um paulista com espírito carioca. Mas não corte não, a menos que queira correr o risco de ser Presidente da República."

3.2) POLÍTICA/ECOLOGIA
Tópicos quase sérios (ou nem tanto)

☹ No tempo do regime militar, participei ativamente da campanha pelas eleições diretas, comparecendo a reuniões, passeatas, comícios. Depois do trabalho, vestia minha camisa amarela (cor símbolo da campanha pela democratização) e partia para as reuniões, às quais iam pessoas de todas as tendências políticas, todas fartas do regime de força. Guardo boas recordações daquele tempo e penso que contribuí com minha microparcela para a volta do estado de direito. (Como os que vieram depois, Judiciário, Legislativo e Executivo, conseguiram deturpar a democracia tão arduamente reconquistada, isto já é outra história).

☺ O pessoal gostou de uma frase que eu disse em um debate no Congresso da APPD: – "O avanço tecnológico é como a morte, podemos postergá-lo, mas é impossível evitá-lo." (Quanto à morte, ao menos por hora).

☺ No tempo do governo militar, embora a APPD fosse crítica ao governo, fomos convidados para participar de um grupo de trabalho, sobre ensino de Informática, da SEI – Secretaria Especial de Informática –, e MEC – Ministério de Educação e Cultura. A APPD indicou-me e fiz inúmeras viagens a Brasília, onde tive oportunidade de conhecer militares técnicos. Duas situações de quase nomeações: 1) Sem meu conhecimento, dirigentes do MEC de São Paulo indicaram-me para participar do Conselho Federal de Educação – meu currículo chegou a ficar sobre a mesa do Ministro da Educação e 2) A APPD e um secretário do governo de São Paulo indicaram-me para a diretoria da Prodesp, estatal do estado de São Paulo. Nos dois casos soube que, por acordos políticos, as posições foram entregues a outros. Penso que tive a sorte de as nomeações não terem se concretizado, pois seria submetido às pressões normais e, com meu estranho defeito de ser correto, logo entraria em choque com Deus e todo o mundo.

☺ Na USP, dei carona para dois alunos que, pela conversa, logo descobri serem trotskistas. Um para o outro: – "Tenho uma puta raiva desses trabalhadores de bunda mole. Deviam lutar por seus direitos e ficam parados. Tinha que dar um tapa na orelha deles e obrigar a lutar. Se não, tinha que fuzilar." Pensei: "Eu também acho um absurdo os espoliados conformarem-se com sua situação, mas se adotarmos esta sugestão com rigor, considerando o número de nádegas flácidas de nosso país, teríamos que eliminar quase 100% da população brasileira..."

☺ Na campanha pelas eleições diretas, na fase final do governo militar, os que as pleiteavam formavam vários grupos políticos e eu pertencia a um deles, com reuniões na Praça Benedito Calixto, São Paulo. Havia o perigo de o Maluf ser "eleito" presidente, e lá fomos nós, com banda de música e enormes bonecos, protestar em frente à casa dele. A vizinhança chamou a polícia e apareceu uma viatura. Fui conversar com os guardas e ainda colei, disfarçadamente, um adesivo das diretas na viatura, além das várias dezenas que colei no muro da residência malufiana.

☺ Em Setembro de 2003, tive a ideia de redigirmos um manifesto pelo aperfeiçoamento das urnas eletrônicas brasileiras, as quais apresentam fragilidades tais que não se pode confiar no resultado de nossas eleições. Não há como saber se nosso voto foi computado corretamente (a foto que se vê ao votar, nada significa), nem garantir que o voto seja secreto (a urna é aberta digitando o número de nosso título eleitoral, que nos identifica, e votamos em seguida na própria urna, o que permite que se associe o voto ao eleitor). O manifesto seria assinado por professores titulares de universidades brasileiras (sendo eu da Poli/USP). O Eng. Amilcar (fundador do Fórum do Voto-e, em www.votoseguro.org) e eu esboçamos o manifesto e submetemos o texto a outros professores titulares e doutores. Após várias adequações, o "Alerta contra a Insegurança do Sistema Eleitoral Informatizado" foi divulgado em um site dedicado a ele, com as assinaturas iniciais de cinco titulares (eu e Terada da USP, Stolfi e Bittencourt da Unicamp, Stanton da UFF – Universidade Federal Fluminense) e três professores de alto gabarito, já doutores ou em fase de doutoramento (Rezende, da UNB – Universidade de Brasília –, Freitas, então na Ecole Polytechnique, Palaiseau, França e Figueiredo, Dr. da Unicamp). O Manifesto teve boa acolhida e foi assinado por pouco mais de 3.500 pessoas, entre elas inúmeros juristas, jornalistas, políticos, profissionais e titulares de universidades de todo o Brasil. Não conseguimos convencer o TSE – Tribunal Superior Eleitoral – a aperfeiçoar a urna, mas nosso grupo ganhou visibilidade.

☺ Em fins de 2003 foi inaugurado o busto do ex-governador Montoro no Aeroporto de Cumbica, São Paulo. Fui junto com o ex-secretário e ex-deputado Eng. Horácio Ortiz, convidado por ele. Lá, o Ortiz apresentou-me a diversos políticos (a maioria do PSDB, mas também de outros partidos), dizendo que eu, professor de eletrônica da Politécnica, afirmava que a tão elogiada (pelo TSE) urna eletrônica era facilmente fraudável. Vários arregalaram os olhos e pediram meus dados, afirmando que os assessores entrariam em contato comigo (nenhum entrou...). Mas a reação de outros foi desanimadora: – "Me ensina como fraudar?", inclusive a de um Secretário do governo tucano de nosso estado.

4.1) VIAGENS
Tópicos quase engraçados (ou nem tanto)

☺ Em Porto Seguro, na Bahia, fomos a uma praia mais ao sul. Na hora do almoço, ao ar livre, surge um daqueles repentistas talentosos, tão comuns na região. Pediu licença e começou a cantar: "Meu amigo, vou cantá / As beleza do meu chão / O encanto do meu mar / Durante tua refeição // Depois de cantá esta tarde / Só peço que dê prá feira / Tenho que alimentá as criança / Que eu nunca recebi herança / E tu é a minha esperança." Não deixei por menos e respondi, cantando como ele: "Então vem cá enchê tua pança / Tô gostando do repente / Fica aqui, come co'a gente / Não queira ser diferente // É um prazer convidá o amigo / Prá sentá aqui do meu lado / Venha cá, fica comigo / Que tu é meu convidado / E será muito apreciado." Ele: "Agradeço teu convite / Mas prefiro só cantá / Ganhá o meu, acredite / Prás criança sustentá." Aí eu pedi cinco reais para minha mulher (uma gorjeta bem razoável na época), ela abriu a bolsa, peguei o dinheiro, mas ela achou muito e foi dando menos. O repentista viu e cantou: "Me desculpa falá agora / Pois o moço é um cara bão / Ela pensa que eu não vi / Tua muié escondeu co'a mão / Tenha dó, minha senhora / Vê se libera meu cincão." E eu: "Tudo bem, que tu merece / Teu cincão tá liberado / E a gente ainda agradece / Vai com meu muito obrigado." E ele, todo feliz, levou o cincão.

☺ Uma amiga de Recife, Pernambuco, disse que não estava aguentando o calor de lá. Escrevi para ela: "Você acha que está quente aí porque não conhece Ipatinga, em Minas. Descobri que escolheram Ipatinga para colocar uma usina de fabricação de aço, pois lá é tão quente que fica mais fácil (gasta se menos energia) para acender os alto-fornos – aliás, às vezes ele acende sozinho... Lá o calor é tanto, que as galinhas ficam o tempo todo abanando os ovos em lugar de chocá-los, pois se não, em vez de virar pintinhos, viram ovos cozidos. Não existe salada crua, só verdura cozida. No hotel não havia água fria, pois na torneira escrita "fria", ela já vinha quase fervendo, mesmo sem aquecê-la. Quando estive lá, quase me gastei, de tanto banho (com a água da geladeira...)."

☺ Em Bonito, Mato Grosso do Sul, fiquei amigo do dono de uma égua grávida. Como ele queria retribuir um favor que lhe fiz, sugeri: – "Se nascer macho, dê o meu nome, se fêmea, o nome de minha mulher. Mas se nascer indefinido, por favor, invente outro nome..."

☺ Eu era consultor na Cetesb e havia publicado trabalhos em congressos e na *Revista DAE*, descrevendo um modelo matemático para estudo da poluição em rios, lagos e reservatórios, que eu estava desenvolvendo, quando lá aparecem alguns diretores da Corsan – Companhia Rio-Grandense de Saneamento – e me convidam para uma reunião em Porto Alegre, Rio Grande do Sul. Desejavam que eu opinasse sobre os problemas da poluição hídrica de lá. Pensei: "Vai ser uma reunião com algumas pessoas em torno de uma mesa e um copo d'água para cada um." Ao chegar, quem me recebe diz que há 400 pessoas, sentadas e de pé, no anfiteatro da Corsan, esperando minha palestra; tenho 10 minutos para prepará-la! Tinham feito propaganda nos jornais que um especialista de São Paulo iria lá apresentar a solução para a poluição do Guaíba(!!). Minha sorte foi que, um mês antes, eu dera uma palestra sobre o assunto na Cetesb. A assistência que me esperava no anfiteatro era super-heterogênea. Havia pessoal da Corsan (técnicos, diretores, pessoal administrativo), de universidades, defensores da tradição gaúcha, movimentos pela defesa do Guaíba, do meio ambiente, curiosos etc. etc.. Tentei falar o mais simples possível sem dizer besteira. Soube depois, pelo próprio presidente, que fora bem-sucedido (ao menos em relação a ele...). Disse que iria só me apresentar e ir embora, mas gostou e acabou ficando até o fim. Nos dois dias que fiquei em Porto Alegre, percebi como os gaúchos são hospitaleiros. Levaram-me a vários lugares (visitas, churrascos, passeios, clubes noturnos). Não nos deixam nunca sozinhos; só nos largam na hora de dormir. Alguns fatos que se deram num churrasco da Corsan (era um dos encontros anuais da empresa): já na entrada apresentaram-me várias pessoas e, percebi depois, cada uma declinava o nome de sua cidade (e não o próprio nome). O pior foi que, antes de perceber isto, já dera um fora, pois quando me apresentaram um senhor aloirado, que se apresentou: – "Frederico Westphalen, às suas ordens" (nome de uma cidade), eu disse: – "Prazer em conhecê-lo. Já ouvi falar do senhor." Espero que ele não tenha entendido ou tenha pensado que fosse uma brincadeira, mas não era... Aí vieram com grandes pratos cheios de porções de lombinho, e ficamos todos comendo e conversando. Para mim, aquilo já constituía o almoço. Mas era apenas o aperitivo e, pouco depois, abriu-se uma cortina e surgiu um enorme salão com compridas mesas e várias dezenas de lugares. Pensei: "Lá vem um banquete." E veio muito mais que isto. Os garçons traziam aquilo que eu chamo de "um boi no espeto" (um enorme bloco de carne, do qual se tiram lascas tostadas e leva-se novamente para o fogo), afora os apetrechos de um churrasco tradicional gaúcho. Enquanto comíamos, cantores se apresentavam no palco, cantando músicas cheias de bravatas. Na mesa, contei inúmeras piadas e meus vizinhos riram bastante (talvez, um pouco, por educação...). No final, um gerente deles, com pinta e sotaque de alemão, subiu ao palco e contou algumas piadas. As pessoas que tinham ouvido as minhas disseram ao alemão para convidar-me para contá-las no palco. Pois foi um desafio amigável, eu e o alemão alternando as piadas. Só sei que ganhei o "concurso", pois ele esgotou o estoque e eu continuei contando. O clímax foi quando contei a piada do alemão inteligente, que sabia todas as palavras em português, e as "guardava no bunda", e eu apontava a cabeça como se fosse o alemão da piada. Parece que as estrepitosas gargalhadas eram uma espécie de vingança pela rígida hierarquia exercida pelos chefes. Foi bem divertido; só achei estranho que na festa toda não vi uma única mulher, inclusive entre os cantores que se apresentaram no palco.

☺ Em Fernando de Noronha, em uma das excursões de barco, passa-se perto de uma rocha que tem uma abertura no meio, muito semelhante ao mapa do Brasil. Quando passamos, a instrutora, travestindo-se de professorinha primária e esperando as respostas padrão: – "Com o que se pareece este furo na rooocha?" Todos, em uníssono, com vozes de escolares, menos eu: – "O maapa do Brasiiil!!" Ela, intrigada: – "Você não achou?" Eu: – "Não." Ela: – "Então, o que parece?" Eu: – "Lembra mais um elefante tentando descascar um amendoim." Quase que ela me joga do barco.

☺ Em Olinda, Pernambuco, havia garotos que contavam histórias aos turistas em troca de algumas moedas. Casos que vivi: 1) Uma vez, quase no fim de uma declamação de uns dez minutos, interrompi um menino que recitava, enroladamente e em alta velocidade, a história do Brasil. Ele não conseguiu retomar onde parou; teve que começar tudo de novo. 2) Outro recitava: – "À minha direita fica a Igreja do Rosário." Eu: – "À esquerda." Ele: – "À minha direita fica a Igreja do Rosário." Eu: – "À esquerda." Ele repetia. Não conseguimos corrigi-lo. Foi mais fácil rodar o menino meia volta. 3) Em outra ocasião, o garoto dizia: – "Aqui fica a casa do Murício de Nassaú." Eu: – "Ele está em casa? Gostaria de visitá-lo." Ele, arrastado: – "Sei nãããão. Achu quelistá prá Sanpaaulo..." Caso semelhante aconteceu em outra viagem, quando perguntei, em Petrópolis, a um morador, se aquela era a casa de Rui Barbosa. Resposta: – "Moço, sou novo aqui, mas acho que já mudou, não mora mais aqui não."

☺ Em Fernando de Noronha, minha mulher e filha decidiram mergulhar, em descida acompanhada por instrutor, a uns doze metros de profundidade. Na compra do passeio, queriam que eu também me inscrevesse para o mergulho. Eu: – "Não quero mergulhar. Não vou dar a mão prá homem. E se ele gosta?" Chegamos ao local e a instrutora de mergulho era uma bonita garota, tipo modelo, capa de revista. Minha mulher caçoou: – "Mão pra homem, né?" A moça insistia para que eu mergulhasse com ela: – "Desce comigo. Você vai ver cada peixão!" Resisti bravamente: – "Eu não! Se tivesse nascido com capacidade para respirar debaixo d'água, eu teria nascido peixe! Prefiro vê-los no aquário, na TV, no vídeo." E fiquei lá em cima, acompanhando tudo pelo visor de uma máscara de mergulho.

☺ Numa viagem de avião, conversando com um padre católico, eu disse que não tinha religião. Ele comentou que, se o avião caísse, eu estaria em maus lençóis, pois não haveria tempo para me converter. Respondi: – "Pois penso estar em segurança ao lado de um amigo de Deus. Se o avião cair, é justo que eu vá com o senhor para o Paraíso, para terminarmos nosso papo. Depois da conversa, conto com sua ajuda para convencê-los a não me enxotarem para fora..."

☺ Em Florença, tarde da noite, vi uma cantina próximo ao hotel e resolvemos ir lá dar uma sopa para a filha, que estava com o estômago meio enjoado. Ninguém nos prevenira para tomar cuidado com os minestrones (sopas de verduras) na Itália. Começo a dar a sopa para a filha, quando noto umas formações pretinhas que julguei, devido à má iluminação do local, serem sementes. Pois de repente uma se mexeu e vi que eram baratinhas, bem miúdas. O garçom, encabulado, queria trazer outra sopa, mas preferimos outro prato, menos perigoso. Eu ainda tentei confortar o rapaz, que percebi inocente, perguntando a ele no meu portuitálico macarrônico: – "En Itália, como se chiama questo insetto?"

☺ Na Itália dei um esbarrão numa moça. Antes que eu pudesse pedir desculpas, ela se vira para a amiga e, em português, reclama: – "Mas como esses italianos são mal educados..."

☺ Em visita a Pompeia/Itália, numa casa aberta à visitação pública, havia uma estátua de Príapo, Deus da fertilidade, com uma anatomia peniana exagerada. Uma amiga carioca, de nosso grupo da excursão, exclamou: – "Eu queria saber com quem esse cara era casado." Eu: – "Só pode ser com aquela enorme égua que vimos pastando na entrada da cidade." As turistas japonesas, em fila, entravam compenetradas na casa e saíam rapidamente pela outra porta, assustadas, rindo amarelo, tapando a boca e fazendo: – "Ohhh!!"

☺ Em uma viagem, as cozinheiras do hotel usavam máscaras. Eu: – "Estou preocupado com a comida." Minha mulher: – "Por quê?" Eu: – "Estamos a perigo. Elas estão usando máscaras para não serem reconhecidas."

☺ Digo ao síndico que vou viajar para o exterior. Ele: – "Vai para a Disney?" Eu: – "Tá loco?, vou pra Itália." Ele: – "E por que não a Disney?" Eu: – "Porque não dá pra comparar Mickey Mouse com Michelangelo, hot dog com pizza, hambúrguer com lasanha, e o Castelo da Bela Adormecida com a Capela Sistina."

☺ Na Argentina, meus parentes de lá se esborrachavam de rir toda vez que eu respondia aos oferecimentos ou perguntas, com a frase que penso ser uma imitação de algo que ouvi em algum filme do Cantinflas: – "Como si, como no, por el contrario." Até hoje, não entendi qual a graça.

☺ No Chile, nossa excursão cruzou com outra, nós indo e eles vindo. Encontro alguns brasileiros da outra excursão, conversando em português no saguão do hotel e falo, com sotaque castelhano: – "Que belessa. Vucês san de Brassil, aquelho país maravijosso. Morei lá três anhos e tengo sodades. Ainda voltu para lá." Fizeram festa para mim. O problema foi quando descobriram, mais tarde, que era piada.

☺ Em Santiago, Chile, para ir ao banheiro, custava um peso. Eu só tinha 50 centavos. Perguntei ao encarregado, em portunhol: – "Puedo dar meia mijadinha?"

☺ Enviado pela Cetesb, participei da equipe que foi ao Congresso de Engenharia Sanitária em Buenos Aires, onde eu apresentaria trabalhos. Minha mulher acompanhou-me (paguei as despesas dela). Após o Congresso, resolvemos, nós dois e um casal amigo, conhecer Bariloche (aproveitamos que as passagens de Buenos Aires a Bariloche eram baratas). Lá ficamos uns três dias em um hotelzinho acolhedor. Na volta, o voo para Buenos Aires atrasou horas e nós quatro ficamos presos no aeroporto, com pouco dinheiro (não quisera trocar dólares no hotel, pois o câmbio estava muito desfavorável, e logo estaríamos em Buenos Aires). Estávamos juntando os restinhos dos pesos para comer algo, quando um carioca que estivera no mesmo hotel que nós, percebeu e ofereceu algum dinheiro para devolvermos em Buenos Aires, para onde iria no dia seguinte. Aceitei e, dois dias depois, eu, minha mulher e uma amiga fomos devolver o empréstimo em seu luxuoso hotel. Estava saindo com a esposa e convidou-nos para jantar. Agradecemos, devolvi o dinheiro e, na despedida, estendeu-me seu cartão. Fui segurá-lo, mas ele soltou antes. Ao abaixarmos, os dois, para pegar o cartão, demos violenta cabeçada que, por pouco, não o nocauteia (eu tenho cabeça muito dura). Meu comentário, com sorriso amarelo: – "Acho que já vi isso em algum filme." Desconfio que meu benfeitor recomendou aos amigos: – "Se encontrar algum paulista em apuros, não ofereça dinheiro; ele paga, mas quando vai devolver, lhe dá uma tremenda cabeçada que quase o leva a nocaute."

☺ Placa na porta, fechada, de um restaurante em Buenos Aires, por volta das 13 horas: "FECHADO PARA ALMOÇO."

☺ Quando eu fazia parte da direção da APPD, conseguimos passagens para participar de um Congresso em Olinda, Pernambuco. Era um voo denominado "pinga-pinga", daqueles que fazem escala em umas cinco cidades (para nós, Olinda/Recife era a quinta e última!). Durante a viagem, no avião, pedimos vinho e tinha acabado. Um dos nossos ouviu do aeromoço: – "Xii, o piloto acabou com o vinho; está num fogo só." E os fatos confirmaram; sobrevoando Aracaju (uma escala da viagem), ouviu-se o piloto pelo alto-falante, com voz meio enrolada: – "Vou voar baixo para proporcionar aos senhores uma visão panorâmica da cidade." E proporcionou um voo rasante que por pouco não bate nos prédios. Anteriormente, ele já havia mandado ver o Rio São Francisco, "do lado da Lua cheia." Olhamos, e não havia nem Lua, nem dava para ver nenhum São Francisco. Ainda bem que eles só tinham vinho... Um dos componentes da comitiva era o Zé Maria, que devia pesar quase meia tonelada. Inventei que o piloto, quando desejava subir, pedia para o Zé sentar lá no fundo e quando queria descer, punha o Zé na frente. Caso contrário, não conseguia nem subir, nem descer. E que, no meio do voo, sentimos o avião oscilar como uma gangorra; era o Zé andando no corredor, para a frente e para o fundo, preocupado. Percebendo que a Luzia, presidente da APPD estava gelada de medo, eu ia irradiando, após cada decolagem: – "Senhoras e senhores, estamos de parabéns, nem acredito que acabamos de conseguir nossa terceira decolagem. Agora, só restam três aterrissagens e duas decolagens, só cinco grandes perigos da aviação; portanto, a chance de desastre caiu para 5 em 10, ou apenas 50%." Antes das aterrissagens, eu irradiava algo como: – "Vamos tentar descer no aeroporto de Salvador. Deus tenha piedade de nossas almas e permita que eu consiga acertar aquele minúsculo aeroporto. Rezem comigo." E eu explicava para ela que os aviões são projetados para caírem. São mais pesados que o ar, têm asas ocas, cheias de gasolina, há fios elétricos em tudo que é lugar, com grande possibilidade de faíscas etc. etc.: – "Portanto, relaxe. Se chegarmos ao destino, será lucro." Ficamos alojados em um Seminário de padres e foi lá que descobri que os seres humanos antigos deviam ser muito maiores que nós – no Seminário, era tudo enorme, as portas, as fechaduras, as chaves, os degraus das escadas etc.. Minha maior descoberta, porém, foi a tapioca com queijo derretido no palito. No primeiro dia, serviram comida de paulista (feijão, arroz, frango). Mas à noite, subimos o morro e aí descobri aquilo que seria minha comida todos os outros dias, a tapioca com recheios variados e queijo de coalho derretido na brasa. Foi lá que, num forró, uma olindense falou para as amigas: – "Ô xênte, o Walte dança forró mió qui norrdestin." (Um dos meus momentos de glória!).

4.2) VIAGENS
Tópicos quase sérios (ou nem tanto)

☺ Estava em Ouro Preto, Minas Gerais, e corri de carro até Mariana para ver/ouvir um concerto no famoso órgão na Catedral da Sé, por renomada organista. Cheguei e já havia começado. Eles eram rigorosos, não se permitia a entrada após o início da audição. Ficamos na porta, pedindo para entrar, eu, um senhor e uma moça. Como não deixaram, os dois foram embora e fiquei só eu, de teimoso. Bati de novo e uma moça moreninha atendeu-me. Falei que saí com folga, mas um desastre na estrada tinha me atrasado, para chegar tinha atropelado dois porcos e três cabritos, subido na calçada, só para ver e ouvir o famoso órgão da Catedral. Eu era de São Paulo, músico, elogiei a organista, e não precisava entrar no ambiente do concerto, bastava ficar do lado de fora, ao lado da porta fechada, só ouvindo o som. Ganhei pela insistência, entrei e fiquei ouvindo colado à porta. Cinco minutos depois a porta se abre e sai um senhor com o filhinho. Não deu outra, antes de a porta ser fechada, eu já estava lá dentro, sentado, vendo a organista tocar. Logo depois, vejo a moça moreninha sentada numa cadeira lateral, fuzilando-me com o olhar. Como ela não podia fazer mais nada, dei-lhe um tchauzinho amigável. Soube depois que, antes do início, umas 25 pessoas tinham tentado entrar, mas a lotação estava esgotada.

☺ Seres humanos em comunhão universal: 1) Em visita à Igreja de Pádua, na Itália, tive que ceder minha camisa para a esposa poder entrar (mesmo no calor, era proibido entrar com os ombros descobertos). Estou na praça ao lado da igreja, sem camisa, aproveitando para tomar sol, quando vem em minha direção um senhor loiro, também sem camisa, rindo alegremente ao me ver como ele. Depois que as esposas saem da igreja, há um tremendo esforço para nos comunicarmos, eles poloneses e nós brasileiros, numa mistura de gestos e idiomas: polonês, alemão, português, italiano, francês, inglês. E não é que a gente acabou se entendendo, demonstrando mais uma vez a importância da boa vontade! 2) Em uma excursão à Itália, colocaram-nos em um belo hotel em Capri. Pedi para estudar um pouco no piano deles e estou tocando Chopin quando aparece um belga, músico também. Falamos por gestos e algumas palavras, pois não temos idiomas comuns para nos comunicar. Entendi que ele gostou do meu Chopin, dizendo que a música tocada (Estudo das teclas pretas) era difícil. Combinamos jantar juntos com as esposas e filhas (cada um com uma filha). Aí, até que conseguimos nos comunicar, o suficiente para ficarmos amigos. Nós falávamos em português, em italiano macarrônico, algumas palavras em inglês, a esposa dele traduzia para o francês e ele fazia o caminho inverso. Soube que era maestro e trabalhava em uma rádio belga, dirigindo um programa de música erudita.

☹ Cinco "sustos" dignos de nota: 1) Em um Aero-Willys, eu, mulher, filho, meus pais, um casal de tios (carro pesadão com carga superpesada – meu tio valia por três) fomos de Monte Alegre a Serra Negra, em São Paulo, por uma daquelas estradinhas precárias, de terra, ao lado de precipícios e em período de chuvas, com enormes poças d'água e barro. Eu achava estranho não ver mais nenhum veículo, apenas alguns trabalhadores removendo terra dos inúmeros desmoronamentos. Após uma curva, ao lado de um despenhadeiro, ao olhar para trás deu para assustar, pois o trecho por onde tínhamos passado tinha um enorme buraco debaixo dele, sendo difícil entender como a estrada não desmoronara no precipício com o peso do carro. E não sei quantos buracos desses passamos por cima. Pois chegamos a Serra Negra e, ao comentar a estrada perigosa, a surpresa: – "Que maluquice, esta estrada está interditada por causa dos desbarrancamentos com as chuvas!! Foi um milagre vocês chegarem aqui". 2) Inventei de subir, com mulher, três filhos e empregada, um morro em Jacarepaguá, no Rio de Janeiro, para ver uma igreja. Embora não religioso, sempre fui louco por igrejas – aprecio a arquitetura, as obras de arte, a música – enfim, a contribuição do espírito religioso à cultura e à arte. Quando viajava, o pessoal já se acostumara; eu parava em todas as igrejas, visitava-as, muitas vezes só, enquanto esperavam no carro. Pois a subida, na beirada do morro, bem estreita e em pedras, era superíngreme e, numa curva muito acentuada, já em boa altura, o Aero-Wilys e/ou o motorista falharam e o carro morreu. A situação ficou séria porque era impraticável continuar ou voltar de marcha a ré, e também não era fácil manobrar naquela estrada tão estreita. Tive que apelar para o sangue frio: o pessoal desceu e eu sozinho, com a porta do motorista aberta (se o carro caísse no precipício, eu pularia) fui manobrando centímetros para a frente e para trás, até conseguir virar o carro. Minha mulher ficou controlando onde a roda mais externa “pisava” e me disse que, na última manobra, ela ficou metade para fora da beirada da estrada, sobre o precipício... 3) Indo para Cabo Frio com mulher e uma filha, para fazer um retorno mandaram-me passar sob uma ponte, e essa passagem se dava ao lado de um rio caudaloso, mais caudaloso ainda naquele momento, pois chovia torrencialmente há horas. Pois logo que se passava por baixo da ponte, para voltar à estrada, tinha-se que enfrentar uma subida de barro escorregadio como manteiga. Vários carros estavam lutando para subir, patinando sem sair do lugar. Sei que nossa Brasília conseguiu, roncando e avançando em câmara lenta, chegar próximo ao fim da subida, onde quase parou, patinando e ameaçando voltar – se voltasse, escorregando descontroladamente, poderíamos cair direto no rio caudaloso. Escapamos por pouco – ainda bem que o pneu estava bom. Inúmeros carros ficaram lá, lutando para subir. 4) Quando fui de São Paulo a Brasília de automóvel (num Alfa Romeu), as estradas de Minas, nas quais passamos, eram terríveis, de mão dupla, estreitas, sem iluminação, mal sinalizadas e, muitas vezes, sem acostamento. Ao cair da noite fomos pegos por violenta tempestade em longo trecho deserto, sem qualquer iluminação, sem ter onde parar e sem poder sair da estrada, a qual, com aquele aguaceiro, era quase invisível. Mesmo diminuindo a velocidade, passei apertado com os ônibus que vinham, em alta velocidade, parecendo que bem na direção da gente; quando se via ao longe uma luzinha se aproximando, eu tinha que me manter na estrada, o máximo possível encostado do lado direito, fazendo pontaria no ônibus e torcendo para ele não invadir o meu lado. Isto seria fatal. Tal fato se repetiu inúmeras vezes até a chuva diminuir, e comemorei ter passado incólume por todos eles. 5) Para visitar a Gruta Azul, em Capri, eu, esposa e filha entramos em um pequeno barco (com uns quatro lugares, mais o barqueiro). Este chegou próximo à entrada e, como o nível do mar estava subindo e descendo periodicamente, ora abrindo e ora quase fechando a entrada, ele aguardou uns instantes, mandou a gente se abaixar e, quando achou oportuno, remou furiosamente em direção à abertura semiaberta. Enlevado como eu estava, esqueci-me de aguardar a ordem de levantar, ergui-me antes da hora e, por muito pouco, não quebro a cabeça na rocha – até hoje sinto a raspada que dei. O interior é lindo – os imperadores romanos tinham ótimo gosto.

☺ Uma informação para quem vai a Buenos Aires. Talvez a situação tenha mudado, mas como acho os argentinos exagerados na comida, pode ainda estar valendo: eu e minha mulher pedimos uma vez um sanduíche (La Gran Fragata) que, pelo preço, deveria dar para nós dois. Pois o dito vinha em enorme bandeja e dava para umas dez pessoas famintas...

☺ Nas viagens, não se pode evitar correr grandes perigos nas mãos de pessoas que parecem não terem nada a perder, e se expõem, arriscando a vida dos outros. Dois exemplos: 1) Para visitar as estações de esqui a partir de Santiago, no Chile, a estrada superíngreme, com precipícios enormes, vai serpenteando na beirada da montanha, tudo completamente coberto de neve, de tal modo que não se vê nenhuma estrada (mas ao lado da gente se vê o precipício...). Soube que o motorista se guia pelas bandeiras fincadas de tantos em tantos metros (uns 50 metros?). Eu pensava: "E se uma bandeira estiver fora do lugar, por ter se deslocado ou por incompetência de quem a pôs? E se o motorista é vesgo e vê duas bandeiras?" Realmente, estava esperando rolar montanha abaixo e achei que chegar à estação foi um lucro inesperado. 2) Quando se chega a Capri (de barco), vê-se uma enorme ilha, com grande altura, e lá em cima, dando a impressão de a uns 800 metros do nível do mar, uns ônibus minúsculos descendo e outros subindo a montanha. Só quando andei nesses ônibus é que percebi a maluquice, pois a estrada, à beira do despenhadeiro, foi construída para andar a cavalo. Em geral não dá para passarem dois ônibus lado a lado mas, mesmo assim, a estrada tem duas mãos e os ônibus correm em demasia, especialmente o que desce, em desabalada queda livre. Quando dois ônibus se encontram em sentidos contrários, diminuem a velocidade e um tem que se encostar bem na parede ou ficar na beira da estrada, nos poucos locais em que a estrada alarga um tanto, permitindo um pequeno acostamento.

☹ Estávamos em Buenos Aires, quando fomos abordados por uma cigana (pelo português sem sotaque, devia ser brasileira): – "Vocês são brasileiros, deixe ler sua sorte por X pesos (equivalentes a uns 5 dólares). Mas preciso de Y pesos (no valor de uns 80 dólares), depois eu devolvo." Eu, querendo ajudar a compatriota, mas desconfiado, disse que só tinha os X pesos (uns 5 dólares). A contragosto, mas sem alternativa, ela aceitou. Pegou então uma mamadeirinha de boneca, cheia com um líquido amarelo, e borrifou toda a nota, enquanto recitava algo como: – "Com este mijo de gato, Deus lhe dê uma chuva de dinheiro e ..." Com nojo do mijo de gato, afastamo-nos, deixando a nota para ela. Se tivesse dado os 80 dólares, era uma vez...

☹ Eu, mulher e filha adolescente fomos visitar Foz de Iguaçu. Vimos o lado brasileiro e, como nos disseram que o lado argentino também era muito bonito, planejamos ir lá. Só que, para atravessar a fronteira, exigiam a carteira de identidade original, e minha filha tinha levado só a cópia. O responsável pela primeira perua que levou nossos companheiros de excursão, não quis nos levar, pois disse que não adiantava nem tentar. Mas arranjei um motorista que topou fazermos uma tentativa. E lá fomos nós, na perua dele, para levar um categórico NÃO no posto de fronteira onde apresentamos os documentos – a filha não podia passar e ponto final! Como detesto desistir, ficamos lá fora, pensando o que fazer antes de dar meia volta. Observei que lá dentro, atrás de uma porta de vidro, estava um militar, com jeito de ser autoridade (parecia um oficial), pois vários funcionários iam consultá-lo. Deixei meus acompanhantes e entrei pela porta de vidro, indo falar com o oficial. No meu portunhol, expliquei o esquecimento da filha e que não podíamos voltar para São Paulo sem ver o lado argentino, belíssimo segundo nos disseram etc. etc.. Até poderíamos ir, mas onde deixar a filha? Acho que venci pelo cansaço, pois ele acabou autorizando a passagem. Ao despedir, após o "Gracias!", apertei sua mão, disse "Hermanos" e não resisti: – "E viva las Malvinas." Valeu, pois o lado argentino é fora de série.

☹ Algumas aventuras aviatórias: 1) Ao chegar ao Aeroporto de Congonhas, São Paulo, em meio a uma violenta tempestade, o piloto comunicou, sequencialmente: – "Vamos descer em Viracopos." – "Não vamos mais, fechou." – "Vamos voltar para o Rio." – "Não vamos mais, fechou." – "Vamos esperar a tempestade passar e descer aqui mesmo." E assim ficamos voando sobre Congonhas, acho que para gastar combustível. Nunca vi tantos raios, nem tão próximos (parecia poder tocá-los). Após horas voando e eu pensando: "E se acaba o combustível?" Isto devia estar prestes a acontecer, pois o piloto resolveu descer com a cara e a coragem, já que a tempestade não amainava. E descemos, ainda com tempestade forte, numa pista pra lá de escorregadia. Tive a nítida impressão que o avião foi deslizando até o limite da pista. 2) Indo, num Bandeirantes, a Maringá, Paraná, para dar palestras, os passageiros ouviam tudo que os pilotos falavam na cabine: – "Xii! Vamos tentar contornar esta tempestade, que não está para brincadeira. Será que a gente escapa?" E logo depois o avião chacoalhava como um cavalo selvagem (lembrei-me dos vaqueiros participantes dos rodeios). Às vezes eu voava, desgrudando da poltrona, com cinto e tudo. E descemos em Maringá com chuva intensa. No dia da volta, vi que o avião teria que atravessar zonas de forte instabilidade para chegar a São Paulo, e achei mais inteligente voltar de ônibus. Valeu, para ver a paisagem e atravessar uma enorme represa no caminho. 3) Voltando de Buenos Aires, quando ia saborear meu vinho argentino, o avião começou a chacoalhar violentamente; o copo, o prato, os talheres, tudo voava, como se estivéssemos numa astronave, numa viagem espacial. Nem precisei treinar para astronauta. 4) Vindo de Manaus, minha filha Tami, adolescente, fez amizade com a aeromoça e disse que queria estudar no ITA – Instituto Tecnológico de Aeronáutica –, para construir aviões. A moça convidou-a para ir à cabine dos pilotos para ver como era. Quando voltou, disse que o piloto a havia convidado para ver a aterrissagem em Cumbica/São Paulo (acho que aquele avião, um dos maiores que operavam no Brasil, não descia em Congonhas); ela, filha boazinha, pediu se o pai podia ir junto e o piloto consentiu. Logo que entramos no Estado de São Paulo, lá fomos nós para a cabine de comando. Realmente, é um espetáculo impressionante. Via-se um tapete contínuo de luzes, desde a divisa até a capital, de modo que ficava difícil, até para os pilotos, definirem as cidades. Numa tela à frente do piloto aparecia o traçado da rota e ordens, do tipo: desça para tanto; reduza potência para tanto; vire tantos graus à esquerda etc. etc.. O piloto explicou que o voo é todo automatizado e o avião poderia descer sozinho, controlado por rádio, mas para não perder a prática (que pode ser necessária em situações de emergência), eles assumem o comando na hora da aterrissagem. Mesmo um engenheiro eletrônico como eu, que sabe o que está por trás de toda aquela tecnologia, fica surpreso quando o avião se aproxima daquele minúsculo campo de aviação, quase invisível daquela altura, se alinha e pousa perfeitamente. Foi mais uma bela experiência.

☺ Em excursão a Marajó, fomos visitar uma fazenda de búfalos. Logo na entrada havia um, sentado no chão, que mais parecia um tanque de guerra. Trouxeram outro, também enorme, mas de menos tonelagem, e algumas pessoas deram uma curtíssima volta nele, o animal sendo puxado por um funcionário da fazenda. Enquanto todos iam para outro local, onde serviriam um lanche com sucos típicos, fiquei conversando com os funcionários. Quando senti o ambiente propício, pedi para andar no búfalo, mas eu guiando. Era proibido, mas tanto insisti, falando que entendia de cavalos, que concordaram, e dei uma bela volta dirigindo aquela montanha em forma de mamífero. Só depois é que soube dos vários acidentes com pessoas dirigindo búfalos, mas valeu o risco!

☺ Vindo de Teresópolis para São Paulo e estando na Via Dutra, num impulso desviamos para Angra dos Reis. Contratamos um barco para visitar à tarde uma ilha na Baía de Angra. Água ótima, morna, cristalina. Na volta, já escuro, entramos com o barco no porto de Angra, a cidade toda iluminada. Foi uma das cenas mais lindas que já vi. Angra parecia um presépio em ponto grande, refletido na água. Só quem já passou por experiência semelhante, pode entender.

5.1) MULHERES
Tópicos quase engraçados (ou nem tanto)

☺ Em uma reunião para lançamento da candidatura a vereador de meu concunhado, a advogada Arlete, prima de minha mulher, não conseguia terminar o discurso de saudação que resolvera fazer. Após quase uma hora de discurso, eu, ao lado dela, cutucava-a para terminar, mas ela dava voltas e mais voltas e não conseguia achar um final... Foi um alívio quando ela disse o "muito obrigado." Um pouco mais, teríamos que dormir lá.

☺ Um amigo conta que, uma vez, uma namorada disse-lhe "Eu te amo" e ele respondeu: – "É porque você não me conhece..." Para brincar com ele, inventei que uma namorada me disse "Eu te amo muito" e eu respondi: – "É porque você me conhece pouco..."

☺ Eis como uma boa intenção pode se tornar uma quase maldade: a Doris, uma colega de minha mulher, viu um ceguinho na frente de uma faixa para travessia, em rua supermovimentada do centro de São Paulo, e resolveu praticar uma boa ação, mesmo estando atrasada para o trabalho. Logo que o semáforo abriu para os pedestres, ela pegou o ceguinho pelo braço e o levou para o outro lado da rua. Quando chegaram, o ceguinho começou a esbravejar: – "Quem me atravessou? Não pedi pra ninguém. Me leva de volta." E a Doris: – "Quem mandou não falar antes? Agora pede prá alguém te levar!" E saiu correndo, para não perder a hora.

☺ Uma colega professora, com dificuldade para engravidar, comenta: – "Quero ter um filho e não sei como faço." Eu, com minha autoridade por já ter quatro filhos: – "Combine com o marido, que eu dou uma aula para vocês e explico como nascem as crianças..."

☺ Dei minha grossa tese de Livre-Docência para a secretária datilografar (ainda usávamos máquinas de escrever) e quase a deixei lelé da cuca para decifrar os manuscritos. Espalhei para os colegas que ela ficou tão maluquinha que, no trecho em que escrevi "pule aqui", ela entendeu literalmente e eu a surpreendera dando uns pulinhos...

☺ Minha mulher apaixonou-se por um apartamento em construção que víramos próximo de casa. Como ela tinha horário para o trabalho e eu estava de folga, ela se foi e eu fiquei de descobrir o preço. Sabendo, liguei para ela: – "Quanto você tem aplicado?" Ela: – "Uns 40 mil reais." Eu: – "Então é só arranjar mais 3 milhões e 460 mil, que a gente compra..." (Nota: valores atualizados para 2014).

☺ Mocinha brasileira, cercada por admiradores em uma festa de aniversário, com inscrição em chinês na frente da blusa. Eu, quieto, só observando. De repente, exclamei: – "Você sabe o que está escrito aí?" Ela, candidamente: – "Não, o quê?" Eu: – "Aperte aqui!" Ela: – "Uui!" E cobriu rapidamente os seios com as duas mãos.

☺ Atendo o telefone: – "Meu nome é Dane, do Banco Z. Quero lhe oferecer nosso cartão de crédito, com tais e tais vantagens." Eu: – "Obrigado, não gosto de cartão." Ela: – "Então lhe ofereço um crédito consignado de até 5 mil reais, com juros baixos." Eu: – "Obrigado, não gosto de empréstimo". Ela, irônica: – "Do que mais o senhor não gosta?" Eu, incisivo: – "DOR DE DENTE!" (Pano rápido).

☺ A secretária de nossa Associação de Processamento de Dados: – "Sabe que você é o meu melhor amigo?" Eu: – "Que idade você tem?" Ela: – "Fiz 16." Eu, sem rodeios: – "Então volta daqui a dois anos..."

☺ Numa festa de São João, a amiga Kioko, com frio, virou-se de costas para a fogueira, para se esquentar: – "Walter, é bom esquentar o bumbum, né?" Eu: – "Esquentar, tudo bem. Mas não deixe assar, que estraga."

☺ Na Sabesp, onde eu era consultor, uma garota pede-me carona para a Praça Marechal Deodoro. Todos: – "Cuidado, não vá com ele. É perigoso." Eu, adaptando uma antiga piada: – "Não tem perigo; é a segunda vez que dou carona para uma moça grávida para a Praça Marechal Deodoro." Ela: – "Mas eu não estou grávida!" E eu: – "Mas também não chegamos ainda na Praça Marechal Deodoro..."

☺ Minha companheira, para provocar ciúmes, deixou dependurada na porta do guarda-roupa da casa dela (morávamos separados) uma camisa de homem e falou: – "Xii! O Afonso se esqueceu de levar a camisa dele." Na realidade, e eu sabia disso, era a camisa do marido da empregada, deixada lá para ser lavada. Fiz cara de desapontado e pensei como devolver a gracinha. Num dia em que ela foi à minha casa, deixei sobre o sofá um corpete vermelho de minha filha e uma bolsa de mulher. Quando ela viu, espantou-se: – "O que é isso??!!" E eu, fingindo surpresa: – "Puxa vida! O Rogério esqueceu a roupa dele..." Quase apanho, até ela entender a brincadeira. Acho que nossas mulheres preferem ver-nos com outra mulher do que com outro homem...

☺ Vários colegas já comemoraram suas bodas de ouro (50 anos de casados). Eu também tenho o direito, pois somando os tempos em que convivi com as esposas/companheiras, atingi meus 50 anos de casado em meados de 2013. A dúvida: com qual/quais deveria comemorar (e se deveria...). Uma ideia era convidar todas, retirar-me e deixá-las falando mal de mim.

☺ Pergunto à Ana, gerente da Nossa Caixa, se posso convidá-la para um almoço. Ela diz: – "Como amigos, podemos." Eu: – "O que eu mais quero na vida é ser amigo de gerente de banco..." E levei-a para almoçar.

☺ No carro, para uma amiga que insistia em colocar a perna muito para a esquerda, próximo ao (controle do) câmbio: – "Vai mais pra lá, desencosta do câmbio, se não boto tua perna em primeira (referindo-me à marcha)."

☺ Procurando minha mãe, ligo para a vizinha. Ela e a filha tinham adquirido um cachorrinho que tratavam como um bebê. Atende a dona da casa, uma senhora simples e bonachona. Eu: – "Aqui é do Departamento de Zootecnia da Prefeitura. Consta que a senhora possui um cachorrinho branco." Ela, feliz: – "É, temos um." Eu: – "Pois é, precisamos vacinar..." Ela: – "Já foi vacinado." Eu: – "A senhora não entendeu. Está dando a "doença do cachorro branco" e, para os donos não pegarem, precisamos vacinar todos que moram aí. Quantos são na casa?" Ela: – "Não! De jeito nenhum!! NÃO VAI VACINAR NINGUÉM!!" E bateu o telefone. Eu ligava de novo, e minha mãe contou-me que ela dizia para a filha: – "Não atende não! Esse hóme loco quer vacinar a família inteira."

☺ Quando estava casado com uma nissei, falei para minhas tias, grandes cozinheiras, que iria passar o Natal com pessoas de origem japonesa. Elas, curiosas: – "Como será o Natal japonês?" Eu: – "Para a ceia, eles fazem o leitão à moda japonesa." Elas: – "E como é?" Eu: – "Igualzinho ao nosso, só que eles esticam os olhinhos de lado, para o leitão ficar com cara de japonês."

☺ Mantenho correspondência esporádica com duas amigas de Recife (J e C). Há alguns anos, numa época em que tive mais tempo, a troca de e-mails foi intensa, além de espirituosa – era uma espécie de treino literário. Eu contava fatos irônicos e fazia propostas surrealistas como se fossem de verdade, elas fingiam acreditar e iam dando corda. A seguir, um pequeníssimo resumo da correspondência (eu enviava mensagens para as duas, e elas respondiam, ora uma, ora outra). Eu havia escrito que, em solidariedade aos árabes, estava aprendendo a língua e iria abrir uma pastelaria com empregados chineses de procedência árabe. Elas escreveram: – "Como hoje é dia de seu aniversário e não sabemos dar parabéns em árabe, só podemos lhe desejar muitas felicidades em português mesmo." Eu respondi: – "Conforme prometido, vou ensinar vocês a falarem "parabéns" num dialeto árabe. É muito fácil: aarrrhalahhalahahah harrahhrhralaharhrahaahhallulllurraualllahhuurrauauuu. Cuidado com a pronúncia; tem que ser cantada, se não eles não entendem. E não errem no oitavo h, que deve ser aspirado. Se for expirado, vira a pior ofensa da língua, punível com decapitação, que é: "Seu corno de quatro mulheres", quatro vezes pior do que "Seu corno de uma mulher só." Por causa de erros de pronúncia, já houve várias guerras nos últimos 600 anos, inclusive a invasão do Kuwait pelo Iraque. Até hoje os EUA, nação inculta, não entenderam a razão da invasão. (Nota: em dialeto do Kuwait há um h a menos, o quinto, e isto também é motivo de desavenças há séculos)." Aí, pediram para eu ensinar a agradecer os parabéns, e escrevi para J: – "É assim: "Anhh?" Significa: "Agradeço, em nome do Artífice Supremo, tão nobre cumprimento, lembrando que, se aqueles cachorros infiéis não saírem de nosso sagrado solo – berço da álgebra, da medicina e do carnaval – nós os expulsaremos como cães sarnentos, e os condenaremos a ouvir rock e comer hot dog pelo resto de seus infelizes dias, pois, conforme disse Confúcio, a persistência é a mãe do sucesso etc. etc..." Mas muito cuidado com a entonação; se for anasalada, o anhh pode ser entendido como uma pergunta, e aí é que eles não param mais de responder. Aproveitando, informo que acabam de permitir que eu me converta a uma seita do deserto. Desse modo, bosso ter mais 3 esbosas legalmente. Se você estiver disbonível, e já souber bronunciar corretamente barabéns, podemos negociar um contrato exberimental como segunda esbosa, com duração a discutir (geralmente 1 ano e 12 meses). Aguardo sua resposta a tão tentadora brobosta (minha saúde física e mental estão ótimas, estou funcionando de acordo com o brojeto original do Criador, trato minhas mulheres com borrada, digo, carinho, e detesto homens).

Brecisamos examinar o dote que você vai trazer; acho que seus bais, tios, brimos, não vão querer vê-la desonrada e vão fazer uma vaquinha para se livrarem de você. Deixo-a dormir ao meu lado esquerdo – lado de honra – durante três meses. Debois vai pra debaixo da cama, que o lugar é da N. 1. O dote é broborcional à beleza da candidata. Responda logo, pois tenho que atingir a cota regulamentar de quatro, se não fico falado!" Logo depois a J respondeu: – "Que mulher em sã consciência não aceitaria um pedido desses?! Claro que aceito, só preciso saber se você vai querer que eu me vista com um véu cobrindo os cabelos ou com a burka?" Eu: – "Cara J, o que eu fiz não é um bedido. É uma brobosta desonesta. E que burka, que nada! Isso é onda de ulivudi para enganar os troxa. Esqueci de dizer que fundei o MINA – Movimento Internacional Nudista das Arábias. Portanto, você tem que se vestir de acordo com nossos estatutos, sem véu e sem nada. A brobósito, e a terceira esbosa?" Ela respondeu: – "Está tudo combinado, pode conseguir a quarta, que eu e a C já somos a segunda e a terceira." Escrevi: "Um amigo judeu advogado vai escrever os contratos dos casamentos. Vou precisar dos dotes de vocês antecipados para pagá-lo, se não tenho que virar católico de novo – só agora descobri por que as outras religiões permitem uma só esbosa! Com tanta mulher, não há dinheiro que chegue. Depois, preciso comprar uma cama bem alta, para pôr toda a mulherada (menos uma) dormindo embaixo dela. Pede para seus barentes, vizinhos, amigos etc.. Bode pagar em real, euro, dolar não, bode, cabra, camelo, palito, escova de dentes usada, jornal velho. No aguardo de suas providências." Ela: – "Caro Walter, o advogado não lhe avisou que antes de mandarmos o dote você terá que nos cobrir de ouro? É o costume." Eu: – "Ô gente fominha! Só pensam em ouro... Não que vocês não mereçam até mais, como serem cobertas com platina, joias, máquinas de calcular, DVDs, geladeiras, cadeiras de mogno, poltronas persas de 12 lugares, toneladas de terra. Mas é bom ser honesto e explicar direito que vocês, neófitos (palavra mais fina para dizer ignorantes) nos meandros de tantas seitas e sub-seitas, não leram direito as palavras sagradas. A interpretação do ermitão do deserto foi a de que se cobriria as esbosas de ouro, porém derretido a 2.780 graus centígrados. Entenderam por que eu não quis lembrá-las dessa lei? Vai que decidam aplicá-la. Vocês iriam virar duas lindas estátuas de ouro... Pensando bem..., até que seria interessante..., poderia pô-las na janela para espantar as pombas que vivem me azucrinando... Vou pensar melhor no caso... Mas, se vocês tiverem alguma objeção em virar estátuas, arranjem logo esses dotes, pois posso mudar de ideia. O advogado diz que também aceita: prata, diamantes, zircônio, molibdênio, nióbio, diamantes, canetas usadas, luvas, caçarolas, diamantes, ações em baixa, queijo, rolhas, diamantes, pó de café, CDs virgens e virgens sem CDs. Com tantas opções, resolvam logo. Limites tem baciência." Nessa época fui, com minha mulher e uma filha, para Fernando de Noronha, e lá elas fizeram um mergulho, guiadas por uma bela instrutora. Escrevi para C contando isto e relatei: – "A mergulhadora insistiu em me levar também para o fundo, mas resisti bravamente. Para não deixar a moça triste, convidei-a para ser a quarta esposa. Topou na hora (contrato de 1 ano e 12 meses, 3 meses dormindo do lado esquerdo – depois pra debaixo da cama). Sugeri um minidote de 3 camelos, 2 bodes e 5 tartarugas." J respondeu: – "A C já me contou da quarta esposa e do dote. Fiquei muito desapontada porque você não nos consultou. Achei que fôssemos de uma seita liberal..." Escrevi: – "Caras J e C. Já lhes disse que eu sou da FN – Facção Nudista –, fundada por mim, que não tem nada de liberal nem neoliberal! Mais um pio, e as passo para a reserva não remunerada, repudio as duas e dou seus telefones para o Maluf. Era só o que faltava! As mulheres agora pensam que são gente! Era melhor no tempo em que só tinham um neurônio em atividade; agora que conseguiram ter dois funcionando, vejam só que despautério – querem participar das decisões. Assim desanimo, vou para as Ilhas Jersey e não volto mais... Tá bom, da próxima vez eu consulto vocês." Foi assim que treinamos nosso senso de humor e nos divertimos um bocado.

☺ Na casa de minha prima Neide, que se queixara que o mundo estava de cabeça para baixo, virei todos os quadros das paredes. Ela reclamou. Eu: – "Ué! Desvirei o mundo..."

☺ Diálogo com consultora de português sobre um texto meu: Ela: – "Aqui não pode pôr vírgula." Eu: – "Mas eu quero pôr, se não pode dar outro sentido." Ela: – "É contra as regras." Eu: – "Nunca colocaram vírgula nesse caso?" Ela: – "Só Machado de Assis, uma vez." Eu: – "Então eu também posso." E coloquei.

☺ Li que pessoas superiores comentam ideias, pessoas medianas falam de fatos e pessoas medíocres falam mal dos outros (são os maledicentes). Um modo de calar estes últimos é concordar com eles, exagerando o fato. Um exemplo: na USP, eu estava indo para o carro com uma moça que pedira carona, pois morava próximo a mim, quando encontramos um colega. Ele, com ar maldoso, vira-se para ela: – "Você vai sempre com ele de carona, né?" Eu, irônico, para encerrar a conversa: – "Não! Só nos dias em que o motel dá desconto." Outro caso: meu irmão pegou o segundo lugar no campeonato brasileiro de Tai Chi Chuan, com inúmeros concorrentes, sagrando-se vice-campeão. Ao chegar no trabalho, um amigo comentou com os colegas: – "Pois só havia dois competindo..." Ele: – "Muito pior! Só havia eu, e nem assim consegui pegar o primeiro lugar..."

☺ Qualquer dorzinha, mal-estar ou resfriado que me acometesse, eu costumava brincar com minha mulher: – "Não sei se passo desta noite." Pois ela incorporou a piada. Estando em Portugal no Inverno, em visita à filha, com um frio de rachar, resfriou-se. Uma noite, deitada, espirrou forte e brincou com a filha, que se preparava para ir dormir: – "Filha, não sei se passo desta noite." Pois a filha assustou-se, acendeu as luzes, foi ajudando a mãe a levantar-se, dizendo: – Ô, mãe, o que a senhora está sentindo? Se apronte, vamos já para o Pronto-Socorro!" Foi difícil convencer que se tratava de uma inocente brincadeirinha...

☺ Meu professor de piano apresenta-me uma nova aluna, mocinha oriental, que toca, para mim, uma peça de Chopin, com técnica perfeita mas pouco romantismo. Ele: – "Que acha?" Eu: – "Tecnicamente perfeito, mas falta algo..." Ele: – "O quê?" Eu: – "Ela ter um caso amoroso..."

☺ Conselhos que dei a vários colegas mais novos: – "Se for para terem casos e quiserem diminuir as chances de encrencas em casa, tenham-nos com mulheres com mesmo nome da esposa (para evitar situações como aquela em que o marido acordou e chamou a esposa com o nome da outra...)"

☺ Meu dentista foi atender um telefonema e, na volta comenta, pensativo: – "Walter, é mesmo difícil compreender as mulheres." Eu: – "Anote aí: "Meu filho, as mulheres são deveras complicadas. Não te desesperes por não entendê-las, pois no dia em que o conseguires, mau sinal, viraste bicha. Ou bom sinal, caso seja esta a tua preferência..."

5.2) MULHERES
Tópicos quase sérios (ou nem tanto)

☺ Participei de uma injustiça, embora com o beneplácito dos envolvidos. A irmã de minha companheira cursava a faculdade e não pudera ir a uma visita escolar a várias firmas, mas tinha que entregar o relatório correspondente (obrigatório). A professora autorizou-a a colher os dados com uma colega. Ela sabia que eu escrevia e pediu minha ajuda para destrinchar o relatório da colega (ajuda com a participação dela, pois sempre combati a "terceirização" criminosa dos trabalhos escolares). Pois acho que minha ajuda, melhorando o relatório emprestado, foi eficiente e nós, não tendo ido às visitas, recebemos uma nota bem maior que a da colega, que fora. Deu vontade de reclamar com a professora...

☺ Fiz amizade com uma garota em São João Del Rei, Minas Gerais, para onde havia ido para um congresso. Ela me confidenciou que estava para casar com um rapaz, mas tinha dúvidas, pois o relacionamento entre eles vivia em altos e baixos: – "Às vezes são tapas e outras são flores." Certo dia, meses depois, ao sair para almoçar, vejo-a como recepcionista de um simpósio em meu Departamento, na Politécnica, em São Paulo. Quando voltei do almoço, passei por um jardim próximo e juntei um pequeno buquê de flores. Escondendo-o com uma mão nas costas, fui cumprimentá-la e perguntei como ia o relacionamento. Ela: – "Continua, às vezes tapas, às vezes flores." Eu, inclinando-me e entregando-lhe o buquê: – "Comigo, sempre seriam flores." Um colega presente disse-me que nunca viu um sorriso tão lindo...

☺ Como disse um amigo, é difícil escaparmos de nossa vocação de professores, transmitindo a outros nossa experiência, mesmo sem sua solicitação. Assim, já relatei a várias mães e pais o que percebi (ao menos, para a classe média): o período em que temos que tomar cuidado exagerado com nossas filhas, quando correm maior perigo, é, aproximadamente, dos 11 aos 16 anos, pois desconhecem os perigos, não sabem nada da vida e pensam que sabem tudo. Até uns 11, o perigo é menor, pois ainda não se desenvolveram totalmente, não tendo, portanto, os atributos que atraem o macho. A partir dos 16, o perigo também é menor, pois já aprenderam a se defender do assédio do sexo oposto (ou, quem sabe, do próprio sexo...).

☺ Voltando do Rio para São Paulo, o voo atrasou. Disseram-nos que surgira um defeito no avião e estavam consertando. Na sala de espera, puxo conversa com uma moça superpreocupada. Era advogada de São Paulo, em viagem de negócios. Conversamos e expus minha "teoria", que avião era um bicho mais pesado que o ar, com asas ocas cheias de gasolina, um monte de fios elétricos que, se deteriorados, podem gerar faíscas. Portanto, não é surpresa caírem; surpresa é chegarem ao destino. Se a gente não quer correr riscos, não deve entrar em avião; quem entra é porque tem maturidade para, conscientemente, assumir o risco. A moça relaxou, tomamos o avião e viemos rindo a viagem toda das piadas aviatórias que eu sabia. Ela me fez prometer que, algum dia, iria tomar um café no escritório dela e levaria meu estoque de piadas. No aeroporto, em São Paulo, os pais foram buscá-la e me deram carona. Falamos do trabalho e de minha família, mulher, três filhos. Uns dois meses depois passei por perto e, conforme o combinado, fui visitá-la em seu escritório. Ela estava em reunião, mas a primeira pessoa que encontrei foi o pai, que fora buscá-la (e ele me reconheceu). Só sei que, com a surpresa, enrolei-me todo para explicar o que estava fazendo lá: como convencer o pai que eu, casado, não estava atrás da filha e fora lá apenas para tomar café e contar umas piadas...? Já a moça, ao sair da reunião, dispensou o pai com toda a naturalidade.

☺ Sempre adorei as danças árabes. Pois um dia, vou à casa de minha companheira (estávamos morando em locais separados) e sou brindado com um espetáculo lindo de doer e muito difícil de esquecer: Ela, uma moça bonita, paramentada com roupas árabes de dança que realçavam sua beleza, recebe-me com uma coreografia sensual, ao som de uma suave música árabe... Fiquei mais gamado ainda, por ela e pelas danças árabes.

☺ Uma amiga literata escreveu perguntando como eu ia. Respondi: – "Com todos os sistemas funcionando de acordo com o projeto original." Adorou a frase. Hoje eu escreveria: – "Até os 75 anos, tudo funcionando de acordo com o projeto original. A partir daí, vários subsistemas começando a apresentar falhas, de acordo com o mau projeto original." Atenuante: temos que considerar que qualquer projeto, por melhor que seja, tem vida útil limitada.

☺ Certa vez, quando já estava formalizando minha separação, iniciei um namoro com uma moça da universidade, um tanto ciumenta. Um dia, dei uma inocente carona para uma aluna que morava no caminho que eu faria. Só não percebi que a namorada estava em seu carro, atrás de mim. Pois ela não desgrudou do meu automóvel. Desafiado, tentei despistá-la. Missão impossível; nem correndo, pegando transversais inesperadamente, cortando caminhos, escondendo-me, eu conseguia fugir dela. Parecia coisa de cinema, e só me livrei quando deixei a carona em sua casa. Que saudades daqueles bons tempos, quando o trânsito de São Paulo permitia estas maluquices.

😐 Num diálogo com uma amiga fumante: – "O movimento de liberação feminina, que presenciei, parece que significou, primordialmente, a "liberdade" de aderir ao hábito de fumar e morrer mais cedo. Os fabricantes de cigarros ainda estão rindo de bochecha a bochecha."

6.1) FATOS PESSOAIS
Tópicos quase engraçados (ou nem tanto)

☺ Recebi do amigo Hugo, por volta de junho de 2012, uma mensagem com duas apresentações apocalípticas anexadas, uma religiosa ("Profecia de Maria") e outra pseudocientífica, da Nasa! ("Vai acontecer entre 2012-2018"). As notícias eram terríficas, para assustar qualquer incauto, especialmente porque estava havendo uma conjunção de previsões para dezembro de 2012: fim do calendário maia, Apocalipse, Armagedon, aproximação de planeta errante, profecias de várias culturas antigas etc.. Haveria inversão dos polos terrestres e explosões solares que provocariam apagão e caos mundiais, entraríamos numa tal de Cintura Fotônica, que acarretaria terremotos, erupções vulcânicas para valer e uma maravilhosa evolução dos seres vivos na Quinta Dimensão – ganharíamos poderes maravilhosos. Porém, haveria fases de dias e noites sem sol, semanas com minieras de gelo e, depois, dias e noites com sol azul! Haveria ainda choque de asteroides no céu, e a passagem de um enorme planeta por perto provocaria mais terremotos, tsunamis, tufões etc.. O mais curioso é que traziam um cronograma de desgraças, quase que com dia e hora para acontecerem... E recomendavam muita oração, bons pensamentos, armazenar água benta, comprar relógios não elétricos, muitas velas com fósforos. Como a mensagem trazia a recomendação: "É bom refletir", dando a impressão de que tanta baboseira poderia acontecer, não resisti e enviei os anexos assustadores e minha resposta para várias pessoas (soube que muitos se divertiram e outros se amedrontaram). Escrevi:

> "Alô, apocalíptico Hugão (com cópias)
> Saudações fotônicas e telúricas,
> Grato pelos horríveis anexos – estou divulgando-os para prevenir os descrentes. Tá maluco, seu!! Quanta desgraça ao mesmo tempo – e com cronograma! Dessa vez a Nasa caprichou...
> Disseram que iríamos entrar na quarta dimensão espacial e eu estava tranquilo. Agora é na quinta?? Poxa, fiquei com medo, pois dizem que lá só há políticos íntegros e juízes sem privilégios, o que é uma aberração perigosa. Que até nossa urna eletrônica vai ficar honesta. E não gosto de fótons – podes ficar com todos...

Enquanto refletes, já comprei 500 velas, 600 ampulhetas (aqueles relógios de areia) e 100 cobertores a pilha. Estou vendendo para quem quiser se salvar (para os amigos, dou desconto e para os descrentes, tem ágio). Vendi meu apartamento (ainda não recebi...) e comprei passagem pra Varginha, para pegar carona em um disco voador que costuma passar por lá. Vou só com bons pensamentos (os maus ficam em São Paulo), a roupa do corpo, meu piano e 33 Kg de chocolate amargo. Se quiseres, podes ir comigo, mas leva teu chocolate, pois o meu não doo nem empresto. Que a luz azul fotônica te ilumine azul e te deixe mais iluminado azul do que já és!!

Abraço quântico do Walter"

(Obs.: Em outra mensagem, mandaram-me estabelecer "una relación mística con los cuatro elementos, que son: el agua, el fuego, la tierra y el aire." Foi o que fiz: abri a torneira e tomei um copo de água, liguei o gás e queimei o dedo, cavouquei o jardim lá do térreo e liguei o ventilador.)

☺ Após aposentar-me, um dia estava pensando: – "Que bom, dia 12 é feriado." Mas caí em mim: – "Pera aí, para um aposentado, todo dia é feriado..."

☺ Só acredito em horóscopo quando me é favorável; se desfavorável, esqueço. Meu amigo, o Eng. Décio, estudioso da Astrologia, possui uma biblioteca de livros valiosos sobre o assunto. Uma vez pediu meus dados e, na próxima vez em que fomos à sua fazenda em Americana, ele já estava com as listagens em computador de meu horóscopo. Disse-me que eu nascera numa conjunção tripla (o que, na concepção dele, contava a meu favor). E deu-me um volumoso livro para procurar o trecho referente a mim. Embora eu nunca tenha enxergado a mínima lógica no fato de a posição da Terra em relação aos astros ter influência sobre as características das pessoas, tenho que dar, parcialmente ao menos, o braço a torcer. Várias coisas bateram: eu ter gosto por atividades científicas e artísticas (fiz engenharia eletrônica, fui pesquisador por 30 anos e quase viro pianista profissional), ter relativa liderança política, ter espírito crítico etc.. Mas nem tudo bateu; eu teria queda pelas ciências jurídicas e seria místico (nos dois casos, nada a ver comigo...). Como propus ironicamente em meu livreto *A República da Panákia*, o horóscopo, quando funciona, funcionaria ao contrário: a pessoa leria/ouviria que seu signo tem tais e tais características, ficaria influenciada e as assumiria.

☺ Tive cinco esposas/companheiras fixas (não simultaneamente...), cada uma ligada a uma religião ou um tanto alheia a elas. Por isso, embora sem prender-me a nenhuma crença (apenas, como inúmeros povos, adoro o Sol, que nos dá toda a energia que sustenta a vida na Terra), sou "especialista", a meu modo, em algumas religiões: catolicismo romano, budismo, catolicismo ortodoxo, espiritismo. E sempre fui louco por igrejas e templos. Nas viagens visitava todos os que conseguia – apreciava a arquitetura, as obras, a música. Numa época, aos domingos, acompanhava a companheira à Catedral Ortodoxa de São Paulo, onde ouvia o magnífico Coral Baccarelli. Lá fiz amizade com um padre ortodoxo de grande cultura e nada intolerante. Um dia ele fez a pregação na Catedral para mais de mil pessoas e, logo depois, encontrei-o no salão onde se reuniam pessoas após a missa (serviam um café excelente). Ao me ver, ele veio em minha direção e me deu um abraço. Falei baixo, só para ele ouvir: – "Salve, ilustre pregador. Antes ser pregador do que ser pregado." Ele deu umas boas risadas.

Havia um grupo de famílias amigas que, uma vez ao mês, reunia-se em casa de uma delas, para ouvir uma preleção desse padre; chamavam estas reuniões de "Catecismo Avançado" e após a aula serviam um lauto banquete para comemorar. Eu ia para acompanhar minha mulher, e como sempre gostei de História, assistia à preleção. Em um dia, durante o jantar, ouvi quando uma pessoa, das mais religiosas do grupo, perguntou ao padre: – "O que Deus tinha em mente quando resolveu criar um mundo tão caótico, com tantos desastres e pessoas capazes de fazer tanta maldade uns aos outros?" Aguçei meus ouvidos, esperando ouvir uma resposta cabal às minhas objeções à crença no Deus pessoal ou, ao menos, uma versão com alguma racionalidade. Pois fiquei frustrado – o padre, após pensar um pouco, respondeu: – "Se eu soubesse, ficaria famoso..."

☺ Por uma sucessão de fatos favoráveis, para mim, consegui comprar um magnífico e pesadíssimo piano de cauda de 1,90 m, um Steinway. Fui logo providenciar o transporte para meu apartamento, no sexto andar. No dia combinado, fui esperar os carregadores na casa onde o piano estava. Pensei que viriam uns seis atletas. A surpresa foi quando apareceram apenas três pessoas: um rapaz franzino, adolescente, um senhor nordestino atarracado, baixinho (o patrão) e um tipo alemão, de físico um pouco mais reforçado (mas não muito). Em dois tempos, eles tiraram a pesada tampa, desmontaram os pés, colocaram o piano sobre um carrinho de rolimã e levaram-no para uma caminhonete. Pensei: "Aqui foi fácil, pois não há escadas. Quero ver subir lá em casa." Em meu prédio, foi bem pior, pois o nível do térreo já está uns 14 degraus acima do nível da rua. Pois dois deles colocaram correias por baixo do piano e as passaram em volta de seus pescoços. E subiram os 14 degraus, com o piano dependurado. Como não cabia no elevador, o jeito foi ir pelas escadas em espiral. A configuração era: o "alemão" e o patrão ficavam mais abaixo, sustentando o peso (avalio que uns 400 kg) e o magrinho, com a correia no pescoço, ficava nos degraus mais acima, puxando e arfando como quem vai desmaiar. E foi assim que eles chegaram ao sexto andar, colocaram a tampa e os pés, sem provocar nenhum dano à "mercadoria". Só fiz uma brincadeirinha com eles. Quando estavam no quinto andar, disse, sério: – "Desisto de tocar piano – é muito difícil para transportar – resolvi estudar flauta. Podem levar de volta. Mas não fiquem tristes, pois tenho outro, pouco maior que este, para vocês levarem para o vigésimo andar..."

☺ Um gracejo que eu fazia com os vizinhos evangélicos de minha mãe, nossos grandes amigos: quando a dona da casa foi atropelada por uma moto, eu ia sempre visitá-la (ela gostava muito de minha mãe e de mim) e a pobrezinha estava sempre na cadeira de rodas, com a perna engessada. Eu chegava, fazia pose de autoridade eclesiástica, a benzia e falava alto, com voz cavernosa de profeta: "LEVAAANTA-TE E AAAANDA". Pois eu disse isto tantas vezes, que um dia cheguei lá e ela estava de pé. Parece que estas palavras, realmente, são milagrosas!!

☺ Fomos a um cinema de arte, e na compra da entrada de 25 reais, a moça avisou que estavam dando desconto de 50% para aposentados, para a terceira idade, para funcionários públicos e para professores. Como eu me enquadrava em todas as especificações, pleiteei um desconto de 200% e argumentei com a vendedora que ela estava me devendo 25 reais. Como não consegui convencê-la, fui compreensivo e perdoei a dívida...

☺ Em uma de nossas reuniões-almoço no Instituto de Engenharia, uma terapeuta fez uma exposição. Disse dispor de uma técnica para melhorar o comportamento das pessoas, suprimir defeitos etc.. Propôs fazer uma demonstração comigo (algumas sessões). Eu: – "Aceito ser cobaia, mas previno que sou caçoísta, inconsequente, alegre, irreverente, cético, anarquista, estou feliz assim e tenho um amigo advogado. Se a senhora mudar minha personalidade, vai ter processo!!"

☺ Com uma ninharia, é possível criar uma seita religiosa no Brasil, usufruindo de uma série de vantagens financeiras, como isenção de taxas e impostos. Isto me encorajou a fundar a ASTRO – Adoradores do Sol Tropical –, em homenagem à estrela Sol, responsável por toda a energia que sustenta a vida na Terra. Eu, como fundador, fui eleito Papa (e porque perceberam que sou um iluminado, especialmente quando tomo Sol). Convidei um amigo para ser bispo, com a única função de recolher contribuições pecuniárias (se os outros podem, também posso). Como ele declinou da honra, escrevi-lhe: "Já que recusou nosso convite para ser bispo, exponho-lhe o que segue. Todo sábado, ao amanhecer, fazemos um sacrifício humano ao nosso querido Deus Sol. Ficaríamos felizes se aceitasse nosso convite para ser a vítima do próximo sábado. Esperamos que colabore conosco na busca de um mundo melhor, aceitando esta honraria que só prestamos a pessoas especiais como V. Senhoria. Que o Sol o acompanhe." Inexplicavelmente, ele nem respondeu, o mal-educado...

☺ Inspirado na BPC – Banda de Pífanos de Caruarú –, tentei formar a BPC14 – Banda de Pianos de Cauda –, com 14 pianos. Não entendi por que a ideia não vingou.

☺ Envolveram-me, sem eu desejar, em uma discussão internetiana e ela esquentou. Quando alguém sugeriu que eu me abstivesse, recusei o conselho e escrevi: – "Não pedi para entrar. Bem agora, que estou gostando, vocês querem que eu saia?"

☺ Na boate de Poços de Caldas, estava tão escuro que, lá pelas tantas, percebi que, em lugar do coquetel, estava tomando o vasinho de flores do centro da mesa.

☺ Meu amigo, Eng. Haddad, armou enorme briga em fórum da internet com pessoa com a qual eu discutira. Defendeu-me com unhas e dentes e exagerava nos elogios. Sentindo-me incomodado, escrevi: – "Amigo, peço, por favor, para parar de me elogiar, pois quanto mais você me elogia, mais me compromete." Gostei tanto da frase que a adotei, posteriormente, como padrão.

☺ Perdi (ou subtraíram) a cara carteira que eu havia ganho de minha mulher, com um lindo retrato dela, meus documentos e uns 100 reais. Lembrei-me da música do Vanzolini (Na praça Clóvis / Minha carteira foi batida / Tinha vinte e cinco cruzeiros / E o teu retrato / Vinte e cinco / Eu, francamente, achei barato / Pra me livrarem / Do meu atraso de vida), e cheguei em casa cantando: – "Me levaram 100 reais pra me livrar do teu retrato, mas até que achei barato..." Minha mulher ficou tão triste com a perda da carteira, que nem ligou para a provocação.

☺ Levado pelo Eng. Braz Juliano, fui almoçar no Clube dos Empreiteiros – foi um ótimo almoço. Acabei amigo do vice-presidente, Eng. Basile (pessoa de modos tão refinados que é conhecido por "Lorde") e, mesmo sem ser empreiteiro, eu era sempre convidado para os almoços mensais (fazia questão de pagar a taxa cobrada). Percebi que eu era o primo pobre dos almoços, pois o que menos tinha fazendas, tinha duas (e eu não tinha nenhuma...).

☺ Depois que escrevi meu livro técnico relacionado à Inteligência Artificial (*Métodos Numéricos para a Resolução de Problemas Lógicos*) o editor, Eng. Blücher, justificou as reduzidas vendas dizendo que o livro (e eu, por tabela) estávamos um tanto adiantados no tempo. Então, para concordar com ele, adiantei meu relógio em 10 minutos – hoje posso dizer que sou um homem adiantado no tempo, em 10 minutos... Assim, o livro, por ser avançado para a época, vendeu pouco. Já o livreto satírico, *A República da Panákia*, que não era adiantado, mas atual, esgotou os 20 mil exemplares. Ainda vou escrever um livro atrasado para a época – vai vender horrores...

☺ Pianista é uma profissão ingrata. O famoso Arthur Rubinstein deve ter tocado mais que 100 milhões de notas em sua vida. Um dia eu estava ouvindo, pelo rádio, um concerto dele ao vivo. Quando ele (apenas) esbarrou em uma nota espúria eu, imediatamente, pensei alto: "GROSSO!"

☺ Quando me perguntam "Como vai?", tenho três possíveis respostas padrão, conforme o clima, a poluição, o trânsito: 1) "Sempre andando, e enquanto estiver andando, está tudo ótimo" (utilizada em 95% dos casos); 2) "Andando, mancando mas andando" (utilizada nos casos restantes); 3) "Em franca degeneração" (esta última, estou reservando para daqui a pouco).

☺ Coloquei óculos multifocais, aqueles que têm lentes para perto na parte de baixo e lentes para longe na parte de cima. Para focalizar objetos próximos, por exemplo quando tocava piano, tinha que olhar com a parte de baixo da lente (para conseguir, tinha que ficar com a cabeça ligeiramente levantada). Para focalizar objetos distantes, como quando dirigia o carro, tinha que olhar com a parte de cima da lente, abaixando a cabeça. Foi assim que me tornei um pianista soberbo e um motorista humilde.

☺ Fui passar uma temporada em Niterói e peguei uns quinze dias de sol forte, das 15 às 19 horas. Tomei tanto sol, e fiquei tão escuro, que colegas recomendaram que eu pleiteasse uma vaga para a universidade, na cota para os afro-descendentes. Acharam que, queimado como eu estava, talvez nem precisasse prestar o exame vestibular.

☺ Um dia disseram que eu era o braço direito do síndico de meu prédio. Eu: – "De jeito nenhum! Aceito ser o braço esquerdo. Nunca fui de direita, não é agora que vou ser..."

☺ Na yoga há uma posição, a do cisne, que é semelhante à dos muçulmanos se prostrando em adoração (ajoelha-se na cama, senta-se sobre os calcanhares e projeta-se o corpo e os braços para frente, enterrando a cabeça no lençol). Muitos brincam que, mesmo os não muçulmanos deveriam fazer a posição voltados para Meca. Mas não sei de ninguém que, como eu, tenha levado a coisa tão a sério e, pelo mapa, encontrado a direção de Meca.

☺ No ônibus para a Cidade Universitária, fui lendo um artigo meu, que acabara de publicar. Empaquei numa frase e fiquei a viagem toda tentando decifrar o trecho, com a dúvida: "O que será que o autor quis dizer com isto?"

☺ Imitando o Juó Bananere, aluno da Politécnica em tempos antigos, que escrevia poesias e histórias em português italianado macarrônico, escrevi: "Minha terra tê parmera / Dove canta us urubú / Minha terra tê o Maluf / Qui rrobô até mio IPTU/ I u mio maior desejo/ É mandá-lo caçar tatu."

☺ Fui convidado para assistir a um curso dado sobre meu livro técnico. Fui e aprendi bastante...

☺ Havia acabado de me separar e viajado no Natal, meio secretamente, com a futura nova companheira, cuja existência eu não desejava ainda que a família soubesse, pois a separação era muito recente. Para cumprimentar pelo Natal, telefonei na noite do dia 24 para os filhos, reunidos com a mãe, irmãos dela e famílias, meus ex-sogro e ex-sogra. Quando perguntaram onde estava, para disfarçar inventei uma cidade, a Anhaiã e insisti no nome. Até hoje me perguntam onde fica Anhaiã.

☺ Eu tinha uns 12 anos, quando o professor de Ciências falou que a água da Represa Billings caía em Cubatão, São Paulo, gerando energia elétrica. E depois se bombeava a água para cima e se usava de novo para gerar mais energia. Eu objetei, educadamente, que não valia a pena fazer isso, iríamos gastar mais energia do que gerar, pois há um rendimento menor que 100%. Ele não gostou da intromissão e me botou para fora da sala... Não adiantou eu explicar que não era culpa minha se existia um tal Princípio da Conservação da Energia.

☺ Cometi uma quase gafe (quase, porque a corrigi em tempo). Foi na palestra do Prof. Arnold Kaufmann – um dos papas da Pesquisa Operacional e autor do conhecido livro *A Ciência da Tomada de Decisão* – no Instituto de Engenharia de São Paulo, com o auditório abarrotado. Após a palestra, agradeci por nos transmitir conceitos tão importantes, e falei: – "... E queria dizer que concordo com uma frase que ele disse, ops... (risadinhas no auditório), quer dizer, concordo com todas (risadinhas), mas especialmente com uma, que "A Informática norteará as discussões futuras"...", e aproveitei para pedir assinaturas para fundar a Divisão de Informática.

☺ Após me aposentar, a Doris, fiscal do Imposto de Renda e colega de minha mulher, insistia para eu prestar concurso na Receita. Lembrei-me da dúvida do velhinho que canta a menina: – "E se ela aceita?" Falei para a Doris: – "Sei que não passo, mas, e se de repente dá um azar, sou aprovado e sou chamado? Vou ter que trabalhar, pegar trânsito, aguentar chefe, posso ser enviado para outra cidade longínqua... Só um maluco correria um risco desses." E pedi demissão antes mesmo de prestar concurso...

☺ Quando nasci, fui pasteurizado. Como nasci inteiro roxo – e não só em parte, como um ex-presidente brasileiro – para me reanimarem, fui submetido alternadamente a temperaturas muito altas e muito baixas. Atribuo minha vitalidade a este fato, e recomendo para todos.

☺ Um amigo disse que eu tinha uma ascendência ilustre. Aproveitei para fazer piada: – "O escritor Menotti Del Picchia ficou conhecido depois que eu comecei a escrever meus artigos e publiquei meus livros. Ele aproveitou que tínhamos o mesmo sobrenome. Portanto, ele é que teve uma descendência ilustre." (Na realidade, não descendo diretamente do Menotti; segundo meu pai, o parentesco dele é com meu avô).

☺ Eu estava tratando de um dente da frente e tinha dificuldade para dizer "três". Queria pedir para embrulhar três doces, mas na hora de falar, só saiu TTTTTR, e tive que comprar quatro.

☺ Parece brincadeira, mas não é...: em meu carro, na Cidade Universitária, cismei em ler o que estava escrito, em letras miúdas, na traseira de uma ambulância. Corri atrás dela, nós dois a uns 100 km/h; quando estava a um metro de distância, finalmente consegui ler: "Mantenha distância."

☺ Só para contrariar os amigos ateus, resolvi dar uma ajudinha aos criacionistas: 1) O número 10 é um número notável, base de nosso sistema numérico; 2) Só uma inteligência superior projetaria o homem com exatamente 10 dedos nas mãos, a mesma base de nosso sistema numérico... Como alguns hereges podem atribuir tal fato ao acaso?

☺ Comentaram que o método clássico de dar aula consiste em "o livro-texto do professor passar para o caderno do aluno, sem passar pela cabeça de nenhum dos dois." Aí contei o caso de um professor que quis inovar: deixou um gravador falando e 40 alunos ouvindo. No dia seguinte, na classe, havia um gravador falando e 40 gravadores gravando.

☺ Compor uma música complexa a 50 vozes é quase impossível para o ser humano. Mas isto poderia ser feito com auxílio de um computador. A audição também seria superproblemática, pois seria praticamente impossível a um ser humano distinguir as vozes. Mas a separação delas também poderia ser feita com auxílio de outro computador. Então, talvez chegássemos a uma situação esdrúxula, deixando um computador compondo, ligado a outro, ouvindo, e nós sairíamos do circuito, prescindindo-se assim do ser humano. Ideia semelhante, que ouvi não sei onde, seria a dos psicanalistas apenas analisarem-se entre si...

☺ Em uma manhã apareceram em minha testa algumas manchas vermelhas e todo o lado direito da cabeça estava meio estranho. Pensei em alergia e procurei um médico amigo, que diagnosticou herpes zóster e me encaminhou para uma dermatologista. Por sorte, encontrei-a logo após o almoço e ela receitou o antiviral Valtrex. Comecei a tomá-lo imediatamente, o que foi minha salvação – esta virose, quando ataca a cabeça, se não tratada logo, provoca dores intensas de cabeça, podendo atacar os olhos e provocar encefalite, às vezes mortal. Em uma semana eu estava curado. Não perdi a chance de fazer piada com a médica: – "A senhora sempre prescreve medicamentos personalizados? Para mim, Walter, receitou Valtrex; se fosse para o Fernando, receitaria Fernandrex?"

☺ Na segunda edição de meu livreto, *A República da Panákia*, colocarei duas observações: 1) Na Bibliografia: "Dos livros acima relacionados, o autor não leu nenhum. Estão aí apenas para demonstrar erudição." 2) No início do livro: "Observamos que as ideias aqui defendidas pelo autor nem sempre coincidem com as opiniões do mesmo."

☺ Após muita pesquisa experimental, descobri que, para carros iguais e do mesmo ano, entre carros sujos e limpos, os ladrões dão preferência aos últimos – o risco é proporcional à limpeza do carro. Por isto, estou recomendando aos amigos comprarem uma pomba para sujar no carro de vez em quando (uma pomba custa bem menos que um carro).

☺ Depois de meia hora tentando falar com estas malditas telefonistas automáticas, finalmente uma voz humana atende: – "Quer falar com quem?" Eu: – "Qualquer um. Já é uma felicidade gente atender. Ainda vai querer que eu escolha?"

☺ Nunca respondem o que a gente pergunta. No banco, indago para a moça da caixa: – "Este saldo está atualizado?" Resposta: – "O saldo aqui está sempre atualizado." Eu: – "Quero saber se **este aqui** está. Podem estar sempre, mas este aqui ser exceção!!" Na padaria, pergunto: – "Este pão é novo?" Resposta: – "O pão aqui é sempre novo." Eu, apontando: – "Quero saber se **este aqui** é. Pode ser que todos sejam, menos este!!"

☺ As aparências enganam: na fisioterapia, para o pé que fraturei, vejo uma garotinha linda, com jeito de criança, exercitando-se. Chego perto, cumprimento, falamos algo sobre o exercício e, de repente disparo: – "O que mais você faz na vida, além de embelezar o ambiente?" E não é que aquela criança era psicóloga, com vários anos de prática em sua especialidade? Encontrei, outras vezes, "crianças" já formadas, com carreira em andamento, filhos...

☺ Dessa vez, passei por um bom aperto: tarde da noite, no final de uma cerimônia na Politécnica, na Cidade Universitária (São Paulo), dirijo-me ao meu carro, estacionado em frente, em local escuro. Havia três carros semelhantes lado a lado. Acionei a chave (elétrica) que destrava as portas a distância, e ouvi o clique característico. Tentei entrar no primeiro carro à esquerda, mas a porta estava travada. Dirigi-me ao segundo, entrei, coloquei o celular, e um livro que estava carregando, no banco do passageiro e tentei dar a partida. A chave não entrou e aí percebi, pelos bonequinhos dependurados no espelho, que o carro não era o meu (penso que o dono esquecera a porta aberta). Saí rapidamente e entrei no terceiro carro que, desta vez, era o meu... Saí com ele normalmente e já estava longe quando lembrei que meu celular e o livro haviam ficado no banco do outro carro! Voltei rapidamente, com receio de o dono já tê-lo levado. Por sorte, estava no mesmo lugar, mas, e o medo de entrar em carro alheio? (agora eu sabia que não era o meu...). E se o dono chega? Vai pensar que estou roubando o carro (estava bem escuro), pode estar armado etc. etc.. Só sei que arrisquei: entrei rapidamente, peguei meus pertences e dei no pé. Uffa!! Este acontecimento fez-me recordar o contado por um tio: ele estava em um bonde aberto, em São Paulo, num frio de rachar e todos encapotados, apertados lado a lado nos longos bancos daquele tempo. Ele pegou a carteira no bolso do capote e notou que não era a dele (havia enfiado a mão no bolso do vizinho!). E como devolver a carteira ao bolso do dono? Disse que passou um aperto, mas, com muito cuidado, conseguiu...

☺ Tomei contato com uma fruta brasileira *sui generis* na casa de um colega, quando a esposa dele nos serviu arroz com pequi, com perfume acentuado. O pequi pareceu-me um cruzamento de manga com lança-perfume e o modo de comê-lo é muito estranho, rolando na língua, com cuidado para não chegar aos pequenos espinhos (perigosos) que estão logo abaixo. Os que o comeram, logo depois estavam frente ao espelho, extraindo os espinhos espetados na língua...

☺ Cogitei fundar uma empresa, a BINLADEMOLIÇÕES S. A.. Anúncio: "Serviço rápido. Fazemos em segundos o que outros levam meses. Demolimos seu prédio sem aviso prévio; fazemos-lhe uma surpresa. Num piscar de olhos seu prédio estará no chão, possivelmente com você embaixo dele. Pagamento antecipado". Depois fundaria outra firma para ministrar CURSOS DE HOMEM-BOMBA EM 3 LIÇÕES. No programa: "Terceira e última aula – prova prática de laboratório, com demonstração. Resultados garantidos; nenhum aluno jamais reclamou." Isto vale também para o CURSO DE PILOTAGEM TRAUMÁTICA, que tem igualmente uma última aula prática. Pensei até em sugerir à Al Qaeda que fundasse uma companhia de aviação, para derrubar seus próprios aviões, sem ocasionar aborrecimentos a terceiros.

☺ Uma superstição corrente recomenda que sempre se saia de uma casa pela mesma porta pela qual se entrou. Pois, como julgo que isto é apenas uma questão de convenção, sem qualquer justificativa racional, convenci o síndico e o zelador de meu prédio que o correto é justamente o contrário: se um domicílio tiver mais de uma porta, para não termos anos de azar, é conveniente utilizarmos portas diferentes para entrar e sair... Pois não é que eles se convenceram e sempre que iam ao meu apartamento faziam questão de sair por outra porta?

6.2) FATOS PESSOAIS
Tópicos quase sérios (ou nem tanto)

㊀ Diferentemente de Portugal, no Brasil a linguagem é plena de subentendidos, afora os erros que mudam o sentido da frase. E se respondermos ao pé da letra, as pessoas espantam-se. Senti isto uma vez em que (em São Paulo), perguntaram-me se tinha horas, e respondi: – "Tenho." No Banco, para eu assinar um papel, a moça, gentil, me diz: – "Pode sentar **na** mesa." Pois sentei sobre a mesa que ela indicou, dando-lhe um susto. Entre nós, é comum "Você fuma?" significar "Me arranja um cigarro", "Tem fósforo?" significar "Quero um fósforo" e "Joga tênis?", com a raquete na mão em um clube, significar "Quer jogar tênis comigo?".

㊀ Em Brasília, ao conhecer o pessoal que elaborava as regras do Imposto de Renda, aproveitei para propor: o I.R. deveria ser cobrado somente das pessoas jurídicas. As empresas têm estrutura e contadores pagos para fazer as declarações, enquanto com as pessoas físicas perdem-se milhões de homens-hora qualificadas. A perda de receita seria compensada aumentando o imposto sobre as pessoas jurídicas, e o imposto seria maior ainda para as firmas que fabricassem produtos de consumo da classe rica. Estes impostos seriam naturalmente repassados para os consumidores – desse modo, todos pagariam como antes, só que indiretamente e sem o atual desperdício de tempo.

😐 Tive a honra de receber recado do Reitor da USP, em pleno governo miltar, para moderar minha participação na campanha, que fazíamos na Escola Politécnica, pelas eleições diretas. Sou agradecido a ele pela preocupação.

😐 Há tempos fizeram intensa propaganda para comunicar que estavam sendo implantados em São Paulo, a alto custo, os "semáforos inteligentes", que abririam e fechariam de acordo com o fluxo de carros, proporcionando ondas verdes em certas avenidas, nas quais, a uma certa velocidade, pegaríamos todos faróis abertos. Ou o sistema não era adequado a São Paulo e/ou o sistema não prestava e/ou os que o programa(ra)m eram/são incompetentes e/ou o sistema emburreceu, ou tudo isto junto. Idealmente, no caso mais simples de uma avenida de mão única, num dia com pouco movimento (por exemplo, em um domingo), os semáforos deveriam ir abrindo sequencialmente, para uma dada velocidade média dos carros, especificada pelos técnicos de acordo com medições efetuadas em campo. Pois eles sempre abrem e fecham caoticamente, com tráfego leve ou intenso, lembrando o pisca-pisca de uma árvore de Natal. Ou seja, de inteligente este sistema não tem nada; um bando de vaga-lumes, piscando independentemente entre si, seria menos caótico que nosso sistema semafórico. Além disso, notei que, na maioria das vezes, quando se ultrapassa um semáforo em seu final e o próximo está verde, antes que se ande metade do quarteirão, em velocidade compatível, o que estava verde, fecha – teríamos que estar a cerca de 200 quilômetros por hora para alcançá-lo verde. Será que a programação do sistema está sendo feita, erradamente, em milhas por hora? Obs.: Parece que inteligentes foram os que ganharam dinheiro vendendo-nos estes semáforos nada inteligentes...

😐 Diz-se que o normal é sermos incendiários na mocidade e bombeiros na velhice. Eu estou tentando contrariar tal assertiva, fazendo força para ficar cada vez mais anarquista, com ideais que coincidem, em parte, com as ideias de Bakunin (meio atenuadas, por enquanto, mas prometo evoluir...). Lembrete: Anarquia significa ausência de coerção e não ausência de ordem – o anarquista entende que "enquanto houver autoridade, não haverá liberdade."

😐 Lembro-me do tempo em que a média de separações se dava por volta dos 7 anos. Uma tentativa de explicação: após o casamento, temos uma fase heroica de x anos (na qual, grandes defeitos são considerados pequenos deslizes); a seguir vem a fase da percepção da realidade, de x anos (na qual, pequenos defeitos são encarados como grandes crimes); depois temos a fase da decisão de x/3 anos (tempo para criar coragem para agir). Até há pouco, x valia aproximadamente 3, o que resultava nos 7 anos. Hoje (2014), parece que o valor de x está próximo de 1, o que resulta em pouco mais de 2 anos até a separação. Se esta tendência persistir e x tender a zero, no futuro, o casamento e a separação dar-se-ão, em média, ao mesmo tempo (!!)

☺ Método para ensinar a ler música: minha filha Tami, com 6 anos incompletos, manifestou interesse pelo piano. Improvisei o seguinte método, penso que original: Peguei uma música singela ("In May"), com dedilhado bem simples e ensinei-a a tocar de cor (crianças têm grande facilidade para isto). Em seguida, ensinei as notas do piano e, separadamente, as notas grafadas na pauta musical (com seus nomes), com alguns exercícios e provinhas para testar o aprendizado. Depois, coloquei a partitura ("In May") no piano e mostrei a correspondência entre as "bolinhas" da partitura e as notas que ela tocava de cor. E fiz com que ela tocasse a música várias vezes olhando a partitura, até fixar a correspondência entre o som, o teclado e as notas escritas. Só sei que ela, dias depois, sozinha, começou a ler uma partitura simples que estava no piano e a tocar as notas correspondentes. A mãe dela comentou: – "Que coisa! Quando criança, levei mais de ano para começar a ler música, e ela conseguiu em um mês." Repeti o método com minha netinha, com iguais resultados.

☺ Fui convidado para tocar piano no Instituto Biológico, São Paulo, em uma comemoração. Preparei um programa de uns 40 minutos. Meu amigo Giovani Arrone emprestou um piano Steinway de um quarto de cauda, colocado em um saguão de entrada, aberto para uma grande área com jardins, na frente do Instituto. O convite foi telefônico – marcaram minha audição para as 12 horas, e quinze minutos antes eu já estava lá. O tempo foi passando, grande número de pessoas se espalhando pelos jardins, e nada de me chamarem para tocar, abrindo as apresentações. Lá pelas 13 horas procurei a responsável e perguntei quando seria iniciada a "cerimônia". Ela: – "Ah! Pode começar a tocar." Eu: – "Para tocar fora, gosto de público e aplauso. Sem nenhum dos dois, prefiro tocar em casa." Ela: – "Tá bom. Pode deixar." Chamou um senhor, ele sentou-se numa bateria próxima ao piano e iniciou uma parafernália de sons, com bumbos, pratos, numa percussão para qualquer surdo se assustar. Bastou um minuto de barulho para juntar uma multidão em frente ao piano.

Anunciaram o início das festividades, apresentaram-me e toquei meu programa. Em minha vida, nunca havia visto uma técnica tão eficiente para reunir pessoas – basta uma bateria tocada com vontade... Lá conheci o Luiz, experiente músico percussionista, uma figura ímpar, com os cabelos compridos escapando por baixo de seu gorro. Procurou-me para falar sobre minha audição e convidei-o a aparecer em casa. Lá chegou com uma pasta que percebi conter um pandeiro. Disse que tocava todos os instrumentos de percussão, mas o preferido era aquele. Tirou-o da pasta e assisti a um verdadeiro espetáculo – ele, sozinho, equivalia a uma escola de samba! Fiquei tão entusiasmado que me sentei ao piano e pus-me a improvisar um sambinha sobre seu ritmo contagiante. Ficamos tocando por uma meia hora... Mantive contato e, tempos depois, levou-nos, eu e minha mulher, a uma roda de samba na casa da irmã dele, da qual participaram também uma cantora e um violonista talentoso.

☹ Comecei a chamar a UTI – Unidade de Terapia Intensiva –, de Unidade de Tortura Intensiva, depois que fui visitar tia Yolanda, pessoa boníssima, pianista (minha primeira professora), que foi como uma segunda mãe para mim. Ao chegar na UTI do Hospital Nove de Julho, São Paulo, ao longe já fiquei impressionado. Minha querida tia estava ligada a N aparelhos, com um medidor no braço, fios grudados no peito, tubos entrando pelo nariz, uns dois pela boca entreaberta e com agulhas no peito e nas veias dos dois braços. Não vi, mas não me surpreenderia se me dissessem que ela tinha tubos enfiados até nas orelhas. Ao me ver, ela se emocionou, e quem levou um baita susto fui eu, pois todos os aparelhos, atrás da cabeceira da cama, começaram a apitar numa cacofonia assustadora. Pensei: – "Será intencional? Precisam do lugar, e nada como despachar um doente para abrir uma vaga..." Se até uma pessoa sã pode ter um ataque de coração com um susto desses, imagine o efeito em uma pessoa debilitada e com tantos aparelhos apitando bem atrás de seus ouvidos. Foi depois disso que me convenci de que é preferível ser maltratado em casa do que ser muito bem tratado em uma UTI.

☺ Na missa de crisma de minha filha Tami, no Colégio Dante Alighieri, durante a homilia do sacerdote, rascunhei um poema sobre suas palavras. Foi escrito em Multipoemia, um modo de escrever que penso ter criado (pois nunca vi antes e registrei em www.usinadeletras.com.br). Como gostaram da ideia, embelezei um pouco mais e saiu o "POEMAÇO, um multipoema sacro-cerebral, elaborado durante missa solene em 8/Nov/2002, com coautoria involuntária do padre que a celebrou." Subtítulos: PENTE-AS-COSTAS ou O PADRE SAPORÍFERO (sugeria um sapo de dimensões avantajadas) ou SAC(R)OSSANTO (autoexplicativo):

VERSÍCULO I
NÃO TEMA, ALELUIA, ALELUIA,
É HORÁRIO DE VERÃO,
DE INDULGÊNCIA E COMUNHÃO
DO {C[OR}DEIRO] DO SENHOR
E DO PROFETA ISAIAS (É A **REDE**NÇÃO!).
DO PR**OFE(R)TA** ISA**IAS**?
IAS COMO? PARA ONDE?
À REUNIÃO DOS SER(VOS/ES),
(CON/A)FIRMOU O **BIS**PO, CA**BIS**BAIXO,
COM **AMAR**GURA, SEM **PAI**XÃO.
TUDO CULPA DOS FILISTE**US**.
(EU DI**RIA**, DOS FILHOS TEUS)
E DOS DELE E DOS MEUS, SEJAMOS JUSTOS,
OU SERÁ DA INQUISIÇÃO?

VERSÍCULO II
IAS SEM (DES)TINO, SEM (A/RU/RE)MO,
COM A GRAÇA DA SALVAÇÃO.
MAS SEM (DES)(G)RAÇA E SEM (OV)AÇÃO.
HORA PRONOBIS!? ASSIM LEU ELE,
OLHANDO PRO RELÓGIO VIRGINAL.
HORA DO SACR**AMEN**TO, AFINAL!
SACRO-AMENTO, SACO-LAMENTO.
POXA!! NÃO PARAS DE INSIN(U)AR
VERDADES? INCON(GRU/PET/SEQU)ÊNCIAS?
QUEM SOU VÓS PRA CRITICAR?
NÃO FAZ MAL, REP**ARTE** O PÃO,
QUE O BENTO-VINHO TOMO EU (É MUSICAL).

VERSÍCULO III
É A CELEBRAÇÃO. PRA NOS SALVAR.
DE QUEM? COMO SABER? DÁ PRA PENSAR...
PERIGO HÁ EM TODO LUGAR, ATÉ NO M(A{M[AR]})...
MAS ANTES DA CELEBRA-A-AÇÃO,
ASSIM FALOU A (ES)CRI(A)TURA, ELE MURMURA,
É A VEZ DA A**NU**NCIA-A-AÇÃO:
NO INÍCIO FEZ-SE A LUZ, ERA SÓ VER(BO)
(INTRANSITIVO, PENSO EU NO VERBO A**MA**R).
E ADJETIVO? QUE HE**RE**SIA! VÁ CON**FE**SSAR.
SUBSTANTIVO? SÓ SE FOR PRA EX**COMUN**GAR.

VERSÍCULO IV
O (A)NÚNCIO É (LÍ)RICO,
FALOU E DISSE O P(R)ELADO,
COM (LEI/DESVEN)TURAS DO **EVA**NGELHO.
JÁ PENSAVA (SEU/SÃO) **MATE**US,
FERREIRO OU [AR{TE]SÃO}.
RE(V/L)E(L/V)AR, SÓ CRISTO SABE,
MUITO MAIS DO QUE VOCÊ,
BEBER VINHO E COMER QUEIJO.
(É HORA DA COM**UNHÃO**).
TOME A BENÇÃO PRA (A)PRENDER.
FIQUE COM ELA, BOM **PROVE**ITO.
NÃO **PRECI**SA [(D/R)EVOL]VER.

VERSÍCULO V
BATISTA, PROFETA DO CAOS,
PEGASTE JESUS PRA CRISTO?
SACRIFÍCIO É AO TEU **CHAMA**DO (A/PRE)TENDER,
DEGUSTAR GA(FANHO)TOS NO DESERTO
NÃO É CERTO NEM PRA SANTO BEM-A(R)MADO,
QUANTO MAIS PRA PE(S)CADOR (COM DOR).
MAS QUEM (CAR)REGA O/A (AN)DOR?
O BISPO NÃO!! É TRABALHO PESADO.
PODE DEIXAR A CONSCIÊNCIA IDEM.

VERSÍCULO VI
VO(L)TASTE, ISAIAS? SE NÃO FUGIAS,
PARA ONDE IAS, OH ISA**IAS**? COLHER O MEL.
À C(R)ISMA, CISMA E VAI.
VAI (P)REGAR, ENVIADO PELO PAI,
SEM **PIA**DA, SEM MAL(DADE), SEM (F)[(A)LAR](DE)
QUE RESI(STIR), É PRECISO NESSA PRECE,
À TENTAÇÃO, TENTA-A-AÇÃO,
POIS TENTA QUEM FAZ.
TALVEZ SEJA VICE-VERSA, ME **PARE**CE:
(BEN)DITO SEJAS, NEM QUE SEJAS (IN)FIEL.

VERSÍCULO VII
CRISMANTES E CRISMADO,
PADRINHOS E APADRINHADOS,
POBRES ENDINHE**IRA**DOS.
(RE/DE/A)NUNCIAS AO/O DEMÔNIO?
LÚCIFER, TINHOSO, COISA RUIM?
SE SIM, ESTAMOS (CONVER/LE)SADOS.
SE NÃO, HORA DO DÍZIMO, ALELUIA!
SERÁ O DÍZIMO O COME(ÇO) DO FIM?
OU DIZE-ME, NÃO SERÁ UM FIM EM SI?

PRE**FERIA** QUE FOSSE EM SOL (MAIOR),
(MEL)O**DIOS**O, FR**EU**D (COM/RE/EX)PLICA?, E (ILU)**MIN**ADO.

VERSÍCULO VIII
E ASSIM VOLTOU-SE, NÃO TEMA,
AO INÍCIO DO PÓ(EMA),
AO OVO, À ALELUIA E AO TEMA,
QUE ALIÁS É UM (ANÁ)TEMA.
É O RITO, É O MITO, NÃO GEMA:
VIVA SANTA CLARA, Á-Á-M-É-É-M,
COM OS MERECIDOS A**CENTO**S.

EPÍLOGO
E AGORA, É PRA RI(MA)R, RI**MAR**, RIM**AR**,
QUE ASSIM MANDA MEU LEMA,
VÃO TODOS, VÃO (FES/RAS)TEJAR.
QUE EU, FELIC**IDADE** SUPREMA!,
QUE ALEG**RIA** SEM PAR!,
DIFÍCIL DE (ACRE/ME)DITAR!,
CESSARÃO OS MEUS **LAMEN**TOS,
ACABARAM-SE OS TORMENTOS:
LIVRAR-ME-EI DOS PAR**AMEN**TOS.
(OH ONIPRESENTE DEUS MEU!,
POR QUE ME FIZESTE ATEU?)

☺ De vez em quando eu enviava/envio uns micropoemas ao meu grande amigo, o poeta e escritor Florivaldo Menezes. Três que enviei:

1) DOLO(RO)SO
(ele disse que só isto já era um legítimo micropoema...)

2) SORTE
Era imune à (enferm)idade
Morreu (atro)pelado

3) MÁ SORTE
Num alegro furioso,
O maestro aproximou-se do violinista.
Este, com o arco, vazou-lhe a vista.
Terá sido um ato dolo(ro)so?

Quanto a estas duas últimas, disse que adorou minha "estripulia estrutural" Qualquer dia pergunto a ele se esta expressão denota um elogio ou uma depreciação...

☺ Eu e alguns amigos competíamos na criação de siglas. Eis algumas que cometi, para sistemas que desenvolvi ou para teses de orientados, e que mereceram citação: Secs – Sistema Específico para Comando de Sequências; Menfis – Modelo Econômico Financeiro da Sabesp (Faraônico); Maps – Modelo de Análise da Poluição das Águas por Simulação; Simpas – Simulação da Poluição das Águas.

☺ Meu primo Moacir, muito bom violinista, é bastante inventivo. Duas criações dele merecem ser citadas: 1) Tablado e ambiente para uma orquestra, transportáveis: um engenhoso sistema de vários tablados de madeira, com tamanhos escalonados, de tal modo que o tablado menor cabe dentro do seguinte, e este dentro do próximo, até o último. Dessa maneira, com um volume relativamente pequeno, teríamos as bases sobre as quais ficam os músicos da orquestra. Cada músico sentar-se-ia em lugar demarcado, o que evitaria a colocação caótica que às vezes se verifica. O ambiente acústico seria obtido por meio de armações com cortinas e persianas controladas pelo regente. Teríamos assim um verdadeiro ambiente portátil para orquestra, cabendo tudo em um só caminhão. 2) Ele desenvolveu um método para ensinar a tirar sons do violino, ou seja, para não tocar certos sons espúrios que violinistas inexperientes costumam produzir. Após umas duas horas de explicação, consegui entender e formalizar a ideia, que, resumidamente, é a seguinte: o arco corre na corda numa posição que fica a d cm do cavalete. O compositor especifica a intensidade desejada. Pelo tipo e número de notas a serem tocadas no andamento especificado, deduz-se a velocidade do arco. Segundo ele, dadas a intensidade e a velocidade, resulta a força necessária que o arco deve exercer sobre a corda (a intensidade é o resultado do produto da velocidade pela força exercida – pode-se obter a mesma intensidade com pouca força e grande velocidade ou vice-versa). E, para o som sair bom (ou não sair ruim), para cada força existe uma distância d conveniente. Construí gráficos explicitando esta receita. Evidentemente, ela não serve para ser empregada no momento do concerto, mas pode ser usada para ensinar e treinar o aluno até ele aplicá-la instintivamente. Outra utilização seria na construção de um robô que tocasse bem o violino.

☹ Na Rádio Cultura de São Paulo, umas duas vezes ao dia, o músico Galindo responde didaticamente, em cerca de 5 minutos, perguntas enviadas por ouvintes. Certo dia perguntaram a diferença entre Regente e Maestro. Ele, para responder, citou a opinião do Maestro Bernstein. Como este programa (e outro mais extenso que Galindo tem aos domingos e segundas) denomina-se "Pergunte ao Maestro", escrevi-lhe: *"Dia 13/Jan/2006 ouvi resposta do Regente (Maestro?) Galindo a um ouvinte que perguntara a diferença entre Regente e Maestro. O Regente (Maestro?) Galindo citou Bernstein, o qual dissera: "Regentes muitos o são; Maestro mesmo, só após os 60 anos..." Como Galindo pareceu endossar esta opinião e, pelo que sei, ele ainda está longe dos 60, penso que, por coerência, seu programa deveria se chamar "Pergunte ao Regente". A outra solução, trocar Galindo por alguém com mais de 60 anos, nem me passou pela cabeça, pois considero suas explicações claras, competentes e apropriadas para o pequeno tempo disponível. Esperar que ele envelheça, também não seria uma solução..."* Penso que minha carta não foi recebida, pois não recebi resposta e o nome do programa continuou o mesmo.

☹ Nos supermercados e locais onde costumam tocar música-lixo, especialmente a importada, que infesta quase todas as rádios e que, para mim, constitui verdadeira tortura, sempre inquiro os funcionários: – "Vocês devem ganhar muito bem para aguentar essa droga, certo?" Noto que nem todos gostam da "música" que são obrigados a ouvir, e eu aproveito: – "Para ser torturado assim, eu exigiria aumento..."

☹ Observando as pessoas que me cercavam, percebi os vários comportamentos perante o dinheiro: há as sensíveis à variação para menos (qualquer diminuição na riqueza, as assusta), as com detector de zero (assustam-se apenas quando seu saldo está praticamente nulo), as sensíveis a grandes números (assustam-se só quando seu saldo está muito negativo), e as sem detector (ou porque são ricas e podem gastar, ou porque são mesmo irresponsáveis).

☹ Meu médico dizia que todos deveríamos ter um "Plano de vida". Só sei que eu esbocei o meu: 1) 30 anos estudando sobre tudo que caía nas mãos (já cumprido); 2) 30 anos trabalhando preponderantemente em tecnologia (já cumprido); 3) 30 anos tocando piano, compondo e escrevendo (em andamento). Como já plantei árvores, escrevi livros e tive filhos, não sei o que farei no tempo que sobrar (se sobrar...).

☺ Colecionei alguns casos em que os personagens contrariaram o Primeiro Princípio de Walter, o Princípio da (Des)Informática ("Jamais utilize um computador, se puder fazer a mão.") e se deram mal: 1) Meu irmão Sergio pagou as últimas prestações do carro e pediu o documento de quitação. A moça pediu 10 dias para entregar. Ele: – "Mas vocês faziam isto na hora!" A moça: – "Mas agora é controlado por computador..." 2) O Prof. Orsini ficou uma tarde inteira consertando um programa de computador para somar 1 (um) às notas de 30 alunos, para compensar uma falha da prova (perdeu arquivos, teve que digitar de novo etc.). Eu corrigi as notas dos meus e as de um colega (60 alunos), à mão, em 15 minutos. Mas ele fazia a lista dele em computador... 3) Depois que os bancos começaram a fornecer os saldos por meio de computadores, eu nunca conseguia ver meu saldo na hora que precisava, pois o sistema estava sempre "fora do ar" ou "tinha caído". 4) No tempo em que não nos obrigavam (!!) a fazer a declaração do Imposto de Renda com computador, e eu declarava meu imposto à mão, meu genro quis fazer a dele em disquete de computador. Ficou uma semana tentando entregar no banco, o sistema não aceitava, ele refez a declaração N vezes e nada. Precisou ir à sede da Receita Federal para descobrir que o programa dele e o do banco eram versões diferentes... 5) Um amigo pagou o mesmo condomínio duas vezes, uma agendada pelo computador (baixa automática) e outra pelo boleto. Além do Primeiro Princípio, enunciei ainda o Princípio da Independência dos Computadores, que reza: "Para ter o direito de usar um computador, deve-se demonstrar que, em princípio, saber-se-ia fazer, à mão, aquilo que se pretende fazer no mesmo." e o Conselho Salutar: "Se tiver pressa, jamais utilize computadores."

☺ O título de Doutor, no Brasil, é uma denominação da qual muitos se apropriam com toda a tranquilidade. Qualquer um pode ser doutor, sem precisar fazer doutoramento (pois dá um bom trabalho). Exemplos: advogados, juízes, médicos, engenheiros, dentistas, fisioterapeutas, os que se vestem bem, os que têm carro, os que têm uma boa posição etc. etc.. E aqueles que realmente o são, que defenderam tese e tudo, nem sempre são reconhecidos como tal. Para os que exigem o tratamento, está bem caracterizado o crime de falsidade ideológica; é o mesmo crime que eu, engenheiro, praticaria se saísse por aí dizendo ser general do exército, médico ou juiz. E cometem-se injustiças; em meu prédio, o síndico, funcionário do Ministério da Fazenda, como usava gravata, era chamado de doutor (sem sê-lo). Já a Doutora Cristina que, sozinha, com três filhos e com muito esforço fizera doutoramento na USP, era a "Dona Cristina". À Dra. Cristina, minhas homenagens. Para contrariar, eu, tendo doutoramento desde 1967, sempre rejeitei este tratamento para mim.

☹ Certas decisões são tomadas num certo contexto ou atendendo a certos interesses, mas as condições mudam e o decidido continua vigorando. E mesmo que muitos percebam, eu incluso, que a solução adotada é injusta, errada ou inconveniente, a inércia e o hábito adquirido fazem com que qualquer mudança seja rejeitada como uma heresia. Exemplos abundam: costume de baixar a febre, mesmo fraca, com antitérmicos; votar com toda a confiança em uma urna eletrônica fraudável, na qual é impossível conferir os votos etc.. Nos condomínios em que as contas não são individuais, é usual dividir igualmente entre apartamentos os consumos de água e energia, mesmo que os consumos sejam muito diferentes. Seria mais racional que cada apartamento pagasse a água proporcionalmente ao número de seus moradores fixos e que os andares mais altos, os quais usam mais os elevadores, pagassem taxas condominiais proporcionalmente maiores. Não sei como uma decisão destas poderia ser implementada, se seria prático adotá-la. Fica como proposta para estudo, pois do modo praticado atualmente, a injustiça é flagrante.

☹ Lembro-me de quando os carros particulares tinham chapa amarela e os oficiais, chapa branca. Era fácil distinguir os carros oficiais, detectar abusos, e penso que havia muitas reclamações. O modo mais simples que as autoridades encontraram para dificultar, não os abusos, mas a detecção deles e as consequentes reclamações, foi trocar as placas particulares amarelas por placas com cor cinza claro, muito parecidas com as placas brancas (e todas elas com letras pretas...).

☹ O síndico, a quem eu auxiliava, diz que o oficial de justiça está pedindo o equivalente a 100 dólares para entregar uma intimação. Eu: – "Não compactuo com a corrupção. Não pago, não assino nenhuma demonstração de despesa e denuncio quem pagar." É didático mostrar que, contrariamente à apatia geral, nem todos concordam com os comportamentos delituosos.

☹ Quando se manda mensagens pela internet, há o perigo de enviá-las para pessoas indesejadas, por distração ou por falha do software. Comigo já aconteceu várias vezes de enviar, involuntariamente, mensagens confidenciais a destinatários indevidos, como opiniões elogiosas sobre futura namorada, para um fórum de debates; comentários irônicos, para a própria pessoa comentada; anexo errado, com comentários depreciativos sobre um político, em mensagem sobre outro político, confundindo os dois. Imaginem a inconveniência de enviar mensagem com segredos sobre uma firma, para a firma concorrente; enviar mensagem para a amante, com cópia para a própria esposa; enviar planos de atuação contra alguém, para a própria pessoa etc.. E o pior é que estes envios errados acontecem muito mais do que se imagina.

☹ Recebi convite da Polícia Federal para me apresentar em um de seus escritórios – solicitavam meus serviços como perito. Fui e um senhor, penso que delegado, atendeu-me. Contou que estava havendo uma séria desavença entre dois ex-sócios, um deles amigo meu, mas que eu não via há tempos. A Polícia Federal estava investigando dois fatos: um ex-sócio denunciara que o outro estava contrabandeando para o Brasil placas de circuitos de computador, para montar como sendo fabricadas aqui (este tipo de fraude frustrava completamente a Reserva de Mercado, apenas enriquecendo alguns), e mostrou-me uma carta ameaçadora (de morte), escrita com letras recortadas de jornais, que o ex-sócio denunciante atribuía ao denunciado. Desejavam que eu fizesse uma perícia, em caráter particular, em placas apreendidas, para incriminar o responsável. Percebi o perigo de me envolver no desentendimento. Pensei: "Se meu parecer incriminar alguém, é minha pessoa física que estará em perigo. Ainda, se eu entro na briga e de repente, como já vi acontecer, eles fazem as pazes, aí quem vai ficar desprotegido serei eu." Ao mesmo tempo, como cidadão, não me sentia bem em alhear-me da apuração de um crime. Pesando tudo, disse ao delegado: – "Num caso desses, acho temerário entrar como pessoa física. Sugiro que vocês façam um pedido formal à Escola Politécnica da USP, pessoa jurídica. Aí, podem pedir para ela me nomear como perito, que eu me sentirei protegido." Até onde eu sei, parece que eles se entenderam e a coisa parou por aí.

☹ Meu filho Marcio teve sucesso nos empreendimentos, vendeu a firma e decidiu produzir filmes; para isto fundou a Del Picchia Filmes. Certa ocasião, pediu minha opinião sobre o roteiro de um curta-metragem. Após ler, disse-lhe: – "Se roteiro é isso, acho que sei fazer." E num dia em que eu estava em minha associação lítero-musical, esperando ser chamado para apresentar-me ao piano (aproveito para tocar composições minhas para ver a reação dos músicos), tive uma ideia e, em cerca de uma hora e meia, rascunhei nos joelhos um esboço de roteiro satírico para um curta-metragem. Com mais uns pequenos acréscimos, vários sugeridos por meu filho, chegamos ao roteiro final do *Deustespera S. A.*, que foi filmado em Curitiba, Paraná, em 2011, com artistas profissionais, e colocado no Youtube, na internet, em março de 2012. Em pouco tempo foi visto por 2.700 pessoas. A seguir, escrevi o roteiro, também satírico, *Deusvelaporti S. A.*, filmado em São Paulo e lançado com festa em novembro de 2013. Colocado no Youtube, em pouco tempo teve 40 mil acessos, foi suspenso e o colocamos no Vimeo. Um fato interessante foi, no meu roteiro, haver uma improvável aliança entre Lula e Maluf, e uma ameaça de o Papa renunciar, fatos ocorridos logo depois. Após isso, tenho colaborado em vários roteiros.

☺ Sei que é contraditório, mas tudo funciona como se eu, não religioso, tivesse um santo anônimo (mentor, para outros) que me assessorasse, providenciando para que as coisas se resolvessem sem muito esforço de minha parte. Quando morava com meus pais em lugar onde não havia escola próxima (eu com uns 10 anos), meus tios Yolanda e Reinaldo convidaram-me para morar com eles no interior. Foram meus verdadeiros segundos pais – por dois anos – e aos quais é impossível agradecer tudo que fizeram por mim; lá estudei piano, cursei escolas ótimas e aproveitei-as integralmente. Nunca procurei trabalho e sempre estive empregado. Em todos os locais em que trabalhei, de modo permanente (professor universitário ou executivo) ou como consultor, foi sempre alguém que solicitou meus préstimos. Foi assim que fui convidado a fazer carreira na Escola Politécnica (e logo pelo Prof. Orsini, o professor mais respeitado do Departamento) e a dar aulas na FEI – Faculdade de Engenharia Industrial –; foi assim que o Eng. Celestino Rodrigues deu-me uma firma para dirigir; foi assim com as consultorias (Planidro, com o Eng. J. Maria Costa Rodrigues, Cetesb, com o Eng. Camal Rameh, Sabesp e Emplasa, com o Eng. Nelson Nucci). Também, são tantas as pessoas certas que apareceram na hora certa para colaborar comigo ou, apenas, para dar um palpite importante que catalisou algo maior, que não consigo citar todas. Encontrei um grande aliado na Burroughs, que me ajudou a conseguir um contrato muito vantajoso. É estranho, mas os fatos sempre foram acontecendo sem muita interferência minha e, normalmente, de modo favorável. Tive a sorte de a esposa do Menotti Del Picchia ser uma das maiores pianistas brasileiras (a grande Antonieta Rudge), e com ela fui estudar piano; vários fatos encadearam-se para permitir que eu comprasse um caríssimo piano de cauda que jamais pensei em possuir, encontrei uma vizinha professora de piano de alto gabarito (Marie-France Ergas), que me deu graciosamente aulas de interpretação após eu me aposentar. Na vida afetiva, todas as vezes que a convivência começou a se desgastar, as separações ocorreram naturalmente, sem traumas, sem inimizades e, em pouco tempo, outro relacionamento se iniciou naturalmente. Brinco que o santo anônimo, inclusive, faz aparecer as pessoas que procuro (isto aconteceu muitas vezes e chamo de "síntese de pessoas"). Alguns casos: preocupado com uma engenheira que ia deixar o emprego em nossa firma, pois acabara o contrato que sustentava o trabalho dela, travo amizade com o companheiro ao meu lado, no avião, e ele me pede indicação de uma pessoa exatamente com o perfil dela; precisando estacionar na movimentada Av. Dr. Arnaldo, parado em local proibido, com semáforo prestes a abrir (aí eu teria que sair rapidamente, pois os ônibus iriam me atropelar) olho, sem esperanças, para um Volks estacionado e o dono aparece, sorri e vai embora com o carro, dando-me o lugar; recordo-me das inúmeras vezes em que cheguei na Politécnica com a preocupação de encontrar certa pessoa, e a encontro em meu caminho, em lugares não usuais. Mais recentemente, estava procurando um cardiologista de meu plano de saúde, faço amizade com um senhor em uma audição, e ele era precisamente um cardiologista renomado e atendia alguns planos, entre eles o meu. São tantos os casos de eu pensar em encontrar alguém e a pessoa aparecer, que eu nem mais me surpreendo.

☺ Por volta de meus 16 anos, fiz amizade com um porteiro do Teatro Municipal de São Paulo e assistia a tudo quanto era concerto sem pagar. Desconfio que o bom samaritano tinha pena dos estudantes de música que não podiam arcar com os preços dos espetáculos. Entre os memoráveis concertos a que assisti, ficou gravado na memória um do compositor armênio Aram Khachaturian regendo suas obras. Depois da apresentação, como sempre fazia, fui cumprimentar o renomado músico e pedi seu autógrafo no programa. Ele acedeu e assinou com as letras de nosso alfabeto. Como eu o vira escrever num papel com a escrita cirílica (utilizada pelos búlgaros, russos, ucranianos etc..), apontei para o papel. Ele entendeu, sorriu e assinou "cirilicamente". Penso que foi nesta época que assisti ao histórico concerto a três pianos com Antonieta Rudge, Guiomar Novaes e Souza Lima, expoentes da escola pianística de Luigi Chiaffarelli, a qual se destaca pela clareza do toque.

☺ Recentemente, guiando meu automóvel, olhei para os dois lados e entrei numa preferencial de uma só mão. Ouvi uma buzinada e parei. Ouvi uma brecada, e um carro, dirigido por uma moça, atingiu minha porta esquerda, que entrou uns 20 centímetros. Depois cheguei à conclusão de que, se fosse surdo, teria escapado da batida, pois não teria parado o carro e, portanto, teria saído da frente do outro. A moça estava sem o cinto de segurança e sem os documentos; ligou para a mãe, uma arquiteta, que trouxe os documentos, e veio brava de doer. Ela só relaxou (um pouco) depois que conversamos e que eu fiz alguns gracejos. Dia seguinte fomos à delegacia fazer o Boletim. Lá eu dei a minha versão ao delegado: – "Viu aquele desenho do Pica-pau? Ele olha para a esquerda, olha para a direita, cautelosamente avança um passo e um trem passa por cima dele..." E eu imitava a musiquinha dos filmes do Pica-pau. O delegado e o escrivão riam e a arquiteta, disse-me depois, fazia força para não acompanhá-los. Pois acabamos amigos, ela e a filha já vieram comer uma pizza conosco e meu almoço do dia primeiro de janeiro de 2012 foi na casa dela, que se diverte até hoje com a história do Pica-pau.

☹ Utilidade pública: faço este relato para prevenir as pessoas de boa fé, pois muitos temos o costume de não tomar os devidos cuidados em nossas ações. É surpreendente o número de casos semelhantes, em que a tentativa de ajuda se transforma em pesadelo para o benfeitor. Acreditei na mensagem: "Fazei o bem, **sem** olhar a quem." E me ferrei. Para ajudar um amigo desempregado, dei meu nome para fundar uma pequena firma para ele dirigir. Ainda, dei meu nome para alugar um grande sobrado no Brás, São Paulo, sendo eu o locatário e o fiador. A firma funcionou por dois anos; como não conseguia manter-se, dependendo continuamente de desembolsos meus (aluguel, encargos, ajuda de custo ao amigo, eventuais ajudantes, matéria-prima etc.), resolvemos fechá-la, assumindo eu apreciável prejuízo. O amigo, pessoa de absoluta confiança, ficou de entregar a chave na administração. Pois, em lugar disso, à minha revelia, entregou a chave a um empresário meliante que lhe ofereceu sociedade. Planejava transferir o contrato de locação, baseando-se no fato de o empresário possuir bens. Como a administração não aceitou a transferência, o empresário meliante invadiu o sobrado, executou obras proibidas pelo contrato, alugou quartos para inúmeras famílias e até para traficantes de drogas. A administração, com minha concordância, entrou na justiça contra mim (mesmo eu sendo vítima dos invasores), conseguiu o despejo após dezesseis meses de ocupação (isto é que é justiça expedita!) e eu fui condenado a pagar todos os aluguéis, impostos, multas, consumo de energia elétrica e de água, além do advogado da administração. A juíza fez o mais cômodo para ela, recusando-se a ouvir o invasor... Atendi ao apelo da dona do imóvel e reformei inteiramente o sobrado, que ficara completamente destruído e depenado. Assim, além do prejuízo pelo fechamento da firma (do qual não me queixo), tive uma grande dor de cabeça (com acordos, ações legais, execução de obras, ida constante à obra, pesquisa e compra de materiais etc.), e um vultoso prejuízo adicional (decorrente da condenação na justiça, mais o custo da reforma). Depois disso modifiquei o aforismo para: "Fazei o bem, mas olhai **muito bem** a quem."

☺ Às vezes, os animais nos surpreendem com seu tirocínio. Na adolescência inventei de montar um cavalo em pelo, como ele nasceu, no pasto cercado. Raciocinei: "É um cavalo manso, fico segurando na crina e o máximo que ele pode fazer é ficar andando por aí." Pois o mamífero escolheu um bom modo para me derrubar: passou sob uma árvore que tinha um grosso galho horizontal, em altura tal que só passava ele. E eu fui para o chão.

☺ Antes de todo espetáculo orquestral procede-se à afinação conjunta dos instrumentos: o violinista principal (às vezes outro instrumentista) executa a nota lá, e todos afinam seus instrumentos a partir dela, cada um executando trechos e/ou escalas etc. sem nenhuma coordenação entre eles. O resultado é uma estranha parafernália de sons. Pois compus a "Pequena Fantasia Afinante", que é precisamente esta parafernália. Deste modo, antes de todos os concertos, ouve-se inicialmente a minha composição – é possível que seja a peça mais tocada no mundo...

☺ Certifiquei-me de um fato curioso que aparenta ser ignorado pela grande maioria: os nomes das potências de 10, base usual de nossa numeração, não são os mesmos em todos os países. A "escala curta" é adotada no Brasil, na maior parte dos países de língua inglesa e árabe, e em alguns países do Leste europeu e os da antiga União Soviética. A "escala longa" é adotada na maior parte da Europa, países de língua castelhana e parte da África. Até 1 com 6 zeros (milhão), os nomes coincidem. Depois, na escala curta, bilhão, trilhão, quatrilhão etc. são obtidos acrescentando-se 3 zeros ao milhão e sucessivamente (milhão = 6 zeros, bilhão = 9 zeros, trilhão = 12 zeros etc.). Na escala longa, bilhão, trilhão, quatrilhão etc. são obtidos acrescentando-se 6 zeros ao milhão e sucessivamente (milhão = 6 zeros, bilhão = 12 zeros, trilhão = 18 zeros etc.). Tenho prevenido as pessoas sobre este fato e na Wikipedia (internet) há tabelas comparativas.

7.1) FAMÍLIA E AMIGOS
Tópicos quase engraçados (ou nem tanto)

☺ Num jantar, comentava-se sobre um novo curta-metragem que meu filho estava rodando. Minha filha: – "A Taís falou que na filmagem havia duas atrizes." Eu, inventando: – "Pra mim, ela disse que havia duas atrizes e três meretrizes." Uma figurante que estava ouvindo, toda curiosa: – "Ela falou quem eram as meretrizes?"

☺ Meu amigo Mattos tem predileção pela língua inglesa (diz que ideias divulgadas em português não são lidas – tem lá parte de razão) e, às vezes, entremeia palavras e/ou frases naquela língua, nos e-mails. Mas eu detesto estrangeirismos desnecessários em nosso dia a dia. Assim, uma vez em que ele enviou uma mensagem internetiana em inglês, eu, em represália, e insinuando que a nova linguagem universal brevemente será o chinês, fui a um tradutor automático e respondi em chinês, com aqueles lindos caracteres (ideogramas).

☺ No dentista, quando ele fazia um raio-X de meu dente, pelo zumbido do aparelho eu avaliava o tempo que ele tinha colocado. Uma vez, chutei: – "1,2 segundos." Ele: – "Acho que pus 1,3. Vou ver... Você tem razão, 1,2." A partir daí, como quase sempre eu acertava, um dia, de brincadeira, abusei. Ele me deu um líquido estranho para bochechar. Após o bochecho, falei: – "Solução alcoólica com 0,3% de Thymol e 0,25% de ácido benzóico." Dessa vez, é claro, errei feio...

☺ Ligo para meu primo Flávio, campeão de tiro da Polícia Militar, e falo com ênfase: – "Quero falar com o sargento Flávio." Ele, sério, voz grave, bravo: – "É o Flávio, mas não sou sargento (ele já era tenente-coronel)." Acho que foi como chamar um executivo, de estagiário, ou um bispo, de coroinha.

☺ Dei vários conselhos sobre saúde, remédios, fisioterapia a um senhor que conhecera em uma cerimônia. Ao final, ele pergunta: – "O senhor é médico?" Eu, distraído: – "Eu não, mas tenho um amigo veterinário." (Eu quis dizer que aprendia muito com esse meu amigo ligado à área...).

☺ As crianças, às vezes, são adoráveis, mas as mal educadas são impertinentes, intoleráveis. Um dia, uma prima pediu-me para dar uma volta com uns três diabinhos, que não estavam dando sossego a ninguém.

Minha desculpa para não levá-los: – "É bom outro levar, porque, se for eu, minha vontade é ir passear com eles no Crematório Municipal."

☺ Meu tio Mario, além de genial, era decididamente fora de qualquer padrão. Autodidata em dispositivos mecânicos, dava banho em muitos engenheiros com anos de atuação – eu e meu irmão aprendemos muito com ele. Consta que várias invenções utilizadas até hoje e que deixaram outros ricos foram desenvolvidas por ele, o qual não manteve segredo e as entregou de mão beijada. Tinha uma visão espantosa de medidas: só de olhar uma peça, já dizia a medida com precisão. Era distraído como ele só, uma vez tendo esquecido onde deixara seu automóvel no centro de São Paulo. Ele, vários amigos e parentes levaram horas, até a madrugada, para encontrar o carro. Também, uma vez, quase caímos em um precipício – seu carrinho estava lotado e na frente, para dois passageiros, íamos, ele guiando, eu no banco do passageiro e sua filha de uns 10 anos sentada sobre o breque de mão... Só sei que, em uma curva, o carro saiu da estrada e foi em direção ao precipício – ele não conseguia parar e apelou para o breque de mão, mas com a filha sobre o mesmo, não conseguia acioná-lo. Não sei como nos salvamos – paramos a meio metro da queda. Uma vez ele conseguiu capotar com um Volks. Lembro-me de algumas outras "proezas": 1) Várias vezes encontrei-o garimpando o lixo revirado sobre a mesa do escritório, pois anotava endereços, fórmulas e cálculos no maço de cigarros (era de papelão) e depois jogava no lixo... 2) Certa vez trouxe, do sítio de um amigo, o carro com uvas até o teto, adaptou uma prensa e fabricou inúmeras garrafas de vinho. Seu filho, eu e meu irmão lacramos umas seis garrafas com parafina e enterramos, para abrir em alguma solenidade futura. Mas depois ele se esqueceu e construiu sobre o local; deu um bom trabalho recuperar o vinho, cavando sob a casa. 3) Numa visita de condolências, perguntou ao dono da casa como estava o pai e recebeu a resposta de que ele é que tinha falecido. Um instante depois se esqueceu e voltou a fazer a mesma pergunta à mesma pessoa... 4) De carro com a família, quis cruzar um descampado e atravessou uma cerca que estava quebrada. De repente, conta minha prima, viram um avião descendo na direção deles e descobriram que estavam trafegando na pista de pouso de um pequeno aeroporto. 5) No dia seguinte a uma de suas mudanças, esqueceu o endereço e não sabia como voltar para casa; a muito custo conseguiu telefonar para a cunhada para perguntar para onde ele havia mudado. 6) Indo à noite de São Paulo para Utinga, onde morava, dormiu na direção e, quando acordou, percebeu que estava voltando para São Paulo! Dias depois descobriu que tinha feito o retorno em um terreno baldio de uma fábrica. 7) Numa visita em que serviram um lanche, ao final comentaram que, pela primeira vez, ele não havia derrubado o café. Só que, em lugar de prender o guardanapo na cintura, havia prendido a toalha e, quando se levantou, tudo que estava sobre a mesa foi para o chão... 8) Certa vez perdeu completamente o breque em uma subida (e o breque de mão estava quebrado!). Deixou o carro voltar de marcha a ré até a parte baixa, mas como ele adquiriu velocidade, usou o impulso para subir (de marcha a ré) por outra subida, até parar. Aí desceu (agora de frente), até a parte baixa, e subiu pela subida anterior etc. etc.. Após três ou quatro subidas e descidas, finalmente o carro parou!! 9) Em uma das pescarias em que meu irmão foi com ele, levaram carne salgada e cachaça para o churrasco. O churrasco ficou extremamente salgado e meu tio esquecera-se da água. Tiveram que matar a sede com cachaça...

☺ Soube que meu sobrinho Marcos tinha pegado dengue e espalhei para a família inteira, dramatizando e recomendando que tomassem cuidado extremo. Depois, ele me disse que não havia pegado. Eu: – "Não quero saber. Agora que espalhei, você não pode me desmentir. Vê se pega, se não vai ficar mal pra mim..."

☺ Lógica infantil: uma vez minha mãe levou-me ao médico e ele estava com um baita resfriado. Virei-me para ela: – "O mãe, ele não cura nem ele, vai me curar?" (Esta consideração é semelhante à que fiz, muito tempo depois, ao ver o Delfim Netto, quando ministro e gordo como ele só, pedindo sacrifícios ao povo...).

☺ Comprei, por quantia equivalente a uns cinco dólares, o assobio de meu irmão, que me incomodava (eu com uns 15 anos e ele com uns 10). Cada vez que ele assobiasse, pagaria multa para mim. Não devolvi o assobio até hoje.

☺ Eu tinha um tio baixinho (meu grande amigo), que sempre trazia balas de frutas, embora eu gostasse de todas, menos das de frutas. Eu e outro tio ensaiamos uma explicação: no supermercado, haviam colocado as outras mais alto e as de frutas estavam mais fáceis para pegar...

☺ Um amigo comenta: – "Quando eu era casado e procurava mulheres para aventura, só encontrava as que desejavam constituir família. Agora que estou solteiro e procuro mulher para casar, só encontro as que querem aventura!"

☺ Minha tia Tita era uma pessoa bem sossegada. Tão tranquila, que nem brigou comigo quando fiz uma pequena maldade com ela: durante um jogo de baralho, tirei a ponta da caneta que ela usava para marcar os pontos. Tadinha, ela insistia em escrever e não entendia por que a caneta parara, de repente, de funcionar.

☺ No planejamento de um orçamento dentário, perguntam-me: – "Qual sua perspectiva de gasto?" Eu: – "Pretendo gastar cada vez nada."

☺ Certa vez, dei uma entrevista na TV sobre automação, robôs, futurologia. Antes de eu falar tudo que combináramos (faltava uma pergunta importante), acabou o tempo e a entrevistadora despediu-me (ou, ao menos, tentou): – "E chegamos ao fim; deseja falar algo?" Eu, com a maior cara de pau: – "Sim. Eu me pergunto." Fiz a pergunta que havia faltado – e eu mesmo respondi até o fim.

☺ O colega Eng. Ardevan contou-me, rindo: – "Minha mulher me chamou de louco." Eu: – "Acho que ela tem razão..." Ele: – "Concordo. Mas não deixei barato; falei que, se não fosse louco, não teria casado com ela."

☺ A empregada vivia no fogo e a gente olhava as bebidas e estava tudo em ordem. Depois descobrimos que ela bebia o uísque das visitas (eu não tomo uísque) e compensava o que tinha tirado colocando álcool de limpeza; foi quando servimos a um tio e ele provava e dizia: – "Este uísque está com um gosto meio estranho..."

☺ Um amigo pianista teve um problema: perdeu parte do movimento das mãos e não podia mais tocar. Resolveu vender seu Steinway de meia cauda, uma das melhores marcas mundiais, e vendeu-o para mim em condições de pagamento camaradas. Foi assim que fiquei proprietário de um instrumento que jamais pensara possuir. Um dia soube que a Marie France, esposa do síndico de meu prédio, era pianista, tendo estudado em Paris com a famosa Marguerite Long; convidei-os para virem ver o Steinway. Quando toquei alguma coisa, a Marie disse: – "Você tem futuro." Respondi: – "Obrigado. Com 60 e poucos anos é muito animador ter futuro." Depois disso ela começou a, graciosamente, dar-me aulas de interpretação e ajudou a aperfeiçoar minha interpretação da Sonata N. 3 de Chopin, peça bastante difícil. Aprendi muito com a Marie. Certa ocasião, gravei a Sonata em fita, eu tocando. Como eu tinha vários CDs da Sonata, tocados por bons pianistas, mostrei a ela várias interpretações do quarto movimento, dando o nome do intérprete. Para ela, todas pecavam por alguma coisa (uma era muito marcial nos primeiros acordes, outra muito rápida etc.). Quando pus a minha gravação, ela parou e disse: – "Este está ótimo. Quem é?" Enganei-a: – "É um aluno do Horowitz." Ela: – "Gostei. Estude bastante que você pode tocar como ele." Em outra ocasião, repeti a dose com meu colega pianista Eng. Ciparrone. Coloquei minha gravação e deixei ao lado uma caixa de CD de um grande intérprete internacional. Enquanto tocava, meu amigo comentou: – "Esse cara toca bem." Depois contei que era eu, e ele, como bom amigo, confirmou o julgamento.

☺ "Modéstia" explícita: um colega, apontando para uma exposição de livros na saída de um congresso: – "Vamos ver uns livros?" Eu: – "Obrigado, eu escrevo os meus." Em outra ocasião, uma amiga convida-me para assistir a um concerto de pianista famoso. Eu: – "Obrigado, quando quero ouvir piano, eu mesmo toco." É difícil aguentar um cara tão modesto...

☺ Sugeriram que eu escrevesse uma peça teatral curta. Um dia em que a inspiração baixou, escrevi uma peça bem curta em três atos, com três personagens femininas, intitulada *Existência fecunda*:
Ato 1) Anunciação (atriz com 6 anos): – "Cheguei! Chorei!" (cai o pano)
Ato 2) Sacrifício (atriz com 30 anos): – "Pequei! Paguei!" (cai o pano)
Ato 3) Funeral (atriz com 90 anos): – "Fui!" (desaba o pano).

Como acharam muito curta, para contrariar escrevi mais duas:

Uma minipeça, intitulada "Existência efêmera":
Ato 1 (atriz com uns 15 anos): – "Nasci! Adoeci!"
Ato 2 (atriz com uns 30 anos): – "Morri!"

Uma micropeça, intitulada "Existência virtual":
Ato único (atriz bebê): – "Abortaram-me!"

☺ Esta antiga piada aconteceu comigo: num bate-papo animado com várias pessoas, algumas desconhecidas, despeço-me de uma delas: – "Tchau, Professor Zé Carneiro." Ele: – "Eu não sou Zé Carneiro, meu nome é José Coelho." Eu: – "Xii, troquei de bicho..."

☺ A esposa de um conhecido, o qual vivia me pedindo dinheiro, que nunca devolvia, telefona-me: – "Como vai?" Antes que ela fale qualquer coisa, aproveito a pergunta e desfilo uma série de problemas, despesas extras, déficit, dívidas, remédios caros a comprar; fico uns 10 minutos falando sem parar. Quando ela tem uma chance: – "Eu só queria avisar que o Canal 2 está apresentando um programa sobre o Villa-Lobos."

☺ Assistindo a um batizado na família, o padre: – "Jesus deu a vida para nos salvar. Você daria a vida para salvar seu afilhado?" O padrinho, baixinho, visivelmente constrangido, sem saída: – "Daria, né?" Ah!, se fosse comigo, a primeira coisa que berraria: – "Chamem meu advogado!!"

☺ A respeito de meu livro técnico, publicado pelo Blücher: 1) Ele: – "Quantos vai vender?" Eu: – "Uns 50." Ele: – "Por ano?" Eu: – "Não, a vida toda. Já viu livro técnico especializado vender mais que 50?" 2) Um amigo disse que comprou meu livro. Não resisti: – "Foi você?" 3) Deixei um em consignação, na Saraiva. Passei lá, fora vendido. O gerente: – "Um cara folheou seu livro e comprou." Eu: – "Me apresenta esse cara. Ele compra qualquer coisa!"

☺ Pianos de cauda medem-se por metro (o meu tem 1,90 m). Meu amigo Wran, que tinha um de 1,82 m, dizia, convencido: – "O mundo se divide entre os que têm um Steinway e os que não têm." (Esclarecimento: estes pianos são considerados entre os melhores do mundo). Para brincar com ele, um dia lhe disse: – "Criei o Clube dos Steinway com mais de 1,85 metro, e você, infelizmente, não faz parte." Para não deixá-lo triste, mais tarde contei que era invenção.

☺ Dei carona para um bando de moças na Cidade Universitária (umas seis). Descendo a Consolação, emparelha comigo um táxi, com o colega Eng. Celso, com meio corpo fora da janela, que berra: – "Del Picchia, passa umas duas prá cá!!"

☺ Numa exposição internacional de livros, no Brasil, entrei no estande francês e tentei comunicar-me com o responsável, francês, na língua dele. Como não consegui fazer-me entender, disse-lhe: – "Do you speak english?" Ele, animado: – "Oh, yes, yes!" E eu, abanando a cabeça: – "But I don"t speak. Sorry."

☺ Nossa casa em Monte Belo, São Paulo, tinha um terreno grande. Eu, menino, vivia o dia todo sem camisa, treinando com arco e flecha (era fã de Robin Hood). Nas paredes da varanda da entrada, meu pai dependurara arcos e flechas de indígenas brasileiros. Conversa ouvida de dois passantes: – "Nessa casa é tudo índio. Os dois indinhos vivem com arco e flecha na mão, dando flechada o dia inteiro."

☺ Fui ao médico com forte dor, que parecia ser no ciático. Ele, examinando o raio-X que eu acabara de tirar: – "Você não tem nada. Dê graças a Deus de estar tão bem." Eu: – "Dou graças a Zeus, Tupã, Jeová. Mas, que está doendo, está." Aí ele me receitou um anti-inflamatório. Caso parecido aconteceu uma vez entre mim e minha mãe. Ela, ao se virar, deu um gemido. Perguntei: – "Doeu alguma coisa?" Ela: – "Doeu." Eu: – "Onde?" Ela: – "Onde, não sei, mas que doeu, doeu..."

☺ Crianças: 1) Meu filho Marcio vê um cérebro de boi na feira e pergunta: – "Ô pai, isto pensa!!?" 2) Os dois filhos conversando, com uns 9 (Eduardo) e 7 anos (Marcio), e eu ouvindo, sem eles me verem. O menor fala para o maior: – "Edu, eu sei que o Sol veio das Galáxia; eu quero saber é de onde veio as Galáxia." 3) Noutra vez, depois de irem testar a mãe: – "Ma, eu não disse que a mãe não sabia onde fica o Burundi?"

☺ Um amigo pergunta a localização de certa firma em São Paulo. Eu: – "É no número 276." Ele: – "De que rua?" Eu: – "A rua eu não sei." Ele: – "Mas como acho??" Eu: – "Procure todos os números 276 de São Paulo; garanto que um deles é..."

☺ Numa reunião de condomínio, o síndico diz, a respeito da explicação de um condômino protegido: – "Agora ele pôs os pingos nos iis." Eu: – "Acho que ele fez tudo errado. Se colocou pingos, só pode ser nos hhs." Na mesma reunião, o síndico, distraído: – "Alguém ausente também deseja dar sua opinião?"

☺ Técnica para desapontar uma adolescente: fui à casa de um primo para falar com ele, o qual não havia chegado. Esperava sentado numa poltrona quando sua filha, de uns 12 anos, apareceu com um cachorrinho branco como a neve, perfumado, com lacinho vermelho (acabara de tomar banho) e sentou-se em frente com o bichinho no colo, esperando elogios. Fiquei um minuto calado e, repentinamente, falei: – "MAS QUE CACHORRO FEIO!!" O susto foi tão grande, que a menina não teve tempo nem de chorar. Só deu para balbuciar: – "Não é não! É bonito!" Até hoje, nas poucas vezes que a encontro, rimos do susto que ela levou.

☺ Estava conversando ao telefone com o colega e amigo Mammana (professor da Física/USP, um orientado com quem aprendi muito): – "Vou escrever um livro, *O Guardião do Cromossoma*." Ele: – "Que significa isto?" Eu: – "Não tenho ideia. Só acho bonito." Ele: – "E vai escrever sobre o que não sabe o que é?" Eu, sarcástico: – "E alguma vez o fato de ignorarmos o significado de algo nos impediu de escrever um tratado brilhante sobre o assunto?" Depois, percebendo que o nome do livro é a parte mais importante dele, imaginei mais alguns títulos atraentes: *Aventuras interplanetárias de YX*, *Uma introdução a muitos assuntos*, *Conspira-Ação*, *A última novidade*, *Um livrinho interessante*, *Um livro para presente*, *Estuporei o escafoide* (este nome foi inspirado numa queda na ginástica, em que machuquei o ossinho escafoide da mão direita) e um livro de terror: *Os pirilampos não costumam lavar as mãos*. O nome *Bestseller*, que eu propusera há tempo, foi usado recentemente para nome de um livro (culposa ou dolosamente?).

☺ Numa festa, pergunto a um médico muito amigo (!): – "Estou com uma tosse, o que me recomenda?" Ele: – "Tussa!!" Outro médico muito amigo (!), meu ortopedista, olha meu raio-X da coluna e diz que já há sinais da idade (eu com uns 73 anos), diminuição dos interstícios etc., os quais ocasionam as famosas dores de coluna. Eu me vanglorio de não sentir nenhuma dor e atribuo ao fato de praticar yoga, com seus alongamentos que fortalecem os músculos e ativam a circulação. Comentário muito animador dele: – "Mas vai doer...". Com amigos assim, pra que inimigos?

☺ Um casal de amigos, já com idade, moradores no mesmo prédio de apartamentos que eu, tinha adoração pelo cachorrinho Bingo, que repentinamente bateu as botas. A saudade era tanta que eles, sem se conformar, colocavam toda noite água e comida para o falecido. Um dia cheguei perto do local onde deveria estar o cãozinho e fiz: – "Xô, Xô!" Ela: – "O que foi?" Eu: – "Estou espantando o Bingo." Ela achou ruim, não da brincadeira, mas por eu ter espantado o cachorro virtual...

☺ A Dina, mulher de meu tio Arlindo, já bem idoso, os dois morando em São Vicente, no litoral de São Paulo, diz que contratou um serviço que, em caso de falecimento, transporta o corpo para ser sepultado em São Paulo. Só que ficava bem caro levar um só corpo – se fossem dois, ficaria muito mais econômico, pouco mais caro que um só: – "Quando eu morrer, vão ter que pagar caro de novo." Eu: –

"Dina, há duas soluções: o primeiro que morrer é embalsamado e espera o segundo para serem transportados, ou vocês calculam para morrerem juntos – não precisa ser logo, mas ao mesmo tempo." Depois pensei numa alternativa melhor: arranjar outro morto a ser transportado para São Paulo, que topasse dividir a despesa...

☺ Estava na sala de espera do hospital, aguardando a liberação de alguns papéis. Um senhor, com quem eu entabulara conversa, queixa-se: – "Poxa, estou cansado de esperar e o médico não me dá a receita para comprar antibióticos." (obrigatória). Eu: – "Quer que eu faça a receita para o senhor?" Ele, esperançoso: – "Por que, o senhor é médico?" Eu: – "Eu não, sou falsário..."

☺ Eu, para o Eng. Picone, grande amigo: – "É 6 vezes 13: é 13 mais 13, mais 13 mais 13, mais 13 mais 13." Ele: – "Que vergonha, você não sabe a tabuada do 13?" Eu: – "Saber eu sei, só estava facilitando para você. Achei que você não soubesse..."

☺ Confusões no semáforo: 1) O rádio está tocando uma ópera de Rossini, enquanto esperamos o semáforo abrir. Minha acompanhante: – "Verdi." Eu: – "É Rossini." Ela insiste: – "Verdi." Eu: – "Rossini." Ela: – "O semáforo está verde!" 2) Em outra ocasião, parados no semáforo, estávamos falando sobre em qual mês fora fechada uma firma, que concluímos ser fevereiro. De repente, ela: – "Abril." Eu: – "Fevereiro." Ela : – "Abril." Eu: – "Fevereiro." Ela: – "Abriu o farol!"

☺ Distrações: 1) Estou saindo do supermercado, após passar na caixa, com uma vassoura espetada no carrinho e que eu não submetera ao pagamento. Ninguém percebera (nem eu), mas minha filha de uns 6 anos não deixou por menos. Deu um berro para o mercado inteiro ouvir: – "PAIEE!!, cê tá roubando a vassora!!" 2) No Rio de Janeiro, com minha mulher e um casal de amigos, passeando num shopping, entramos num supermercado. Peguei um enorme panetone (3 Kg?), com a intenção de comprá-lo para levar à casa onde estávamos hospedados. Só sei que saímos do mercado, andamos pelo shopping mais umas duas horas e quando estávamos na garagem para ir embora, é que percebi que estava carregando o panetone sem passar pela caixa... Tecnicamente, eu cometera um furto; se pego, talvez eu, bem vestido, conseguisse convencer o delegado que fora não intencional, mas se fosse um pobre e/ou de cor, além de apanhar, nossa (in)justiça poderia fazê-lo passar um bom tempo em uma de nossas prisões medievais...

☺ Fui tocar uma fuga de Bach para minha tia, pianista, e o marido, meu tio Reinaldo. A fuga, para quem não sabe, caracteriza-se pela repetição de um tema, sobrepondo com outras vozes que, a seu tempo, também tocam o mesmo tema. Acontece que estava tocando sem partitura, e não conseguia achar o ponto em que a peça se encaminhava para o final. Já repetira a música inteira umas duas ou três vezes e nada de acabar. Meu tio reclamava: – "Como é, isso aí não termina?" Eu, não querendo dar o braço a torcer: – "É uma fuga, tio, repete mesmo." Minha tia, que não percebera o drama, me apoiava: – "É, Reinaldo, é fuga." E ele, com toda a razão: – "Não quero saber se é fuga, quero saber por que não termina." Minha tia: – "Não adianta explicar. Ele não entende mesmo..." É, tio, na remotíssima hipótese de encontrá-lo algum dia, contar-lhe-ei a verdade.

☺ Na escola primária, se chamassem alguém de "viado", dava briga e a gente se atracava. Mas em certas ocasiões, entre adultos heterossexuais, pode soar até educadamente. Brequei o carro numa esquina, quase em cima de outro carro que vinha transversalmente. O condutor botou a cabeça para fora e disse, educadamente: – "Seu viadinho." Com tanto xingamento pior possível, achei tão educado, quase afetuoso, que por pouco não desço para agradecer."

☺ Encontro o Eng. Leomax, colega na Cetesb, louco por música erudita e por discos, e ele me informa que a Loja X, lá perto, está liquidando ótimas gravações, espalhadas em mostruários na porta e lá há uma raridade, de Mozart, que ele quer muito. Está indo para casa, correndo, buscar dinheiro para comprá-la. Aproveito a informação e dou uma passada lá. Compro uns três discos, entre eles um de Mozart. Dia seguinte encontro o Leo e pergunto:– "Como é, comprou o disco?" Ele, chateado: – "Pô, enquanto fui buscar o dinheiro, uns 15 minutos, não é que um FDP foi lá e comprou o meu disco com o concerto do Mozart." Eu: – "Ihh! Sinto muito informar, mas desconfio que o FDP fui eu..." Tenho quase certeza de que cedi o disco para ele (é o que qualquer pessoa correta faria).

☺ Não posso deixar de prestar minhas homenagens à Dona Nina, minha primeira sogra, simplória como ela só, trabalhadora infatigável e boníssima alma (e gostava de mim). Faço isto relembrando alguns fatos engraçados protagonizados por ela: 1) Eu a conheci em sua casa, para onde sua filha, minha futura esposa, havia me levado e me deixado só na sala. Dona Nina apareceu repentinamente, vindo da cozinha, onde estava cortando bifes, empunhando, na vertical, uma faca de meio metro de comprimento. E diz, enfaticamente: – "Você é que é o VARTE?" (é como ela sempre me chamou). Levei um baita susto, mais pela surpresa que pela faca, e lembro que demorei para dormir naquela noite...; 2) Para ela, eu era "Engenheiro Astrômico", uma mistura de astrônomo com atômico e várias vezes eu a vi citar a "operação da apeniss" (corruptela de apêndice); 3) O esposo dela guiava o carro, vindos de Santos, e desentenderam-se por algo sem importância, no alto da serra, local deserto. Dona Nina não deixou por menos: – "Para o carro que eu vou descer e tomar um bonde!!"; 4) Noutra ocasião, o casal já dentro do belo carro novo, ela, para se despedir dos vários parentes que rodeavam a janela de seu lado, fala, carinhosamente: – "Tchau, gentinha..."

☺ Confusões ao telefone: 1) Ligo para o colega Prof. Waneck, invento que sou o sargento Garcia e quero reclamar da nota: – "O senhor me deu só 5 e a nota mínima para o coronel não me expulsar do curso é 7. Se me expulsarem eu me mato de vergonha com minha 45. O que eu faço para ganhar mais 2 pontos?" O coitado do Waneck ficou todo atrapalhado, tentando se lembrar do aluno sargento. 2) Dona Nina, minha sogra, liga para minha casa, eu atendo e ela pensa que é meu filho Eduardo: – "Edu?" Eu, como sendo o Edu: – "Tudo bem, vó?" Ela: – "Tudo bem, e você?" Eu: – "Olha, aqui é o Walter." Ela: – "Walter, você está bom?" Eu: – "É brincadeira, é o Edu mesmo." Ela: – "Ah, Edu, pensei que fosse seu pai." Eu: – "Mas é meu pai mesmo que está falando (!!)." As vozes eram tão parecidas, que a namorada dele liga, eu atendo e ela vai direto: – "Ô Edu, ontem naquela hora foi...." Eu: – "Cuidado, aqui é o pai dele." Ela: – "Larga de brincadeira, eu queria que você fizesse o...." Eu: – "Cuidado, é o pai dele, vê o que vai falar." Ela: – "Tá bom, Edu, não quer conversar comigo, tá bom, depois não adianta me ligar." Eu: – "É o pai... Deixa prá lá!! Depois vocês resolvem." 3) Minha tia Lelinha liga para a casa de minha mãe, eu atendo, e ela pensa que é meu primo Edward, que acabara de se casar com a Jô. Ela: – "Como vai? E a Jô?" Eu, como sendo o Edward: – "Cada vez mais gostosa. E o Maricato (marido da Lelinha), continua sempre chato? Não sei como a tia aguenta." Ela: – "É..." Eu: – "Devia ter se casado comigo, que sempre fui apaixonado pela senhora – não faz mal que sou sobrinho." Ela: – "Puxa! Nunca percebi que você gostava tanto de mim..." 4) Ligo para minha tia Dina: – "Queria deixar um recado pro Ênio." Ela: – "Aqui não tem nenhum Ênio." Ligo de novo, mais umas duas vezes, com as mesmas palavras. Ela, brava, sempre negando conhecer o Ênio. Após um tempo, ligo de novo: – "Aqui é o Ênio. Tem algum recado pra mim?" 5) Ligo para minha mãe e atende minha prima Neide, que casualmente estava lá. Ela pensa que é meu irmão Sergio, ligando de Niterói: – "Aqui está um solzão. Como está o tempo aí?" Eu, como sendo o Sergio: – "Ih! Aqui está uma chuva só, estou no orelhão e está chovendo pedra." E eu fazia barulho de pedra percutindo no telefone. Foi meia hora de papo amigável dela com o "Sergio". 6) Noutra ocasião, de um restaurante japonês ligo para a casa da minha sogra japonesa. O filho dela atende. Começo a ler alto um cardápio que estava perto do telefone, com nomes de pratos japoneses. Ele: – "O senhor desculpe, acho que quer falar com minha mãe. Eu não falo japonês." 7) Ligo para um primo: – "Posso falar com Dona Ema?". Ele: – "Aqui não tem nenhuma Ema." Eu: – "Então com Seu Coelho." Ele: – "Não tem nenhum Coelho." Eu: – "Então, qual é o animal que está falando?" Esta brincadeira parece com a de uma pessoa que ligou para o Comitê do Maluf: – "Dá para chamar o Sr. Honesto?" Responderam: – "Aqui não tem nenhum Honesto." A pessoa: – "Eu já sabia! Era só prá confirmar..." Só que, às vezes, o feitiço volta-se contra o feiticeiro: numa viagem, estão me esperando em São Paulo lá pelo meio-dia, mas o voo está com problemas. Por volta das 13 horas, telefono para minha mãe que o avião atrasou, estou ainda em Buenos Aires e vou chegar bem mais tarde. E para convencê-la de que não era mais uma brincadeira?

☺ Lá pelas tantas, já com quatro filhos e quase mais alguns, resolvi fazer a operação de vasectomia. Meu grande amigo médico, o eclético Beggiato, deu-me a honra de eu ser operado por uma dupla, ele e mais o E. Marques, competente médico do Incor. Já comecei fazendo besteira: orientado a raspar a bolsa escrotal, fiz com o barbeador elétrico, mas a seguir passei álcool!! Nunca dei tantos pulos na vida, nem tão altos... A mais forte pimenta, tomada pura, acho que arde menos! Quanto à operação, é muito estranho ser operado por dois médicos conversando entre si e eu podendo participar da conversa. Certa hora, o Euclides diz: – "Está aqui o canal!" O Begiatto responde: – "É o outro. Se cortar este, necrosa!" Pelo que entendi depois, a diferença entre o canal deferente a ser cortado e a artéria, que não pode ser cortada!, é a diferença entre o macarrão cozido "al dente" e o mole, bem cozido – portanto, é fácil confundi-los. Em outro momento, o Euclides diz ao Beggiatto: – "Vou te mostrar minha perícia na técnica do enterramento." Eu, caçoando: – "Que não seja o meu!" Depois soube que a técnica consiste em "enterrar" o extremo cortado do canal sob a massa muscular, para impedir eventual religação. Levei alguns pontos que não me impediram de andar, mas andava como um vaqueiro sem cavalo embaixo. Quando voltei ao Beggiato para tirar os pontos, levei um susto, pois ele veio, decidido, com a tesoura em riste em direção ao importante local operado. Só deu para balbuciar, temeroso: – "Você tem boa pontaria?"

☺ Eu gostava da piada do padre milagreiro que, para curar um manquinho e um fanho, manda os dois para trás de um muro, enquanto a multidão vibra. Fala para o manquinho jogar as muletas por sobre o muro e, depois, para o fanho falar algo. E ouve dele, com voz fanhosa: – "Uh manqhinho cahhiu." Em uma ocasião, comecei a contar numa mesa de bar para vários amigos, mas na hora em que ia falar a palavra "manquinho", vi as duas muletas de um dos participantes, encostadas na cadeira. Não tive outro jeito se não parar e frustrar a todos: – "Ih, esqueci a piada..." Em outra ocasião, quando terminei de contar, um dos ouvintes comentou, com voz fanhosa: – "Hhessa éhh muhhito bohoa."

☺ Combinei uma visita de meu amigo Mattos e esposa ao meu apartamento. Eles já chegaram tarde. Após umas três horas de conversa, eu, minha mulher e o casal, uma e meia da manhã, quase hora de dormir (no dia seguinte eu levantaria bem cedo para viajar), o Mattos indaga: – "Desculpe, mas a que horas sai o jantar?" O caso é que eu entendera ser uma simples visita, em dia de semana, para bater papo, tocar piano etc.. Fora um lamentável mal entendido... O pior é que já era tarde e, se pedisse ou fosse buscar comida, iria varar a madrugada. Depois, consertei parcialmente a mancada, convidando-os para o jantar comemorativo de meu aniversário de 60 anos.

☺ Com quatro anos de idade, fiz minha segunda sacanagem na vida (a primeira foi ter nascido): fui a um churrasco com meu tio, moço galante e cerimonioso, com participantes (a maioria moças) de seu clube de poesia. Lá pelas tantas pedi baixinho para "fazê totô", e ele foi saindo comigo, disfarçadamente, dizendo para as admiradoras: – "O menino deseja colher flores..." E eu, alto: – "Ô, tio, PEGÔ O PAPEL?" (Nesta hora, meu tio deve ter se lembrado da frase: "Crianças pequenas são tão bonitinhas que as mães têm vontade de comer. Depois que crescem, elas se arrependem por não terem comido.").

☺ Um colega, que conheceu meu filho, diz: – "O que é a genética! Seu filho se parece muito com você, mas é você muito aperfeiçoado." Eu, tentando devolver, lembrei que conhecera o pai dele: – "Puxa!, o que é a genética! Você se parece muito com seu pai, mas você é seu pai bem degenerado!"

☺ Russo inteligente, vendendo livros sobre neurolinguística no shopping, querendo adequar sua linguagem, pergunta-me: – "Que é? Engenheiro, Professor, Escritor, Administrador? Músico, Poeta, Informata, Inventor? Minha mulher: – "É... Um pouco disso tudo." Eu completei, incisivo: – "Pois é, faço mal, mas faço tudo." (Observação: É surpreendente como ele acertou todas as atividades às quais, bem ou mal, me dediquei na vida).

☺ No fundo do meu terreno em Vista Alegre, São Paulo, separado do terreno vizinho por densa cerca de plantas altas, ouço barulho e pergunto: – "Quem vem lá?" Uma voz cavernosa, vinda das profundezas, responde: – "Jeesuuus... E aí?" Eu, pensando ser brincadeira do Edson, meu vizinho: – "Aqui é o Espírito Santo." O pior é que o nome da pessoa era Jesus Rodrigues, o qual acabara de alugar a casa.

☺ Algum morador de nosso condomínio atirou uma pedra no telhado da casa vizinha, quebrando algumas telhas. Eu, na reunião sobre o assunto: – "Quem paga o prejuízo?" O síndico: – "O advogado disse que é ato que dá processo." Eu: – "E quem paga o prejuízo?" O síndico: – "Segundo ele, é um ato que pode prejudicar a todos." Eu, mais alto: – "E quem paga o prejuízo?" O síndico: – "O advogado disse que é um ato de vandalismo." Eu (bravo): – "Para mim pode ser até um ato sexual. Eu só quero saber QUEM PAGA O PREJUÍZO?"

☺ Estávamos na sala da casa de minha sogra, para jantar, eu, minha mulher e a esposa (M) de meu cunhado (D). M estava supernervosa pelo atraso de mais de uma hora de meu cunhado. Todos com fome e ela: – "Onde aquele sacana se meteu? Só pode estar com alguma mulher!!" Lá pelas tantas percebi D estacionando o carro lá fora; saí pela janela de correr (baixinha) que dava para o jardim, e perguntei: – "O que houve?" Ele: – "Que coisa! Perderam minha chave no estacionamento!" (E devia ser verdade, pois ele não tinha nenhum interesse em mentir para mim). Voltei para a sala, sem ninguém perceber que eu havia saído, e exclamei: – "Olha o D chegando!" A esposa dele: – "O que será que esse cara vai inventar?" Eu, displicentemente: – "No mínimo vai dizer que perderam a chave no estacionamento!" Quando D entrou, sua esposa foi logo em cima dele: – "Pô! Precisava atrasar tanto?" Ele: – "Benzinho, perderam minha chave no estacionamento." Ela ficou branca: – "Seu mentiroso. Eu sabia. Ainda inventa." Soube que brigaram dois dias, pois me esqueci de desfazer a intriga.

☺ Presenciei: 1) A faxineira trazendo miniatura da Torre de Pisa: – "Patroa, olha só! Tomou sol, entortou, mas não fui eu não!"; 2) A filha da empregada, vendo nossa pintura de Beethoven, com o cabelo todo revolto: – "Mãe, que medo, que hóme feio"! A mãe: – "Cala a boca, peste! É o pai da patroa!"; 3) Criança inocente, para a mãe, após passar um carro com um cabeludo na direção: – "Mãe! Passou um carro com Jesus guiando!"

☺ Levo a secretária Izabel, de meu Departamento, ao Hospital Universitário (na Cidade Universitária, São Paulo), passando mal. Em lugar de atender logo, um médico vem, com toda a calma, nos explicar: – "Aqui há duas opções de atendimento." Eu, rápido: – "Ou ela morre antes de ser atendida, ou morre só depois de ser tratada."

☺ Na reunião de condomínio, um condômino crítico, tentando se explicar: – "Eu só queria propor uma solução inteligente." Eu: – "Se é para baixar o condomínio, nem precisa a solução ser inteligente, pode ser burra mesmo, que a gente aceita."

☺ Estava almoçando com colegas no Clube dos Professores da USP e meu amigo, o médico Beggiato, aponta para a senhora que estava na caixa e diz: – "Tratei o filho dela. Era um caso muito sério; agora ele não sente mais nada..." Eu, imediatamente: – "Morreu?" Até hoje ele ri da pergunta irreverente.

☺ Comprei o apartamento onde moro correndo certo perigo, pois o contrato não estava regularizado. A seguir fui, com o gerente da imobiliária, à entidade financiadora para resolver o problema. Após acertar tudo, lá pelas 16 horas e ambos com fome, entramos numa lanchonete e pedimos um sanduíche cada. Quis pagar com cheque, mas o balconista informou que não aceitavam. Perguntei quem era o dono e ele me indicou o bigodudo, com cara de português, que estava atrás da registradora, onde se registravam os recebimentos (lembrei que meu pai dizia que um português atrás de uma registradora é mais perigoso que um alemão atrás de uma metralhadora). Falei para ele: – "Quis pagar com cheque e seu empregado não aceitou. Meu amigo veio me fazer um favor e ele está querendo pagar, quando eu é que devo obrigação a ele. O senhor vai me fazer passar vergonha?" Ele respondeu, com sotaque português: – "Pode pagar com cheque; o senhor tem boa cara." Após pagar, agradeci e disse para ele: – "Vou indicar o senhor para o Banco Central, pois só de olhar na cara do freguês, descobre se o cheque é sem fundo..."

☺ Quando eu era adolescente, ganhei, nem sei de quem, um gravador que gravava em fios de aço. Gravei várias notícias falsas e liguei o gravador ao rádio. Por meio de uma chavinha acionada pelo pé, eu ligava o gravador, e o rádio dava as notícias falsas. Durante um almoço em casa, com meu tio Arlindo presente, eu acionei a chavinha e o rádio anunciou, como notícias de última hora, todas as falsidades que eu gravara: que seria obrigatório pintar todos os carros de verde; que o governo federal iria dobrar os impostos; que a ministra da saúde era amante do presidente e tinha dado um grande desfalque na Santa Casa; que o Brasil iria romper relações com a África inteira porque eles queriam proibir a caça às girafas; que iriam derrubar o Cristo Redentor; que haviam prendido vários jornalistas por causa de piadas contra o governo; e outras barbaridades. Meu tio fazia comentários indignados. Hoje, eu nem precisaria gravar notícias falsas, pois as verdadeiras dariam para revoltar até um budista.

☺ Meu filho Eduardo sempre foi fanático pelo Palmeiras; era daqueles torcedores que sofrem quando seu time perde, dão pulo da cadeira e agitam bandeira na janela quando marcam gol. Ele morava em frente ao Clube Palmeiras, em São Paulo, no mesmo prédio em que morava o técnico do time palmeirense. Um dia em que o Palmeiras perdeu, apareceu na porta do técnico um cartaz, com palavras nada elogiosas... Logo desconfiaram do Edu e a esposa foi tirar satisfações (o técnico ainda não chegara). Parece que o Edu não foi nada gentil com a senhora e, pouco depois, quem foi tirar satisfações foi o próprio técnico, com dois guarda-costas tipo armário. Soube que a confusão foi grande, com polícia, delegado etc.. Não sei como ele não foi agredido pelos seguranças, pois ameaçado ele foi; o Marcio, irmão do Edu, teve que ir lá correndo, para tentar amenizar a situação.

Pois quem uma vez resolveu viver perigosamente, fui eu. Num aniversário do Eduardo, ele e mais uns vinte torcedores, tão fanáticos quanto ele (ou até mais), em lugar do "Parabéns a você" cantaram o hino do Palmeiras. Nem bem terminaram, ouviu-se uma voz solitária (a minha) entoando o início do hino adversário: "Salve o Corinthians, campeão dos campeões..." Só não apanhei porque era o pai do aniversariante. O contraditório é que, embora não ligue nada para futebol, sempre torci pelo Palmeiras (mas não podia perder aquela oportunidade de fazer uma piada)...

☺ Minha prima Neide promoveu uma reunião festiva na casa dela. Eram uns 15 tios e tias, com alguns maridos. A soma das idades dava em torno de 1.600 anos. Lá pelas tantas, perguntei à minha prima: – "A intenção era dar uma festa de despedida para os velhinhos?"

☺ Em minhas festas infantis de aniversário, quando chegava alguém com presente e me chamavam: – "Walter, presente." Eu, de longe: – "É embrulho duro ou de pano?" Se respondiam: – "É de pano", eu falava: – "Então entrega pra minha mãe." (É claro, roupa é com a mãe da gente).

☺ Ligo para minha tia e atende a Silvinha, neta dela de uns 11 anos. Pergunto: – "Quem está falando?" Ela, meiga: – "É a Silvinha." Eu vou perguntando e ela vai respondendo: idade, peso, altura, cor do cabelo. Eu: – "Aqui é do programa do Silvio. Você acaba de ganhar um quilo de salsichas fritas Perdigão. Aguarde que enviaremos." Ela corre para contar para a avó. Tadinha, só deixou de esperar quando eu contei que era uma pegadinha, como as da TV.

☺ Minha filha Milene estava namorando o Ronaldo, filho do então Senador Romeu Tuma. Como já estavam planejando casar-se, e eu ainda não conhecia os futuros sogros dela, Seu Romeu convidou-nos para um jantar no Restaurante Massimo (disseram-me que oferecido como presente de noivado pelo próprio Massimo, amigo de Seu Romeu). Na mesa estávamos, a mãe da Milene (havíamos nos separado), Dona Zilda (mãe do Ronaldo), o Senador Tuma e, em frente deles, minha mulher, eu, a Milene e o Ronaldo. Após o lauto jantar, vi que Dona Zilda pegava um bonito embrulho e Seu Romeu levantou-se, dirigindo-se a mim: – "Eu gostaria de aproveitar a oportunidade e pedir a mão de sua filha." Eu interrompi: – "O pai que pede? E o noivo?" Ele (enquanto Dona Zilda rapidamente recolhia o presente): – "Em nossa raça, é o pai que pede..." Eu: – "Mas na Calábria, terra de meu avô, não é assim, não. O noivo tem que ganhar a noiva em duelo de facas..." A Milene: – "Com o pai?" Eu: – "Não, com o campeão da aldeia. Se vencer, casa com minha filha." O Tuma: – "Será que desta vez não poderíamos dispensar a luta de facas?" Eu, pausadamente: – "Vou pensar no seu caso... (Silêncio)... É, desta vez podemos dispensar, mas na próxima filha, não dispenso. Meu falecido avô pode não gostar. (Pausa) Bem, quero dizer que é com grande satisfação que vejo neste casamento a união do alegre sangue italiano com o hospitaleiro sangue árabe, pois, como vocês sabem, a Milene descende de italianos..." A mãe da Milene (descendente de português com italiano) reclama: – "E o sangue português – a mãe não conta?" O Tuma: – "É, isto é machismo. Vou contar pra Marta." Eu: – "Tá bom, eu reformo meu discurso, pois a Milene tem 25% de descendência portuguesa. Festejemos a junção do hospitaleiro sangue árabe com o alegre sangue italiano, **apesar** do sangue português!" E concluí rapidamente, antes que batessem em mim: – "Felicidades aos noivos. Um brinde a eles!"

☺ A Milene estava tão preocupada com a cerimônia do casamento, com receio que eu, com minha mania de desprezar as convenções sociais, aprontasse alguma, que nos contou o sonho tido na véspera: "Entrei com ela na igreja, eu de fraque e ela com o longo vestido. Na frente, ia minha outra filha, então com 9 anos, a Tami, daminha de honra. Quando chegamos ao altar, eu confraternizei com o padre e ficamos contando piadas. A Tami não devia estar se comportando bem, pois eu ficava o tempo todo dando bronca e tapinhas nela, enquanto contava as piadas."

7.2) FAMÍLIA E AMIGOS
Tópicos quase sérios (ou nem tanto)

😐 No casamento da Milene, mesmo sendo eu avesso a tanto formalismo, na hora h não deu para me esquivar e tive que agir de acordo com o ritual, com fraque e tudo... Fiquei esperando a chegada da noiva na porta da enorme igreja, que transbordava de gente, para adentrarmos juntos, com toda a pompa e circunstância. Enquanto esperava, conversei com várias personalidades, entre elas o presidente da TV Bandeirantes e alguns senadores. Recordo-me de, mais tarde, ter trocado algumas palavras com o Rabino Sobel. Quando lhe dei os parabéns pela atuação contra os radicais que defendem o roubo das terras palestinas, lembro-me de suas palavras: – "É difícil lutar contra os radicais, dos dois lados." Não tive a oportunidade, mas gostaria de dizer a ele que, no meu entender, a radicalização dos invadidos e ocupados é mais do que legítima. A injustiça jamais poderá ser tolerada e, muito menos, aceita passivamente.

😐 Frequentei um Curso de Criatividade curiosíssimo, de dois dias, na OPA – Organização Paulista de Arte –, em São Paulo, que merece um capítulo à parte. Fui levado por uma amiga de meu prédio, a Fernandinha. Apresento, a seguir, uma breve descrição.

1) INSCRIÇÃO, OBJETO: quando me inscrevi, por telefone, pediram para levar uma almofada e algo de que eu gostasse muito, um "objeto do desejo", mas do qual eu pudesse desfazer-me, justificando a escolha. Levei um bombom. Ao chegar, (eu com uns 50 e poucos anos) fui apresentado aos outros participantes: 13 mulheres, das mais variadas idades e ocupações (uma estudante de 15 anos, uma secretária, de uns 20 anos, várias donas de casa na faixa de 40 a 50, uma pintora com seus 45 anos) e um rapaz, um retratista. A professora, muito culta e grande conhecedora de arte, pediu que cada um apresentasse o objeto levado e justificasse a razão da escolha. Uma moça levou um anjinho que a acompanhava desde a infância, outra um sapato velho que apreciava muito, outra uma revista em quadrinhos que guardava desde pequena etc.. Na minha vez expliquei: – "Do que mais gosto são, na ordem: minha mulher, meu piano, queijo e chocolate. Minha mulher não quis vir e acho que não gostaria de ficar, o piano não deu para trazer, e também não o deixaria, o queijo iria estragar – por isso trouxe o bombom." Mais tarde, pediram para entregar os objetos para fazermos uma instalação sobre uma tábua, colando-os com durepoxi. Quando pediram o bombom, entreguei o papel. A professora, surpresa: – "Cadê o bombom?" Eu: – "O autor comeu." Na instalação tiveram que usar só o papel.

2) INSTALAÇÃO: fizemos uma bonita montagem, simbolizando a vida de uma pessoa. No início, o anjinho, protegendo o nascimento, o sapato representou os primeiros passos, a revista, as primeiras letras. No meio ficou o papel do meu bombom – como estava escrito "Sonho de Amor", representou a vida afetiva do personagem. Comentaram que, de todas as instalações feitas até aquela data, a nossa fora a mais inteligente.

3) QUESTIONÁRIO: deram-nos um questionário para responder. Não me lembro das perguntas. Recordo-me que eram bem indiscretas.

4) TEXTO, POESIAS: leram um texto e pediram para anotar três palavras que tivessem chamado a atenção. Eu escolhi "lenda, tempo e farol". Aí passaram uma lição de casa: escrever uma poesia de uma página, com as três palavras. No dia seguinte entregamos 15 poemas, entre eles o meu, "Lendaluz". Após rápida examinada, a professora e uma assistente juntaram as poesias com o mesmo espírito, em grupos de duas a quatro. A minha foi juntada com a poesia da Cibele, e incumbiram-nos de fundi-las em uma só, de uma página. Os outros

grupos deveriam fazer o mesmo. Após isso sobraram cinco poemas que deveriam ser juntados em um só. O resultado foi um poema de uma página, o qual tinha um pouco de cada participante. Fiquei contente, pois sobraram umas seis linhas minhas no poema final. Eis o poema que levei:

LENDALUZ

É o tempo...

É o tempo que passa,
Com tempo, sem tempo,
Moroso, sereno,
No temporal do existir,
Tão breve e tão longo,
Tão triste, feliz.

É a vida a fluir.

É a nave que vaga.
É a luz que renasce
No turbilhão do ocaso,
No albor da manhã.

Se quiseres que rompa,
Se quiseres um corte
Nas horas do tempo.

Se a nostalgia te persegue,
E a coragem vanesce
Nas vagas complexas
Dos mares revoltos.

Procura um farol...

Procura uma lenda...

Procura nas horas passadas,
Perdidas talvez,
Aquilo que falta
No dia de amanhã.
Com carícia e desvelo,

Dureza, ternura,
Teimosia e paixão.

E serás gratificada,
Se tiveres o cuidado
De tocar o coração.
De desvendar o segredo
Que somente o sonhar
Dá razão à existência,
Justifica o teu viver,
Teus rompimentos...
Tua emoção...

5) PENUMBRA, DESENHO: numa sala grande, colocaram-nos enfileirados, transversalmente, nos dois lados da sala, deitados com as cabeças sobre os travesseiros (que leváramos) quase encostados nas paredes. Diminuíram a iluminação, deixando-nos numa penumbra sonolenta e colocaram para tocar uma música suave. Após uns 10 minutos nesta situação, acenderam as luzes e cada um teve que dizer se a música suscitara alguma evocação, e qual. Uma disse que pensara em fogos de artifício, outra em uma paisagem linda, com um lago, outra pensou em um riacho murmurante etc.. Na minha vez, disse que me vi dançando com a Suely. Eles: – "E quem é a Suely?" Eu: – "Uma garota roliça, com quem todos gostávamos de dançar bolero, uma dança lenta, na qual o casal dança abraçado, bem juntinho. Era nos bailinhos, aos quais eu ia, nos meus 16 anos, em Santa Cruz do Rio Pardo, interior de São Paulo e onde morava minha tia Yolanda (minha "segunda mãe")." Então, veio a lição de casa: cada um deveria trazer, no dia seguinte, um desenho representando a respectiva recordação. Eu fiz dois desenhos meio anarquistas: a) Dois cogumelos atômicos, um grande, azulado e um menor, rosado, um ao lado do outro; b) Vários quadrados, superpondo-se parcialmente, imitando um humanoide, com olhos e bocas tortos, em lugares os mais estranhos possíveis, e outros quadrados menores, superpostos, no mesmo estilo. Embaixo de cada um dos dois desenhos, escrevi: "Eu dançando com a Suely." Surpresa: ganhei elogios da professora, que escreveu que meus desenhos tinham traços surrealistas e cubistas.

6) PINTORES: espalharam dezenas de livros com desenhos e pinturas de diversos estilos e épocas, com históricos sobre os pintores. Pediram para manuseá-los e cada um escolher um pintor predileto. Eu, com minha tendência anarquista, só podia escolher o mais anar-

quista deles: Salvador Dalí. Ainda, lendo sobre a vida e obra de Leonardo da Vinci, foi lá que criei, inspirado em uma famosa frase dele: "Ao Criar, sou a própria Criação", uma outra frase, que ainda será famosa: "Ao Criar, sou o próprio Criador."

7) TERAPIA: criaram grupos de 3 a 4 pessoas. De meu grupo faziam parte eu e duas senhoras na faixa de 40 a 50 anos. Deveríamos nos abrir, contando alguns de nossos temores e/ou dissabores, ou seja, falar sobre alguma pedra no sapato que estaria nos incomodando. Disseram que nos sentiríamos melhor contando, além de criar mútuas cumplicidades. As duas contaram casos parecidos, a desconfiança/certeza da traição dos respectivos cônjuges. Tentei consolá-las na base de "todo homem é assim mesmo, culpa da natureza" e, para ilustrar, emendei no meu caso: no passado, ainda oficialmente casado, mas a caminho de uma separação, tivera um relacionamento com uma moça (preservei-a) que dizia, e demonstrava, muito me amar e eu, imaturo, agia como se ela fosse um objeto que me pertencesse, colocada em uma prateleira para ser tirada quando me aprouvesse. Na realidade eu dava toda a atenção à moça, inclusive incentivando-a nos estudos, tratava-a bem e "a tirava da prateleira" sempre que podia. Mesmo assim, minha atitude, anos depois, incomodava-me, deixando certo remorso. Após mais alguns comentários, reconfortamo-nos, encerrando o papo. Qual não foi a surpresa quando juntaram todos os grupos e solicitaram que cada um fosse à frente contar publicamente o seu caso. Ficou claro que havíamos caído numa cilada; há coisas que eu posso contar para duas pessoas escolhidas, mas que não gostaria de contar em público ou para outras pessoas (por exemplo, uma amiga que estava lá, ou outra moça com quem fizera amizade). E o pior é que eu me sentia fiscalizado pelas duas senhoras do meu grupo, não podendo mudar muito a narrativa. Cada um foi à frente e contou seu "drama". Lembro-me de três casos: a garota que gostava de um rapaz que judiava dela; uma belezinha de moça que se sentia diminuída, pois os elogios eram sempre para a irmã; o rapaz, pintor, que se separara da companheira e voltara a viver com ela, mas no intervalo ela vivera com outro, e ele não conseguia suplantar este fato: – "Só vou sentir que a perdoei quando conseguir pintar o retrato dela. Por enquanto não sou capaz." Na minha vez, disse de cara (fui o primeiro de meu grupo): – "Nosso grupo foi o grupo da traição, pois elas foram traídas e eu traí." Após um "Ohhh!!" geral, contei o meu caso. Realmente, senti-me melhor em contar o fato e dividir meu desconforto.

8) PINTURA NA CAMISETA: todos vestiram camisetas. Foi feito um sorteio para ver quem seria pintado, e outro para escolher o pintor. Após isso, o sorteado para ser pintado deitou-se de bruços no carpete e o pintor recebeu canetas para pintura em pano e a incumbência de fazer um desenho à sua escolha nas costas do outro. Após o desenho, fez-se novo sorteio e o pintor é quem se deitou no carpete para ser pintado nas costas pelo novo sorteado. E assim por diante, até o último pintor, que foi depois pintado pelo primeiro que recebera o desenho nas costas. O resultado foi uma coleção de camisetas pintadas, com desenhos que fariam inveja a qualquer exposição de quadros futuristas.

9) FINAL E DESPEDIDA: colocaram uma música alegre e nos instruíram a dançar (sós, tipo dança indígena), em círculos, e nos abraçando como numa despedida informal de amigos. Assim foi feito, e no meio das despedidas, lá vem o único homem no curso, além de mim, fazendo menção de me dar um afetuoso abraço. Reagi: – "Ô, meu. Com tanta mulher só para nós dois, você vem abraçar logo eu!!" E este foi o final desse interessante Curso de Criatividade, que recomendo a todos que puderem fazê-lo.

☺ Era para eu ser concertista de piano – estudei desde pequeno. Com cerca de 15 anos, fui estudar com Antonieta Rudge, uma das maiores pianistas brasileiras. Quando estava prestes a dar um concerto com orquestra, aos 19 anos (Antonieta me dissera: – "Acabe de preparar a Fantasia Húngara, de Liszt, que eu arranjo o Municipal para você tocar."), entrei na Escola Politécnica, e não tive mais o tempo necessário para preparar nada. Dez anos após, em uma festa de aniversário, meu tio Reinaldo insistia: – "Toque alguma coisa." Eu: – "Tio, estou mal, faz tempo que não abro o piano." Ele insistia: – "Você tocava tão bem, toque qualquer coisa." E eu: – "Mas estou tocando muito mal, vou fazer feio." Ele insistia. Por fim, com a cara e a coragem, sentei e lasquei uma peça. Quando terminei, ele: – "Mas como você está tocando mal!!" Pois fiquei 40 anos praticamente sem mexer no piano. Após aposentar-me, voltei a estudar um pouco, tive aulas de interpretação, gravei uma peça pesada, compus meia centena de músicas e já dei inúmeras audições. Mas a carreira mesmo, ficou na promessa.

☺ O João Batista Natali, um dos bons críticos musicais da *Folha*, trazido por meu primo Pedro, jornalista, esteve em casa para uma pizza e ouvir minhas composições. Toquei algumas, e ele repetia: – "Muito bom! Mas muito bom." Eu dizia: – "Bom já está ótimo. Não precisa nem o muito." Em uma delas, ele disse: – "Lembra Francisco Mignone, a fase boa do Francisco Mignone." E eu: – "Poxa, nem sabia que o Mignone teve uma fase ruim..." Agradeço ao Natali pela bondade de seu julgamento. Ele teve ainda a gentileza de enviar uma mensagem agradecendo o vinho e a boa música. Lembro-me de um comentário que fiz: – "Uma das características da arte é suscitar emoções, acarretar alguma reação emocional. De acordo com este critério, música concreta experimental (com guinchos, barulho, miados, buzinas, algazarra, apitos etc.) é arte, pois me dá uma baita de uma raiva, o que não deixa de ser uma reação emocional..."

☺ Um fato gratificante deu-se numa visita que fiz ao compositor Villani-Cortes. Mostrei para o Villani minha gravação experimental (feita em fita e passada posteriormente para CD) da Sonata N. 3 do Chopin, feita há vários anos. Eu pretendia gravar novamente e melhor – inclusive comprei um ótimo gravador digital, mas não tive tempo suficiente para estudar. Villani quis ouvir e colocou no aparelho. Nos primeiros compassos, vira-se para mim e diz: – "Estou na frente de um ótimo intérprete. Você deveria ter seguido carreira." Eu: – "Com tanta gente boa..." Ele: – "Mas você poderia ombrear com eles..." Depois disso, criei coragem e comecei a dar CDs com minha gravação da Sonata (e colocaram no Youtube, na internet), e fiquei convencido de que o mundo perdeu dois bons artistas, eu e o imperador romano Nero (pelo menos, foi o que Nero falou sobre ele mesmo). Embora gravação experimental, parece que minha interpretação saiu razoavelmente boa, pois recebi inúmeros cumprimentos de amantes da música e mesmo de músicos.

☹ Meu tio Maricato sempre foi cabo eleitoral do ex-presidente Jânio Quadros. Um dia, bem após a renúncia, ele levou meus pais ao sítio do Jânio, onde foram bem recebidos. (Nota: Meu pai já conhecia o Jânio desde quando este frequentava a Livraria Elo – de meu pai e de meu tio – perto da Praça da Sé, São Paulo, antes de o Jânio ter iniciado sua carreira política. Entretanto, ele sempre teve uma postura divergente da linha do Jânio e, por este motivo, nunca teve contato antes da renúncia). Meus pais, para retribuir, convidaram Jânio e esposa para saborearem uma feijoada, mais meu tio e esposa. E convidaram meu irmão e esposa, que não puderam comparecer, eu e minha mulher. Fomos e levamos também nosso filho maior, o Eduardo, com uns 10 anos. Em lugar do casal Jânio Quadros, aparecem umas seis pessoas, o casal mais uns deputados aduladores e o motorista. Meu pai teve que armar uma mesa improvisada para todos no pequeno apartamento, sob as justificadas preocupações de minha mãe, que não esperava tanta gente. Após o almoço, ainda na mesa, ficamos conversando e o Jânio começou a contar as viagens "esquisitas" que fez. Quando falava de Katmandu, Nepal, para mostrar desenhou o mapa-múndi numa folha – só que no mapa dele ficou alguma coisa para fora do papel. Vendo que meu filho se interessou, começou a testá-lo: – "Que ilha é essa"? Meu filho: – "Madagascar, só que é um pouco mais para cima." O Jânio: – "E aqui?" Meu filho: – "Aí são as Ilhas Trindade, só que é um pouco mais para a direita." O Jânio: – "Parabéns! Muitos brasileiros nem sabem que existem Ilhas Trindade." O Eduardo, que era tarado por geografia e vivia fazendo mapas, aproveitou: – "O seu mapa não coube no papel. Vou desenhar um inteiro." Pegou o lápis e desenhou um mapa-múndi perfeito. O Jânio, admirado, elogiou e escreveu uma dedicatória que começava por "Ao meu colega..." O aspecto divertido ficou por conta de meu pai – com quase setenta anos, quis acompanhar o Jânio na cachaça e empacotou. Parecia um saco de batatas – nas várias vezes em que o colocávamos bem acomodado na poltrona, ele escorregava...

☺ Doze momentos de glória: 1) Eu, com uma capa cinza-escuro emprestada, superssofisticada, e minha mulher, bem vestida, chegamos ao Cassino de Bariloche. Eu pergunto ao "mordomo recepcionista", antes de entrar: – "Qual o capital do Cassino?" Ele: – "Quatro milhões de dólares." Eu: – "Então, posso jogar!" 2) Após o casamento de minha filha Milene, eu e a mãe dela fomos, para a recepção, no carro antigo que trouxera a noiva (acho que era um dos primeiros fabricados no mundo). Todos, na rua, paravam para olhar, surpresos por aquela geringonça de museu ainda andar (penso que só andava no plano...). Ao chegar, o motorista, que era filho do dono da loja que comerciava carros antigos para colecionadores milionários, entrega-me o cartão da firma: – "Para o caso de o senhor precisar de nossos serviços." E eu: – "Muito obrigado. Estou mesmo pensando em iniciar minha coleção de carros antigos." Se ele soubesse que eu não colecionava nem bolinha de gude e não tinha a mínima condição de comprar um único daqueles carros caríssimos... 3) Em Capri, Itália, eu explicava para a dona da loja, em meu italiano macarrônico (que não falo, pois nunca estudei e nem mesmo li livros em italiano), que meus quatro avós eram de lá: "Uno toscano, sposato com nona di Mântova, altri calabrezi, sposato com nona vêneta." Ela: – "Tutto mischiato. Ma tu sei nato in Itália, sì?" ("Tudo misturado. Mas você nasceu na Italia, sim?"). Ou seja, meu italiano devia estar tão perfeito, sem sotaque (ou a senhora era deficiente auditiva), que ela achou que eu fosse italiano legítimo. 4) O afinador, reformador e negociante de pianos Giovanni Arrone, após eu tocar uma peça: – "Você sabe tirar som do piano." Vindo de uma pessoa que vivenciou o piano a vida inteira, considerei um grande elogio, pois saber tirar o som do instrumento é o primeiro requisito para um músico. O Giovanni, uma personagem admirável, era ainda um ótimo cantor e teve uma vida plena de realizações; havia combinado comigo a redação de suas memórias mas, infelizmente, veio a falecer pouco antes de iniciarmos. 5) Após uma audição que dei num "clube" de senhoras idosas, aproxima-se uma velhinha alquebrada, meio arrastando os pés, e fala, baixinho: – "Vim da Alemanha em 1940, assisti ao Brailowski tocar, e desde aquela época não vi mais ninguém tocar Chopin tão bonito como você." 6) Num Congresso da APPD – Associação dos Profissionais em Processamento de Dados –, em Olinda/Pernambuco, fiz amizade com uma moça de lá e à noite, num forró, ela levou amigas. Uma delas, que dançava bem, dançou comigo e eu fiz os modestos passos normais do nosso samba paulista. Quando voltamos para a mesa, ela virou para as amigas: – "Ô xênte, o Walti dança forró mió qui norrdestin." Tive até a ideia de abrir uma escola de forró... 7) Num Congresso da APPD em São Paulo, o Zé Maria espalhou que me flagrou no carro, tarde da noite, em frente ao alojamento dos participantes de fora, conversando com a bonita, meiga e inteligente "rainha eleita" do Congresso. Depois marquei com ela encontro em Brasília, aonde fui para outro congresso. Foi então que percebi que relacionamento a distância é muito difícil de prosperar – não sei se, em tempos de internet, isso mudou. Só sei que, por ela, sonhei grandes planos e quase mudei para São José dos Campos, São Paulo, indo dar aulas no ITA (estando em vias de separação, a ideia era tentar um novo começo...). Cheguei a frequentar o ITA, participei de bancas de defesa de teses, mas acabei ficando em São Paulo mesmo. 8) Em meu banco conheci Dona Olinda, proprietária de uma floricultura próxima. Disse que tinha um piano na loja e convidou-me para tocar. Depois disso, quase toda as vezes em que eu ia ao banco, ia visitá-la, tocava um pouco e mostrava as músicas que estava compondo – isto enquanto os fregueses compravam flores. Ela adorava, o que é gratificante para qualquer "artista". Um dia, minha amiga Zelinda viu-me tocar lá a Valsa N. 5 que eu acabara de compor. Ao fim, com os olhos lacrimejantes, diz: – "Minha filha única casa-se semana que vem, e você, sem saber, traduziu meus sentimentos. Você vai gravar esta música para eu tocar no casamento dela." E, enquanto a Zelinda não esteve com o CD da Valsa na mão, não sossegou. Para gravar, tive que estudar até estar em condições, e foram oito gravações até sair razoavelmente boa. Ela redigiu um bonito texto e encartou tudo num estojo de CD. Reproduziu N vezes e deu para o casal e para os padrinhos. A Valsa foi tocada durante o casamento, deixando-me feliz por tê-la composto. 9) Fui ao médico levar o resultado do exame de colonoscopia solicitado por ele. Achou ótimo e minimizou qualquer preocupação referente a um pólipo que fora retirado. Aproveitei para mostrar meu exame de sangue com uns 30 itens pedidos por outro médico e, enquanto ele via, resmungava: – "Seus exames me deixam nervoso. Tudo em cima, colesterol, glicemia, ácido úrico, hormônios, vitaminas, minerais, tudo bom. Acho que vou parar de ver, para não ficar com raiva lembrando-me dos meus. Tomara que com 74 anos eu esteja como você." E não queria ver os outros (não relacionados com a especialidade dele) para não ficar nervoso... Só para contar prosa, insisti em mostrar o exame de esteira (teste ergométrico), no qual eu ultrapassara o ritmo cardíaco máximo. Ele viu, mas continuou resmungando, e não quis ver mais nada. 10) Pela primeira vez, saí tão bem em uma foto (sem retoque), a do casamento da filha (Tami), que uma colega dela, de 30 anos, perguntou-lhe: – "Seu pai é casado?" A Tami: – "Por quê?" Ela: – "Queria conhecê-lo." A Tami: – "É casado e tem 75 anos." Ela, caindo em si: – "Ah! É muito pra mim, né..." 11) Compus uma Marcha Fúnebre. Inicialmente era para mim, mas um amigo gostou e concordei em tocar no funeral dele. Alguns anos após, ele continuava vivo e com saúde, e eu já estava desistindo de ver tocarem minha composição... Pois minha amiga Zelinda gostou também, e propôs tocar na cerimônia fúnebre budista do pai dela, recentemente falecido. Levou a partitura e arranjou um (bom) pianista, que gravou a Marcha. Ela foi tocada na cerimônia, quem a celebrou elogiou-a e disse que vai tocá-la mais vezes, pois sentia falta de uma música apropriada aos atos religiosos. 12) Meu amigo Serrão é professor de um curso de Jornalismo em uma faculdade na Zona Norte de São Paulo. Por volta de 2005, convidou-me para fazer uma palestra para seus cerca de 80 alunos (umas 78 moças e uns 2 marmanjos). Discorri sobre meu livreto *A República da Panákia* e sobre a insegurança de nossa urna eletrônica. Dei um livro para cada aluno, pois o Serrão incumbiu-os de uma tarefa gratificante para mim: escrever um trabalho comparando o estilo satírico "moderno" de meu livreto com o estilo "antigo" do livro *Os Bruzundangas*, de Lima Barreto.

☺ Em conversa em Porto Alegre, Rio Grande do Sul, com os engenheiros Leo Weber e Amilcar Brunazo, Leo diz: – "Não sei bem o que é ser de esquerda." O Amilcar concorda: – "É, acho que isto já não existe mais." Eu: – "Acho que ainda se aplica. Ser de esquerda, ou progressista, é ter atitudes preponderantemente de esquerda, quais sejam, valorizar a solidariedade e a justiça social (maior valor a ser perseguido). O progressista deseja mudanças no sistema, quando injusto, mesmo perturbando a ordem social. Já o de direita, ou conservador, valoriza primordialmente o esforço individual e a ordem social, a estabilidade acima de tudo – quanto menos atropelos na ordem social, mesmo injusta, melhor. Temos, ainda, o liberal, que coloca a liberdade como valor básico – ele detesta intromissão, coloca a liberdade de agir acima de todos os valores (é claro que isto tem que ser fiscalizado para não ferir direitos alheios). Um modelo simplificado, mas útil, é o seguinte: todos nós temos, mescladas, atitudes dos três tipos, conservadora, liberal e progressista. É praticamente impossível existir alguém 100% conservador, ou 100% liberal ou 100% progressista. Temos um espectro. Eu avaliei meu espectro e concluí que sou uns 10% conservador (valorizo aspectos como a família, o respeito às leis justas etc.), uns 25% liberal (valorizo minha liberdade de decisão) e uns 65% progressista (fico angustiado com as injustiças, com crianças passando fome enquanto outros desperdiçam recursos, com a exploração dos despossuídos, a péssima distribuição de renda etc.).

☺ Além da invenção do transruptor, já descrito no Item 1.2) Universidades, eu e outras pessoas desenvolvemos várias invenções que foram depositadas e/ou patenteadas no Brasil e em vários países no exterior. Com o Eng. Mattos, depositamos, no Brasil, um temporizador e um controlador digital em estado sólido, utilizado para controle de semáforos. Com o Prof. Waneck, meu irmão Sergio e o Eng. Décio Silveira, obtivemos 15 patentes relacionadas ao transruptor, no Brasil, EUA, Espanha, Argentina, Inglaterra, França, Alemanha, Itália, Suécia e depositamos uma no Japão. Com meu irmão Sergio, depositamos um dispositivo de comando, um mostrador luminoso, uma campainha musical (comandada por uma fita perfurada, na qual se editava a música desejada) e um sistema de proteção, mas a invenção que chamava mais a atenção era, sem dúvida, a buzina musical eletrônica. Colocamos um alto-falante sob o parachoque de meu carro e, dentro do porta-luvas, um amplificador ligado ao alto-falante. Um circuito transistorizado gerava cinco frequências diferentes (cinco notas musicais: mi, sol, lá, si, do), controladas por cinco teclas, constituindo-se assim um verdadeiro pianinho de cinco notas. O teclado ficava ao alcance do motorista e com estas cinco notas eu conseguia tocar uma infinidade de trechos de músicas. Era uma diversão dedilhá-las na rua e surpreender os transeuntes com as diversas melodias da “buzina musical”.

☺ Quando eu tinha 60 anos, o médico disse: – "Você vai até os 90." Eu: – "Só mais 30?" Baseado nesta avaliação, comentei com meu ortopedista que esperava chegar aos 90. Ele: – "Quem decide é Deus." Eu: – "Olha quem fala! Vocês, médicos, são os que mais tentam prolongar a vida das pessoas. O cara já está morto, vocês operam por horas, põem em equipamentos artificiais, fazem transplantes, fazem o que podem nas UTIs para ele viver (quase sempre vegetar) um pouquinho mais. De duas, uma: ou vocês se julgam anjos celestiais, com procuração do Criador para mudar o "destino" das pessoas, ou são diabos, que vivem interferindo no "destino", no que aconteceria se deixassem a vida fluir."

☺ Escandalizei um colega professor, católico ortodoxo – o qual tentava me salvar do pecado original, que não me recordo de haver cometido – dizendo-lhe que esperava ir para o Inferno, pois o Paraíso deve ser uma chatice só. Disse-lhe que, ao que consta, lá não existe namoro, sexo, jogo, praia; se houver um piano, poderei tocar nele? E desfilei uma série de dúvidas: lá há comida saborosa, com sobremesa? O pecado da gula é fiscalizado com rigor? Os que apreciam uma cervejinha ou um bom conhaque serão proibidos de beber? Vinho pode? Meu colega diz que se vive em estado de completa beatitude, contemplação, suprema adoração (tipo orgasmo permanente?). Mas, se é pela eternidade, deve cansar. A contemplação é interrompida para o almoço, ou não é preciso alimentar-se? Quem quiser pode levantar tarde, ou esta pergunta não tem sentido, por inexistirem dias e noites, pois nossos dias e noites são devidos ao Sol e à rotação da Terra. E lá existe Sol? Conversei sobre religião muitas vezes com este amigo, em nível respeitoso, e ele confessou que desejava converter-me. Mas como não conseguia, saiu-se com esta: "Desisto. Se Deus quisesse te converter, faria isto em uma fração de segundo. Se não o faz, é porque não deseja." Brinquei: – "Vai ver, o único motivo para eu ter sido criado foi para testar sua fé. Mas nem tentarei, pois não desejo que você a perca – está tão feliz assim, que seria um crime interferir em sua felicidade."

☺ A importância da fé. Minha mãe, com cerca de 97 anos, estava com a pressão baixíssima, correndo risco de morrer. Minha mulher convenceu-me a ir a um Centro Espírita receber bênçãos em nome dela. Receber bênçãos mal não faz, e mesmo que fizesse, para salvar a mãe topamos qualquer parada. E lá fui eu, três noitinhas de terças-feiras, enfrentando um trânsito congestionado de endoidar até um budista. Ao chegar, já na entrada, sentaram-me numa cadeira, e fui "limpo" por uns três minutos por meio de passes dados por um dos que prestam trabalhos no Centro. Esperei um pouco e levaram-me a uma salinha, onde quatro senhoras deram, simultaneamente, mais uns 10 minutos de passes, eu representando minha mãe. Após isto, mais uma espera e fui levado a uma sala onde havia três macas, duas delas ocupadas. Deitei na vazia e chegou um senhor magro, alto, inteirinho de branco (até os cabelos) – dava a impressão de um arcanjo que acabara de aterrissar num disco voador. Ficou mais de meia hora dando-me passes e bênçãos. Ao final deu-me um copinho de água para beber e perguntou: – "O senhor está se sentindo bem?" Eu: – "Por que não estaria?" Ele: – "Porque há pessoas que desmaiam após uma sessão destas." Pensei: – "Ao menos uma vantagem por não ser religioso, não sou candidato a me impressionar..." Quando me despedi, agradeci, e ele: – "Agradeça ao lá de cima." Eu: – "Mas o senhor é o seu representante..." Fiz amizade e o encontrei nas outras duas vezes em que fui lá. Que, aliás, foram repetições da primeira vez, mudando apenas alguns personagens. Como acredito que sugestão cura, contei para minha mãe que havia ido em nome dela, ela acreditou na eficácia dos passes e melhorou sensivelmente, vivendo mais uns quatro anos (até seus quase 101 anos). Minha mãe era tão eterna que, quando tinha uns 98, comentavam que ela é que faria minha festa dos 100 anos...

😐 Vida de médico é muito sacrificada, especialmente se trabalha em N lugares e fica em plantão telefônico. Era o caso de minha companheira anestesista, que tinha quatro empregos parciais, cada um com seus eventuais plantões de 24 horas. Fazia uma ginástica incrível para atender aos quatro, ficava acordada longos períodos e dormia nos horários que fossem possíveis. Um dia estava em plantão telefônico e, no meio de um concerto no Municipal, em São Paulo, vibra o celular. Ela sai para atender e some. Mais tarde recebo um recado: fora atender a uma emergência. Fiquei, tarde da noite, sem companheira e sem carro, pois havia ido no dela. Por sorte, antes de procurar um táxi, encontrei uma colega, que me deu uma carona.

😐 Em um sábado, fim de tarde de inverno, minha mulher volta do mercado com um rapazinho mirrado, com camisa de mangas curtas, naquele frio, e chinelos de dedo. Ela: – "Achei o José perdido na rua – chegou agora de Sergipe; veio me perguntar onde era a Rádio Record, para pedir para anunciarem que ele procura o irmão aqui em São Paulo. Mas a esta hora, até conseguir resolver alguma coisa, ia ter que dormir na rua, com este frio, se não for preso por vadiagem.

Lembrei que o apartamento de minha mãe está sendo pintado e fica vago neste fim de semana. Ele podia dormir lá e amanhã e segunda (que era feriado) a gente ajuda a procurar o irmão." Alimentamos o rapazinho e levei-o ao apartamento, onde ele dormiu. No domingo era dia de almoço em minha mãe, perto do centro. Saímos por volta das 11 horas e passamos no apartamento onde o José dormira. Estávamos conversando com ele na calçada em frente (eu ia dar dinheiro para ele almoçar), quando aparece um senhor e pergunta como se chega à Via Anhanguera, onde ia tentar uma carona num caminhão para chegar a Jundiaí – ia lá buscar um dinheiro. Ele, vindo de São Vicente, no litoral de São Paulo, descera cedo no terminal de ônibus do Jabaquara, andara a pé desde lá (uns 10 Km) e ainda não tinha comido nada. Como até a Anhanguera eram mais uns 12 Km, fiquei com pena do andarilho e disse que o levaria até lá. Minha mulher e filha foram para a casa de minha mãe, e logo depois lá estava eu fazendo uma omeletada para os dois no apartamento vazio, a qual fez sucesso (também, com a fome que deviam estar...). A seguir levei o andarilho até a Via Anhanguera. No dia seguinte, fui com o rapazinho para os lados de Diadema, cidade vizinha de São Paulo, procurar o irmão, o qual tinha dito que morava numa avenida da região (não tínhamos o número). Eu, sem nenhuma esperança, deixei o carro num extremo da avenida que o rapazinho indicou, de uns 3 Km, e começamos a percorrê-la a pé, perguntando nos bares e nas casas se conheciam um rapaz nordestino, assim, assim. Umas três horas depois indicaram uma pensão de nordestinos e fomos bater lá. Estávamos esperando nos atenderem, quando o irmão procurado sai da casa e foi uma festa emocionante. Agora, o mais surpreendente: o irmão tinha mudado para perto da Praça da Sé, no centro de São Paulo; ele estava lá por acaso, por ser feriado, e tinha ido pedir dinheiro emprestado para um amigo. Final feliz: o rapazinho se arrumou em São Paulo, casou e na última vez que tivemos notícias, ele fazia sanduíches numa lanchonete.

☺ Meus pais, somando os dois, tinham 17 irmãos. Como todos se casaram, tive 34 tios e tias. Todos foram falecendo e, em Agosto de 2014, só havia sobrado a irmã caçula de minha mãe, com 98 anos. Não me assustei com as mortes dos tios, mas fiquei alerta quando começaram a falecer meus incontáveis primos, vários mais novos que eu...

☺ Em palestra de importante urbanista, ex-Secretário de Obras em São Paulo, o orador afirma que os habitantes de regiões altamente poluídas por indústrias, como Cubatão, deviam pagar impostos mais altos que os de regiões menos poluídas. Como achei absurda a afirmação, protestei, e ele: – "Posso demonstrar." Eu: – "Como acho injusta sua conclusão, reservo-me o direito de abster-me de ouvir sua prova..." É claro que eu iria ouvir a argumentação dele e tentar contrapor-me a ela. A frase de efeito foi dita como protesto e com a intenção de chocar. Após ouvir sua explicação, vi como argumentos convenientes podem levar a qualquer conclusão desejada, sem levar em conta possíveis efeitos deletérios da solução proposta; pois aos tecnocratas não custa, empregando justificativas aparentemente racionais, propor leis prejudiciais aos desprotegidos. Sua argumentação: a presença de um parque industrial, mesmo poluidor, tornava os habitantes privilegiados, pois gerava empregos e nível de renda mais alto. Daí, os habitantes, além de aguentar a poluição, ter mais doenças e os sofrimentos decorrentes, envelhecer mais depressa, viver menos, teriam que pagar mais que os outros...

😐 Na reunião de negociação para comprar o apartamento em que moro, paguei um amigo advogado para me assessorar. Acabei comprando, mesmo contra a taxativa orientação dele, que dizia para não comprar, pois os vendedores não tinham regularizado o contrato com a financiadora. Como a situação ficou estranha, eu lhe expliquei: – "Não se espante por eu não seguir sua valiosa orientação e decida ir correr riscos. Parece contraditório eu acreditar nela, pagar e não segui-la, mas estou pagando para você me dizer quais riscos estou correndo, e com respeito a isso, você me alertou perfeitamente."

8.1) MISCELÂNEA
Tópicos quase engraçados (ou nem tanto)

☺ O futuro das comunicações humanas:

1) Recentemente, numa praia em Niterói, Rio de Janeiro, próximo a mim, pessoas conversavam. Um dos partícipes dizia algo assim: – "Eu acho, cara, que estava quase na cara, pois quem vê cara não vê coração, cara. Sei não, mas era muita cara de pau, cara. Olha só, cara, foi assim, ninguém podia adivinhar, cara. Quase quebrei a cara, cara. Aí, quando foi, cara, estranhou, pois já tinha resolvido assim, cara. Nem para mais, cara, nem para menos, cara. Como saber, cara, se não dava pra viajar no assunto. Tava na cara, cara, que ia ter continuação. Coisa assim, cara, mais prá lá que prá cá. Mas, cara, com a cara limpa. Sempre com a cara e a coragem, cara. Comigo, cara, é assim, pra cima..." A "conversa" continuou nestes moldes por cerca de meia hora e, confesso, não consegui ter a mínima ideia a que se referia...

2) Mensagem enviada, nestes dias, por uma adolescente para outra: TK QT I AL CAMI FD CMM NIV 15Y FE MI CVID 11CLN KN FD. Eu tenho minha tradução, mas cada um pode interpretar como lhe aprouver. Ei-la: Teka, que tal irmos todos à casa da Miriam, a fim de comemorar o aniversário de 15 anos da Fernanda? A Miriam convidou para as 11 horas da noite. Karina F**** (antigo palavrão, hoje cumprimento).

☺ Eu e amigos amantes da música fomos visitar um senhor que possuía um aparelho de reprodução sonora espetacular, de altíssima fidelidade. Realmente, era uma verdadeira maravilha. Lá pelas tantas, ele disse: – "Vou tocar uma sinfonia." Eu: – "De quem? Ele: "Sei lá, eu toco som, não toco música." Pensei: "Pela resposta, só posso concluir que acabo de conhecer um audiota típico."

☺ Historinha que inventei para satirizar a crescente descaracterização de nosso idioma: em uma lanchonete em São Paulo, pedi "Queijo-vo" (em lugar de "cheese-egg"). O garçom (brasileiro): – "Ahnn?" Eu: – "Queijo e ovo." Ele: – "Ahnn??" Eu: – "OVO!" Ele: – "Ahnn??" Eu: – "Ovo, aquele troço branco, redondinho, com coisa amarela dentro!" Ele: – "Ahnn??" Eu: – "EGG!" Ele: – "Ah, bom..."

☺ Experiência perigosa: um colega contou que, uma vez, conseguiu hipnotizar um canário. O que me fez lembrar que uma vez hipnotizei minha mãe; boazinha, como 99% das mães, ela aceitou servir de cobaia para meu aprendizado experimental...

☺ Seria cômico se não fosse trágico. Meu filho maior, lá pelos trinta e poucos anos, levou violenta cabeçada no maxilar, numa disputa de bola no futebol. Quebrou ossos da face, necessitando de reconstrução metálica. Internado no hospital, com o rosto deformado de tão inchado, eu estava com ele no quarto, quando, ainda cedo, entra um médico com seus alunos, para uma preleção sobre reconstrução facial. O médico não tinha o mínimo bom senso e, sem levar em conta que o doente ouvia tudo o que ele falava (estavam frente a frente, meu filho sentado na beirada da cama), dizia mais ou menos o seguinte: – "Vejam a situação deste pobre coitado. Mesmo depois de operado, tem toda a possibilidade de ficar cego. A orelha vai ficar torta, devido à retirada de cartilagem, mas é preferível comprometer a estética da orelha do que ficar ceguinho. Vamos ver se ele consegue se recuperar, embora eu ache muito difícil não ficar torto, etc. etc.." E todos se foram, deixando o "pobre coitado" sentado na cama, desanimado de dar dó e eu não acreditando em tanta falta de sensibilidade. Acho que o médico só encurtou a conversa porque eu comecei a olhar feio para ele. Felizmente meu filho se recuperou e ficou praticamente perfeito. Parabéns aos competentes ortopedistas e cirurgiões plásticos brasileiros.

☺ Tenho vários colegas que se dedica(ra)m à técnica (engenharia) e à arte (música) e acho isto mais do que normal. Mas, para o Eng. Braz Juliano, eu usar simultaneamente o hemisfério cerebral esquerdo, racional, para a engenharia e matemática, e o direito, emocional, para a música e letras é uma aberração (na realidade, eles podem ser utilizados simultânea ou alternadamente). O que me assusta é que ele vive propondo que eu doe meu cérebro para ser dissecado pelos estudantes de medicina, para descobrir a "anormalidade". Temo que, se faltarem cérebros para estudo, estarei a perigo, mesmo vivo...

☺ Meu tio Tito era gago. Adolescente, foi apresentado a um rapaz que lhe disse: – "Muito-totô pa-paprá-zezêr." Meu tio respondeu: – "O papaprá-ze-zêr é totô-dodô me-mêu." Saiu uma baita briga...

☺ Numa discussão entre marido e mulher, o marido ofende a esposa na frente de todos. Eu, esquecendo que não devemos nos meter em briga de marido e mulher: – "Mas que desrespeito!" Ele, agressivo, espumando: – "Como É QUE É??" Eu, em recuo diplomático: – "Falei que isso não me diz respeito..."

☺ Estava levando a filha Tami e amigas em meu carro. No semáforo, para um carro ao meu lado e o motorista, efusivo: – “Como vai? Tudo bem com a família?” Eu: – “Tudo legal. E a sua, todos bem? Continua no mesmo lugar?” Ele: – “Trabalhando lá ainda. Você também, né?” Vou responder, mas o semáforo abre, ele dá um sonoro “Tchau” e se vai. Minha filha: – “Pai, quem é?” Eu: – “Não tenho a mínima ideia...”

☺ Até hoje, nunca paguei para escapar de multas – é o meu modo de combater a corrupção –, mas tive várias “quase-multas”: 1) Na Via Dutra, pressionado por um ônibus, passei pela esquerda no Posto Policial. Fui parado. O guarda, vendo minha carteirinha: – “Aí, hem, professor...” Argumentei: – “Eu não podia fechar o ônibus, mas prometo tomar mais cuidado na próxima vez que o senhor estiver por perto...” Fui liberado incondicionalmente. 2) Na Rodovia Anchieta, indo para São Bernardo, São Paulo, para dar aula na FEI, passa um aluno de Volks (e eu de Gordini, que competia com os Volks). Se fosse só aluno, ou se fosse só Volks, eu não ligaria, mas as duas coisas juntas foram desafiadoras, e logo me vi tentando ultrapassá-lo (e o Volks corria pra valer). Lá adiante ele é parado por um guarda e eu passo. Não deu nem tempo para comemorar, pois eu também sou parado. Ainda bem que expliquei ao guarda que aluno de Volks não pode ganhar de professor com Gordini, ele concordou comigo e me liberou. 3) Vindo por uma transversal, ao lado do Parque da Água Branca, São Paulo, entro à direita na Avenida Francisco Matarazzo. Dois policiais da PM – Polícia Militar – estavam de tocaia na esquina, visivelmente mal-intencionados, e logo me param: – “O senhor entrou na avenida sem aguardar.” Eu: – “Quando não tem sinal pode-se entrar, se não houver carros a menos de 100 metros.” Eles: – “Mas tem carro a menos de 100 metros.” Eu: – “Agora tem, mas na hora não tinha.” Eles: – “Tá bom, vamos ter que guinchar.” Eu: – “Podem fazer. Meu primo sempre diz que vocês têm obrigação de cumprir a lei.” Eles: “Quem é seu primo?” – “O Capitão Capeletti, campeão de tiro da PM.” Eles: – “Tá bom, vá, tá liberado, e nem precisa cervejinha.” Eu: – “Cervejinha? Vamos tomar uma.” Eles: – “Não podemos em serviço.” Eu: – “Então tchau, e boa colheita.” 4) Outra quase multa foi quando, ao chegar à minha casa, deixei o carro com as duas rodas dianteiras sobre a calçada na frente da garagem, enquanto ia buscar as chaves da mesma. Dentro de casa, porém, distraí-me e esqueci-me de botar o carro pra dentro, só lembrando hora depois. Nesse intervalo, passou um fiscal e fui multado. Recorri, escrevendo uma comovente peça literária (merecedora de um prêmio) e prometi não mais cometer tão feio ato... E não é que fui perdoado? Já em outras ocasiões, não adiantou recorrer e tive que pagar a multa.

☺ Duas impropriedades (entre muitas...) em "programa cultural" da TV comandado pelo Silvio Santos: 1) Três grupos de estudantes em disputa deram os seguintes valores para a velocidade da luz: a) 100 Km/hora; b) 200 Km/segundo; c) 1.000 Km/segundo. Ele deu o prêmio para a última resposta, pois foi a melhor aproximação, embora 1.000 Km/segundo seja "apenas" 300 vezes menor que o valor real (300.000 Km/segundo). 2) Frase dita por ele: – "Quer dizer que você não teve nada a ver com a **desfaçatez** do casamento dela?"

☺ Distraído, pisei no rabo do Chiquinho, uma tartaruguinha de estimação que vivia solta dentro da casa de minha sogra. Pois o coitadinho atravessou a sala na diagonal, numa velocidade de uns 60 km por hora – mais parecia um coelho... Para ver que, quando é preciso, elas correm, desmentindo a expressão "passos de tartaruga".

☺ Meu amigo Wran operou as hemorroidas. Queixou-se das sequelas. Eu, sabendo que uma boa dieta com fibras previne a doença: – "Pois é, quem não trata do input, acaba com problemas no output."

☺ Em Cananeia, litoral de São Paulo, estava andando na cidade com minha mulher e passamos em frente a uma casa, a qual tinha uma área com uns 30 marrecos corredores indianos. Eu já os conhecia, por termos tido alguns em nossa casa no interior. De brincadeira, emiti um som igual ao daqueles patos (eu os imitava bem). Não é que todos eles se viraram de costas e sentaram no chão? Até hoje estou querendo saber qual foi a ofensa que falei na linguagem deles para tomarem tal atitude...

☺ Uma pessoa trouxe um livro meu: – "Gostaria de seu autógrafo." Após assinar, falei: – "Guarde bem, será um autógrafo valioso; será do cara que demoliu a Estátua da Liberdade. O martelo eu já comprei, agora só falta a passagem..."

☺ Meu amigo Salvador perdeu a carteira com documentos, cheques, cartões. Teve um trabalhão e tirou todos os documentos, fez o Boletim de Ocorrência, suspendeu cheques, cartões, solicitou novos cartões, novo talão de cheques, novos RG, CPF, Carteira de Motorista etc.. Logo depois de tudo resolvido, uma pessoa achou a carteira e veio entregá-la, com tudo intacto. Comentário nosso: – "Mas que cara mau caráter, inconveniente, entregar depois de tanto trabalho. Não vamos fazer amizade com ele; a gente não devia nem agradecer, mas dar um pau nele."

☺ Nossa empregada, a Nice, era muito supersticiosa. Um dia ela estava na cozinha. Eu, repentinamente, olhando para o lado dela, exclamei: – "Sai! Sai! XO! XOO!..." Ela: – "Que foi?" Eu: – "Estou espantando o Capeta, aí do seu lado." Ela saiu correndo, meio pulando: – "Sai Capeta! Meu Deuse, me livre do Demo."

☺ Para ironizar o modo superlento de dançar bolero, agarradinhos, eu contava: – "Tenho um amigo que foi concebido num bolero..."

☺ Em meu carro, levava um casal de amigos, o Edgar e sua mulher Denise. Nós dois discutíamos com o Edgar sobre não sei o quê. Quando chegamos, parei o carro em uma vaga proibida. A Denise: – "Você parou na vaga para deficientes." Eu: – "Foi intencional. Se reclamarem, a gente apresenta o Edgar..."

☺ Como numa antiga piada, alguém me mostrou umas fotos de viagens e em uma delas não me contive: – "Que mulher feia!" A pessoa, meio sem jeito: – "É minha mãe..." Eu: – "É, não é tão feia assim."

☺ Um morador de meu prédio, idoso, diz para mim: - "Preciso ir ao médico." Eu: – "Está sentindo alguma coisa?" Ele: – "Não. Só estou preocupado." Eu: – "Então por que vai?" Ele: – "É que meus amigos com minha idade sempre vão, todos com dores. Quero que ele me diga o que eu tenho de errado, o que já devia estar doendo..."

☺ Eu almoçava normalmente, na universidade, em um restaurante vegetariano muito bom. Um dia, estou comendo e vejo em meu prato meia minhoquinha se contorcendo. Fiquei numa baita dúvida: "Quem terá comido a outra metade?..."

☺ Levei, para minha mãe fazer, várias receitas de um restaurante vegetariano da USP, entre elas uma almôndega de soja deliciosa – que ela ensinou à minha tia. Pois o marido, meu tio, que tinha alergia até à palavra "soja", sempre pedia para minha tia fazer "aquela almôndega"... Observação: hoje sei que não se deve abusar de produtos de soja que não sejam fermentados (são fermentados o missô, o shoyu, o tofu).

☺ Para ilustrar que sempre se encontram argumentos favoráveis e desfavoráveis para quase todas as coisas, eu dava exemplos: 1) O sogro de um colega de classe escrevia discursos, remunerados, para deputados, enfatizando, como bom advogado, os pontos que interessavam ao seu cliente (defendendo ou atacando). Pois soube que, uma vez, ele escreveu dois discursos sobre o mesmo tema, um a favor e outro contra – e os dois foram lidos na mesma sessão da Câmara de Deputados!! 2) Meu pai contava que o redator do jornal ia saindo e seu chefe lembrou-lhe: – "Não vá esquecer daquele artigo para amanhã, hem." O redator: – "Sobre o que era mesmo?" O chefe: – "Sobre Cristo." O redator ia saindo novamente mas, de repente, retorna e pergunta: – "Era a favor ou contra?"

☺ A comissão fiscal do condomínio, da qual eu fazia parte, encaminhou-se ao apartamento do Sr. Aristeu, no último andar, para atender à sua reclamação: os elevadores faziam um ruído que incomodava os moradores, especialmente à noite, quando se deitavam. Fomos ao quarto à noite, esperamos, e nada. Por sugestão dele, lá pelas tantas estávamos todos de ouvidos colados na parede. E nada. Após um bom tempo, não aguentei: – "Ô Aristeu, não é melhor vocês, à noite, dormirem na cama?"

☺ Contradições: 1) Reunião na Cetesb sobre controle da poluição do ar: eles fumavam tanto, lá dentro, que, de vez em quando, eu tinha que ir à janela para respirar. 2) Em uma formatura de médicos, o som estava tão alto que doía, e posso ter danificado irreversivelmente meus ouvidos (ao sairmos estávamos meio surdos). 3) Um parente médico, hospedado em nossa casa, foi dormir com fortíssima gripe; no dia seguinte, ainda bem mal, vestiu uma capa e saiu na chuva, num frio de rachar – para um paciente recomendaria uma semana de repouso absoluto, fora uma tonelada de remédios... 4) Eu nunca entendi como o então Ministro Delfim, tão gordo que quase não cabia na tela de TV, tinha a coragem de pedir sacrifícios ao povo... 5) Campanha do governo contra a imoralidade, feita com dinheiro público e contratada sem licitação.

☺ Enganado por meu primo violinista, espalhei que o pianista e compositor Paderewsky havia composto um concerto para cuíca e orquestra; vários amigos músicos acreditaram e passaram a informação adiante. Devem estar procurando o concerto até hoje.

☺ Entro na farmácia com uma maleta pesada. Na entrada chega um atendente: – "Em que posso ajudar?" Eu: – "Nisto!" (e dei a maleta para ele carregar). Outro atendente: – "Precisa de alguma coisa?" Eu: – "DINHEIRO!!" Em outra ocasião, no mercado, estava com vários pacotes e um funcionário veio tentar pegar algum. É tão raro alguém nos ajudar desinteressadamente, que minha reação foi: – "Chamem meu advogado!"

☺ O dentista encostou no nervo do meu dente. Dei um pulo de um metro na cadeira. Ele: – "Doeu?" Eu, abanando a cabeça: – "Nahão... Só senti uma coceguinha."

☺ Proposta para um futuro projeto genético: homem com quatro mãos para tocar piano e violino ao mesmo tempo; ou piano a quatro mãos; ou dois violinos; ou .... (Baseio-me em notícias de que a genética está prestes a produzir um frango com quatro coxas...).

☺ Um médico descreveu-me, com indizível felicidade, a operação que faria no dia seguinte, a primeira de sua vida. Em seguida encontrei a paciente, toda preocupada. Ao despedir-me, disse-lhe: – "Desejo-lhes uma boa diversão amanhã." Ela, séria: – "Mas não vou me divertir." E eu: – "Mas ele vai..."

☺ Princípios de Conservação – conjecturas a serem verificadas, provadas, corrigidas ou refutadas (isto daria uma boa tese):

1) Afora honrosas exceções, devem ser aproximadamente constantes as seguintes grandezas: a) A soma das horas acordadas na vida de cada pessoa (uma primeira estimativa – umas 450 mil horas); b) A quantidade máxima de bebida ingerida na vida (uma primeira estimativa para o Brasil – umas 14 mil cervejas equivalentes, supondo, em média, pouco mais de 0,5 cerveja equivalente por dia; c) O número máximo de relações sexuais, para homens (uma primeira estimativa – umas 7 mil).

2) Nestes três casos, atingido o limite, a natureza reage e providencia a correção conveniente...

3) A somatória de inteligência no mundo é constante (e a população está aumentando...).

☺ Estava na caixa da livraria, fazendo o cheque para pagar alguns livros, quando percebi que uma cliente pedia para fazer o cheque com data mais para a frente. Na minha vez, perguntei: – "Menina, aqui pode jogar o cheque para a frente?" A moça: – "O senhor é simpático, pode pôr para daqui um mês, 2 de Agosto." Eu: – "Eu sou pouco, médio ou muito simpático?" Ela: – "Muito." Eu: – "Então joga para 2 de Novembro!"

☺ Resposta maluca: no cemitério, com meu primo, sou abordado por um senhor com vela na mão: – "Por favor, tem fósforos?" Eu, distraído: – "Não fumo, obrigado."

☺ Como motel está muito caro, um amigo economista convenceu--me que devemos ter bom desempenho para baixar o custo unitário.

☺ Um ladrão arrombou meu carro e roubou uma bola, uma boneca e minhas anotações com cerca de 300 piadas (era para escrever o livro *Uma piada por dia*). Deve estar rindo até hoje. Alternativamente, ele pode ter vendido as piadas, pois, logo após o roubo, ouvi várias delas na TV.

☺ Sempre preveni a todos para não colocarem peças pesadas na cabeceira da cama, pois elas poderiam cair. Soube depois da história de uma pessoa que colocou lá um pesado crucifixo; um dia o prego soltou-se e o crucifixo caiu na cabeça dela, matando-a. Espero que, ao menos, tenha ido para o céu.

☺ Recebi pela internet uma foto de uma Kombi toda rebentada em um poste, com um colante no vidro de trás, com a inscrição: "Jesus me guia". Comentário de um colega: – "As pessoas deviam aprender a dirigir, em lugar de confiar a direção a outrem, ainda mais sem carta..."

8.2) MISCELÂNEA
Tópicos quase sérios (ou nem tanto)

😐 Perguntam-me se a vida imita a arte ou a arte imita a vida. Pois saibam que a vida imita a arte e vice-versa. Assisti na TV a uma discussão kafkiana entre o Jô Soares e a Marta Suplicy. A Marta afirmava que a TV e seus filmes violentos acarretam uma sociedade violenta (a TV atuaria deleteriamente sobre a sociedade). O Jô afirmava que a sociedade violenta acarreta uma TV violenta (a sociedade condicionaria a TV). Fiquei surpreso em ver como duas pessoas de nível podem se portar tão ingenuamente, não percebendo que as duas coisas são verdadeiras, e é aí, justamente, que está a tragédia: uma provoca o aumento da outra e vice-versa. É claro que os meios de comunicação, com sua violência gratuita e disseminada, influenciam o comportamento da sociedade, assim como uma sociedade acostumada à violência influencia a TV, a produção de filmes e os jogos violentos (eles refletem a violência da sociedade). Nesta dupla influência, dá-se uma realimentação positiva, conceito usual nas Ciências do Controle (uma grandeza provoca o aumento da outra e vice-versa).

Para uma sociedade habituada a certo nível de violência, a tendência natural é que os filmes violentos produzidos tenham um nível de violência um tanto acima do nível de violência da sociedade. A sociedade acostuma-se com o novo nível dos filmes, incorpora-o e torna-se mais violenta, induzindo os novos filmes a subirem novamente seu nível de violência. E assim por diante. Em geral, se não surgir algum mecanismo moderador, as grandezas dos sistemas com realimentação positiva crescem indefinidamente, e o sistema "explode", entra em colapso. No caso acima, o drama é que tanto a censura é indesejável, como a liberdade irrestrita, que leva a produtos cada vez mais violentos, também é inconveniente. É imprescindível buscar um meio termo.

☹ A TV está levando a uma dependência absurda: as pessoas só ouvem e/ou entendem algo se, simultaneamente, vêm a fonte dos sons, a imagem. Um colega assistiu a uma conferência com óculos escuros e depois, perguntado sobre o assunto, saiu-se com esta: – "Com óculos escuros eu não ouço nada." Pois o que seria uma piada, está adquirindo realidade.

☹ Discordâncias entre médicos parece coisa usual: para um pequeno tumor de minha mãe (ela com uns 98 anos), um mastologista já foi marcando a operação, outro recomendou biópsia com agulha grossa e outros dois médicos amigos recomendaram que eu não fizesse nada, pois, nessa idade, além de qualquer operação ser de altíssimo risco, o tumor tinha muito pouca chance de se desenvolver (e o tempo mostrou que os dois últimos tinham razão). Comigo, em exame de rotina de ultrassom das vias urinárias, a retenção urinária deu 60 ml (o tamanho da próstata estava normal para a idade). Um médico, devido à retenção, mandou tomar um medicamento com finasterida, por 6 meses, usado para diminuir a próstata. Ao ler a bula quilométrica, assustei-me com alguns efeitos possíveis, não tão raros como seria desejável: boca torta, urticária, impotência... Não tomei e consultei um urologista conhecido. Ele me disse: – "Não tome, isso é recomendável para casos mais severos. Retenção de 60 ml é normal quando te fazem beber muita água para fazer o ultrassom... E a porcentagem que está aí para a impotência refere-se a casos sérios, na realidade é muito pior..." Desconfio que o primeiro médico estava fazendo algum estudo estatístico e queria me fazer de cobaia. Salvo pelo gongo, mais tarde vi vários amigos tomando a finasterida para tratamento de calvície. Tenho prevenido: – "Cuidado! O Sargento Rocha tomou e ganhou uma letra a mais no sobrenome."

☺ Recentemente acordei meio tonto, o lado esquerdo da cabeça e a perna esquerda amortecidos e as paredes girando. Medi a pressão e a máxima estava 18 (minha normal é 12 a 13). Liguei ao amigo cardiologista, ele receitou um diurético e a pressão normalizou. Porém, nos três ou quatro dias seguintes, acordava com a perna esquerda um tanto amortecida. Fui ao Pronto-Socorro do Hospital São Luiz e um cardiologista pediu uma tomografia da cabeça. Após umas duas horas amarrado, levando injeções seguidas de contrastes, levei o resultado ao médico do PS. Ele: – "Você está bem." Eu: – "Posso fazer yoga, andar, fazer exercícios, sexo?" Ele: – "Sim, sim, sim, sim." Em casa, ao ler o laudo da tomo, levei um susto: "calcificações parietais ateromatosas das artérias da base do crânio." Traduzindo, minhas artérias da base do crânio estavam calcificadas. Pensei: – "Se for uns 5%, tudo bem, mas se for uns 90%, já morri." Decidi nem me mexer! (Lembrei-me da história de nordestinos que plantam feijão e ficam nas janelas olhando a plantação crescer, imóveis para não gastar energia...). Pedi à minha filha para arranjar urgente uma consulta com o cunhado neurologista (o Rogério Tuma). Atendeu-me no dia seguinte e pediu uma batelada de exames: no de sangue, a enfermeira veio com uns 25 tubinhos. Perguntei: – "Para quantas pessoas é isso tudo?" Ela: – "É tudo seu..." Eu: – "Saindo daqui, vou pedir uma transfusão!" Pois os exames deram todos normais. A calcificação era leve e o fluxo para o cérebro estava nos conformes. Descobri depois que eu sofrera um AVC isquêmico transitório (redução momentânea da irrigação cerebral em algum local). Atribuímos a uma postura na yoga que eu fizera no dia anterior, por minha conta e risco, sem o preparo necessário (a posição da vela, meio de ponta-cabeça) – devo ter comprimido alguma(s) artéria(s). Só sei que antes eu dera, à minha companheira, garantia de validade até os 90 anos. Logo após o AVC, baixei para 80, mas após os exames, subi para 95.

☺ Como reação à crescente descaracterização de nossa língua (abundam os off, award, fashion, network, delivery), decidi pronunciar (é claro, no Brasil) as palavras inglesas como elas são escritas. Afinal, não estou sendo pago para falar como os gringos, e eles mesmos pronunciam a mesma vogal de vários modos diferentes, às vezes na mesma palavra! Exemplo: em "Miami", o primeiro "i" pronuncia-se "ai" e o segundo pronuncia-se "i". Mostrei para um amigo estadunidense que na língua dele não há correspondência entre o que se fala com o que se escreve; embora a contragosto, ele teve que engolir. Assim, a palavra "diet", que eles pronunciam "daiet", eu falo DIETI. A palavra "show", que eles pronunciam "xou", eu falo XOVI. A palavra "light", que eles pronunciam "lait", eu falo LÍGUITI. E assim por diante. Tenho que reconhecer que o português também tem suas dubiedades e esquisitices, principalmente várias letras, em certos casos, terem o mesmo som (s/ç, x/z, etc.), e, inversamente, a mesma consoante ter pronúncias diferentes, como a letra g (em ga e gi os sons diferem), a letra x (exato e xale) etc.. Os sábios ainda farão uma reforma profunda e simplificadora em nossa ortografia... Mas no inglês a situação é mil vezes pior que no português; dizem que um estadunidense (e um inglês) só acertam a pronúncia de suas palavras quando já as conhecem... Há até a historinha do Paiva que abriu nos EUA o Paiva's Bar. Como liam Peiva's Bar, ele escreveu assim, e começaram a ler Piva's Bar. Aí ele escreveu desse modo e agora estão lendo Paiva's Bar, como ele queria. Para o amigo estadunidense aproveitei para dizer que o sistema de unidades deles também é coisa de malucos; lembrei-lhe que a sonda Mars Climate Orbiter, de "apenas" 125 milhões de dólares, foi destruída em Set/1999 devido à confusão de unidades – confundiram milhas com km na altura da entrada na atmosfera marciana.

☺ Na época em que meus dois filhos homens eram adolescentes e loucos por futebol, meu colega Eng. Nucci também tinha dois filhos adolescentes. Eu reservava umas duas horas, sábado à tarde, no campo de futebol do clube da USP, os filhos traziam alguns amigos, a gente convidava mais alguns moleques, frequentadores que estavam por lá, e fazíamos uma animada pelada (algumas vezes até meu pai, com mais que 70 anos, entrava no jogo...). Estas são as que eu chamo de memórias gratificantes, aquelas que deixam saudades.

☺ Meu irmão Sergio esteve em Cuba, a serviço, há uns 15 anos e contou-me uma conversa que teve lá com um rapaz que conheceu, o qual queria comprar dólares para poder adquirir tênis nas lojas que só vendiam nesta moeda. E mostrou os calçados russos, baratos, mas que ele detestava e não tinha para quem reclamar. Na conversa que se seguiu, ele contou que usufruía, gratuitos, estudo e o respectivo material (do primário à universidade); esportes (em inúmeras academias, desde ginástica e tênis até golfe e montanhismo, com material); assistência médica completa; operava uma oficina, montada pelo governo, com o lucro dividido meio a meio. E perguntou como era o Brasil, pois tinha vontade de emigrar. Resposta de meu irmão: – "Olha, no Brasil você vai ter liberdade de reclamar e tênis à vontade, mas o normal é que pague caro por todas estas coisas que disse que tem aqui." Conclusão de meu irmão, ao menos em relação ao rapaz: sua queixa era a má qualidade dos calçados. Quase que escreve ao Fidel sugerindo doar um tênis e ganhar um fiel adepto.

☹ Frase que poderia gerar um mal-entendido: "A piedosa Ester levou-me a conhecer São Francisco." Pois o São Francisco não é o santo, não me converti, e a Ester é uma adorável e hospitaleira funcionária que me guiou de Aracaju, Sergipe, aonde eu fora para dar uma palestra, até a divisa com Alagoas, para eu conhecer o famoso Rio São Francisco. Foi uma proveitosa viagem e surpreendi-me com uma paisagem de terra arrasada, desolada, pela falta do verde.

☹ Com cálculo no rim vou, com dores intensas, ao Hospital Universitário, para uma radiografia com contraste. Após alguma espera, levam-me para uma sala e me amarram numa cama suspensa, supergiratória, que rodava em todas e direções e sentidos. Aí aparece um oriental com cara de maluco, que fez jus à aparência: com as dores e tudo, rodava-me como um brinquedinho, de pé, de ponta-cabeça, de lado, aplicando-me contrastes nas veias e submetendo-me a inúmeras chapas em todas as posições imagináveis (e algumas nem imagináveis). De duas, uma, ou é uma técnica para movimentar o cálculo, ajudando-o a sair, ou ele estava mesmo se divertindo e, neste caso, sugiro que fosse se divertir no raio que o partisse!!

☹ Após expelir o cálculo do rim, o médico recomenda: – "Não coma feijão, coco, tomate, chocolate, uva." Eu: – "Se não comer, nunca mais vou ter?" Ele: – "Pode ter até no mês que vem." Eu: – "E se comer, vou ter de novo?" Ele: – "Pode nunca mais ter." Eu: – "Com esta correlação, vou esquecer sua recomendação..." E continuei comendo nas mesmas quantidades que antes. Acabei tendo um novo cálculo, de 8 mm, cerca de 50 anos depois. Este teve que ser destruído com um endoscópio que passa pela uretra, bexiga, ureter e vai até o rim para o operador despedaçar a pedra com certeiros "tiros" de raio laser, conforme se vê na gravação em vídeo da operação (de cerca de uma hora). Este instrumento é uma maravilha da tecnologia, pois um só "tubinho" com milímetros de diâmetro, proporciona iluminação, vídeo, injeção (e aspiração) de água, laser para a destruição da pedra, garra/rede para movimentar a pedra e presumo que algum mecanismo para controlar a movimentação da ponta do endoscópio. Meu cirurgião, extremamente hábil (não houve a mínima sequela) teve que ouvir minha reclamação: – "Cedo **meus** órgãos, ele "se diverte" dando tiros em **minha** pedrinha e ainda cobra pela operação?"

☺ Ajudei muitos amigos a tomarem decisões em várias situações da vida, aplicando as seguintes regras: 1) "Se a decisão for sobre fazer (ou não) algo modelado por uma função monotônica crescente (FMC), faça." Sabendo que FMC é uma função em que a grandeza em jogo só pode ficar igual ou crescer (não pode diminuir), a regra fica: "se a decisão só pode trazer vantagem ou, na pior hipótese, deixar tudo como está, tome a decisão."; 2) Outra ferramenta útil para nos guiar nas decisões é a "simulação abstrata". Explicando: se houver duas possíveis decisões a tomar, decidimos por uma (tirando a sorte ou por instinto) e começamos a viver como se esta decisão fosse a definitiva. Se nos sentirmos felizes, esta é a decisão a tomar. Se nos sentirmos inseguros, a decisão correta tem boa chance de ser a outra. O ideal seria fazer agora a simulação adotando-se a outra decisão para confirmação e/ou comparação com a anterior. Recomendei esta ferramenta para um amigo que pediu minha opinião sobre com qual de duas ex-namoradas deveria se casar. Não quis comprometer-me com uma opinião, pois o casamento poderia não dar certo e, neste caso, pareceria que eu indicara a opção errada.

☺ Quando alguém, já empregado, recebia um convite para outro emprego e perguntava o que eu achava sobre a mudança, do emprego seguro em que estava, para enfrentar um futuro desconhecido, eu dava uma fórmula para decidir: $N = a.x + b.y + c.z$, onde x é uma avaliação do ordenado inicial total, y é a da perspectiva de progresso e z é a do ambiente de trabalho (x, y e z são avaliações que variam de 0 a 10). Os valores de a, b, c (variando de 0 a 1) são pesos que a pessoa dá para cada um dos itens acima. Eles variam de pessoa para pessoa: há quem se importe muito com o ordenado, um tanto com as promoções e quase nada com o ambiente (faria, por exemplo, a = 1, b = 0,5 e c = 0 ou 0,1). Outro dá razoável valor ao ordenado inicial, mas se importa mesmo é com o ambiente e com as promoções (por exemplo, poderia fazer a = 0,5, b = 1 e c = 1). Aplicando a fórmula para os dois empregos (com os mesmos valores de a, b, c), e comparando a nota N de cada um, teríamos um índice para avaliar a oportunidade da mudança.

☺ Eis três piadas didáticas, úteis para entender certas situações. No final citarei a moral (óbvia) embutida em cada uma: 1) A velhinha pergunta ao garçom se fazem sanduíche de carne com acompanhamentos e ele responde que sim. Ela: – "Eu quero que a carne seja macia e cortada transversalmente às fibras, com espessura de uns dois milímetros. E não toste demais que perde os sucos." Ele: – "Tá bom." Ela: – "Os tomates estão graúdos e um pouco verdes?" Ele: – "Estão." Ela: –

"Eu queria que cortasse em gomos de uns 30 graus e tostasse levemente dos dois lados por um minuto." Ele: – "Tudo bem." Ela: – "E as cebolas estão boas?" Ele: – "Ótimas." Ela: – "Então pede para cortar em fatias redondas de uns três milímetros, com cuidado para não desmanchar, e para dar uma leve tostadinha para tirar o ardido, sem prejudicar as vitaminas." Ele: – "OK. É só?" Ela: – "É." O garçom vira para a cozinha e berra: – "Salta um acebolado!!" 2) O papa caiu gravemente doente e os médicos detectaram um grave desequilíbrio hormonal. Receitaram que fizesse sexo ao menos uma vez, mas o papa recusava: – "Tenho responsabilidades – o que vão falar se souberem?" Os cardeais tanto insistiram, que ele concordou. Mas com três condições. A primeira, que arranjassem uma garota de programa cega. Os cardeais: – "Por quê?" Ele: – "Para ela não ver que está no Vaticano e espalhar lá fora." A segunda era que ela também fosse surda. Os cardeais: – "Por quê?" Ele: – "Para não ouvir as conversas, pois vocês falam demais e ela pode perceber onde está." Eles: – "Tudo bem. E a terceira condição?" Ele: – "Ela tem que ter um bumbum bem redondinho." Todos: – "E POR QUÊ?" Ele: – "Ué! Porque eu gosto." 3) O astrólogo previu que, em breve, toda a família do rei iria morrer de peste, e o rei seria o último. Cumprindo seu juramento contratual, relatou isto ao próprio rei, sem dourar a pílula. O rei ficou fora de si e mandou enforcar o agourento. Pediu para o vice-astrólogo dedicar-se ao caso, desmentindo, se possível, a previsão. O vice chegou à mesma conclusão, e não podia mentir ao rei (mentira era passível de pena de morte...). Vejam como ele resolveu a ameaça de ser executado: – "Cintilante Luz do Universo, meu antecessor interpretou mal as previsões. Na realidade, Vossa Majestade tem uma saúde de ferro e, segundo as estrelas, sobreviverá facilmente a toda sua família." O rei ficou tão feliz que mandou dar ao vice um saco de moedas de ouro. Moral da piada 1: cada um faz as coisas como sabe – não exija mais do que isto! Moral da piada 2: se alguém, em qualquer situação, especificar alguma coisa, a razão sendo "Porque eu gosto", pode ser algo o mais estapafúrdio possível, não há o que questionar... Moral da piada 3: o mesmo fato pode ser relatado de modos completamente diversos, conforme a conveniência.

☺ Conheci um administrador de imóveis no Rio, ateu. Fiquei surpreso quando ele, na ficha de julgamento sobre a confiabilidade do candidato a alugar um imóvel, dava mais pontos para quem fosse religioso. Achei estranho e ele me explicou que fazia um cruzamento entre a instrução e o fato de não ter religião: – "Para mim, só tem direito de ser ateu quem tiver formação/instrução de certo grau para cima e a consequente maturidade. Se não, é ostentação."

☹ Pedindo perdão à minha mãe, que cozinhava espetacularmente bem: a comida mais gostosa que comi até hoje foi carne de anta, na casa de um matuto, após 4 horas perdido no mato e há umas 8 horas sem comer nada.

☹ Mostrei minha crônica satírica "defendendo" a corrupção ("Corrupção, índice de desenvolvimento?" – ver em www.usinadeletras.com.br em Procura/Autor) para um filósofo que lecionava em Campinas, São Paulo. Ele: – "Eu sei que você está brincando, mas armou a coisa de tal modo, mexeu com ideias importantes, como as de *Teilhard de Chardin,* pecado original etc., que eu não sei o que responder agora. Vou ter que pensar." Para falar a verdade, eu não tinha a mínima ideia de estar mexendo com isto tudo...

☹ Um amigo dizia que os escritores de ficção científica previram as invenções que os cientistas e técnicos fariam (esta é a interpretação corrente). Eu objetei: – "Penso ser mais fácil que tenha ocorrido o inverso. Os cientistas e técnicos acreditarem na viabilidade dos dispositivos propostos pelos escritores e esforçaram-se para construí-los (neste caso, a arte estimulou a técnica)." Exemplos de propostas abundam, entre elas: Da Vinci com inúmeras invenções, entre elas, suas máquinas de voar, Julio Verne com seu submarino, Asimov com seus robôs cada vez mais perfeitos, Huxley com a realidade virtual e clonagem, outros com as ideias de teletransporte etc..

☹ Problemas com cães: 1) Vou levar um livro à casa do tio de um colega. Ele abre a porta e eu não entro, pois vejo um lindo cachorrinho, daqueles pequeninos e com dentes superafiados, olhando feio para mim. Ele: – "Pode entrar, não tem perigo, é inofensivo." Eu: – "Não precisa, é só para entregar." Ele insiste: – "Entre para tomar um café. O Bigode é calminho." Entrei, e a primeira coisa que o calminho filho da mãe fez, foi dar uma bela e doída mordida por trás, pouco acima de meu calcanhar, que rasgou até a meia... 2) Um cachorro me atropelou em São Bernardo, São Paulo. Indo à FEI para dar aula, eu tinha que passar com meu carro por uma estradinha que tinha um barranco ao lado. Pois, numa manhã, um enorme cachorro amarronzado começou a correr sobre o barranco, apostando corrida comigo, até emparelharmos. De repente ele dá um salto, parece que calculado, e cai sobre o motor do carro, atrapalhando minha visão bem na curva. Se ele não escorregasse logo de lado, com certeza eu sairia da estrada.

😐 Um amigo loquaz, o Antonio Marcos, comenta comigo: – "Dizem que falo muito. Será que eu tenho muito assunto, ou meus interlocutores é que têm pouco?" Lembrei-me da dúvida de um glutão: – "Será que eu como muito, ou os outros é que comem pouco?"

😐 Imitando alguns compositores, compus uma Marcha Fúnebre para que tocassem quando eu me fosse. Um amigo gostou e cedi para tocarem no enterro dele – disse que, com minha música, morreria feliz... Como o Eng. Magalhães, criador do cemitério jardim e presidente do Cemitério Protestante, apreciou a música, propus que ele oferecesse marchas fúnebres personalizadas aos seus clientes. Por qualquer 100 reais (uns 50 dólares) eu comporia uma para ser tocada somente no enterro de quem a encomendasse. Nota posterior: o amigo perdeu a chance, pois o pai de uma amiga faleceu e ela fez questão de tocar minha Marcha (em Setembro de 2013) na cerimônia budista dos "49 dias", em memória do falecido. Foi bastante apreciada e o monge disse que vai tocar outras vezes (Um dos meus momentos de glória).

😐 Eu sempre provocava as mulheres, tanto mais quanto mais feministas, com a explicação do Tarso de Castro sobre o predomínio masculino em diversos ramos (menos na arte culinária e na habilidade em cuidar dos filhos). Segundo ele, enquanto as mulheres ficavam nas cavernas, cuidando da comida e dos filhos, os homens iam caçar, lutar, correr de animais ou atrás deles e, em decorrência, desenvolveram o físico (força, agilidade, preparo físico, cérebro) e, por necessidade, criaram a geografia, a história, a astronomia, dispositivos e utensílios (armas, armadilhas), técnicas de utilização, a botânica, a zoologia. E o resultado, após milênios, só podia ser o citado predomínio. A explicação do Tarso, afora sua intenção provocativa, tem certa base. Autores propõem que, quando nossos ancestrais desceram das árvores (seja lá por qual motivo e por quanto tempo tenha levado esta descida), as fêmeas/mães tinham que carregar e/ou proteger os filhos, ao ar livre ou nas cavernas, estando impossibilitadas de caçar, atividade que ficou para os machos. O efeito foi aquele explanado pelo Tarso. Faltou apenas completar a narrativa acima, com suas consequências: as mulheres acabaram sendo muito mais sociáveis, agregadoras, cooperativas. Os homens tornaram-se competitivos, autoritários. Pesquisadores descrevem experiências com crianças: as brincadeiras masculinas incorporam a competitividade, as femininas, a sociabilidade. Estas tendências refletiram-se no modo de administrar empresas. O modo masculino é competitivo e autoritário (o subalterno deve obedecer – "faça o que eu mando") e o modo feminino é agregador e colaborativo (o subalterno é convencido, não obrigado – "faça isto que é bom para você"). Soube que hoje há uma tendência de as empresas adotarem o modo feminino de administrar.

☹ Erros em Economia:

1) O consultor econômico da rede Globo, nos tempos em que o Brasil sofria alta inflação, disse textualmente: – "Inflação de 20% ao mês é como dividir uma nota em 10 pedaços e jogar um pedaço fora (ou seja, 10%) a cada 15 dias." Esta afirmação comporta três erros conceituais simultâneos: a) 10% a cada 15 dias, resulta 1,1 x 1,1 = 1,21, ou seja, 21% ao mês, pouco diferente de 20%; b) Para uma inflação de 20%, o poder de compra não cai 20%, os preços é que sobem 20%. Por exemplo, se o preço de algo era 100, ficará 120. Portanto, uma nota de 100, agora compra só 100/120 = 83,3% do que comprava anteriormente. Portanto, perde-se 100% – 83,3% = 16,7%, por mês, do valor da nota; c) Assim, dever-se-ia jogar fora, a cada mês, 16,7% do que sobrou da nota, e não 16,7% da nota original. A afirmação correta seria: "Inflação de 20% ao mês é como jogar fora, no primeiro mês, 16,7% de uma nota. No mês seguinte joga-se, novamente, 16,7% do que sobrou, e assim sucessivamente." A rigor, a nota nunca acaba, permanecendo um valor residual, cada vez menor.

2) Articulistas bons da *Folha de S. Paulo* (jornal que assino há tempo), cometeram, várias vezes, um dos erros cometidos no item anterior: "Uma inflação de 25% ao ano significa que, após um ano, os trabalhadores perderam 25% de seu poder de compra." Errado! Para inflação de 25%, o poder de compra não cai 25%, os preços é que sobem 25%. Por exemplo, se o preço de algo era 100, ficará 125. Portanto, uma nota de 100 agora compra só 100/125 = 80% do que comprava anteriormente. Portanto, perdeu-se 100% - 80% = 20%, do valor de compra. Este tipo de erro levaria ao seguinte absurdo: "Para inflação de 100%, perde-se 100% do poder de compra!!" O correto é: "Para inflação de 100%, perde-se 50% do poder de compra (pois os preços dobraram)."

3) A *Folha de S. Paulo* trouxe: "Na Loja A uma agenda custa 20, na Loja B, custa 40. Portanto, na Loja A custa 100% mais baixo que na Loja B" (custo igual a zero?!) Errado! O certo é: "Na Loja B custa 100% acima da Loja A e na Loja A custa 50% do preço da Loja B."

4) Na *Folha de S. Paulo*, sobre o rodízio (proibição de circulação de 20% dos carros das 17 às 20 horas): "No rodízio, às 20 horas o número de carros que podem circular aumenta 20%." Errado!, pois o número de carros que podem circular aumenta 25%: no rodízio, num

dia são bloqueados 2 dos 10 finais de placas possíveis, das 17 às 20 horas. Portanto, ficam bloqueados 2/10 = 20% dos carros. Às 20 horas, o número de carros que podem circular aumenta 2/8 = 25% dos carros, pois na rua só podiam estar 8 finais de placa (supondo que os motoristas estivessem respeitando o rodízio).

5) Um jornal trouxe: "Moeda na Argentina sofre desvalorização de 25%: 1 US$ valia 10 pesos e passou a valer 12,5 pesos." Errado! É certo que o US$ valorizou 25%: 12,5/10 - 1 = 0,25 = 25%. E o peso desvalorizou quanto? Desvalorização é a perda do poder de compra. Antes, 1 peso comprava 1/10 = 0,10 US$; agora compra 1/12,5 = 0,08 US$. Portanto compra 0,10 - 0,08 = 0,02 a menos. Em relação ao valor anterior desvalorizou 0,02/0,10 = 20%, pois compra 20% a menos do que comprava. De outro modo: agora compra só 0,08 em lugar de 0,10, ou seja, compra 80% do que comprava antes; portanto desvalorizou (perdeu) 20%. (Observações: 1) Quem não sabe aritmética, devia evitar falar em porcentagens; 2) Estes tipos de erro com porcentagens são cometidos até por bons economistas – corrigi um que me enviou seus textos pela internet – ele reconheceu e agradeceu).

☹ (Diá/Monó)logo com um médico, no Hospital Universitário da USP, dia 3/Ago/2001. Consulta marcada para as 9 e 30 – fui atendido às 11 e 30:

Eu: – Perguntei se meu nome estava em sua lista porque pensei que tinham se esquecido de lhe dar minha ficha. Estou esperando há mais de 2 horas.

Médico: – É... acontece...

Eu: – Cheguei na hora, pensei que seria atendido logo. Marquei uma reunião para as 11 e 30, pois achei que a esta hora estaria livre. Pensei tudo errado. Houve algum imprevisto?

M: – É... muita gente...

Eu: – Vá lá, mas podiam marcar minha consulta para as 11 e 30, dava no mesmo para vocês, e eu fazia o que tinha para fazer, em lugar de ficar sentado 2 horas à toa. Conte-me uma coisa, a consulta é por hora de chegada?

M: – Não! É na hora marcada.

Eu: – Então não entendi nada. Não é lógico, se é na hora ma.....

M: – Mas nem tudo é lógico.

Eu: – Somos educados para pensar racionalmente, as coisas têm que ter alguma lógica!

M: – É, mas na vida muita coisa não tem lógica.

Eu: – Eu sei, mas então posso agir sem lógica e chegar 2 horas depois da marcada? Aí sou atendido às 11 e 30?

M: – !!!???... Não!! A norma do hospital é chegar na hora marcada; se não, não vai ser atendido (Observação: o médico deve ter pensado "Esse cara quer me pegar; se ele chegasse às 11 e 30, hora em que seria atendido realmente, estaria agindo de modo lógico, e aí, como ficaria meu argumento de que as coisas não precisam ser lógicas?").
Eu: – Estão todos doidos, não dá para concordar. É autoritarismo, é unilateral.
M: – É. É autoritarismo, é unilateral.
Eu: – E é uma tremenda perda de tempo; e o trabalho que todo esse pessoal, que fica esperando horas, poderia estar produzindo? É um absurdo tão grande como o das enormes filas nos bancos; calcule por cima o número de homens-hora perdidos por ano em todos os bancos, em todas as cidades do país inteiro e verá o desperdício que isto representa para a nação.
M: – É... É um desperdício...
Eu: – O problema não está em notar que convivemos com muitas coisas ilógicas; todos temos consciência deste fato. O problema está em aceitar esta convivência passivamente, pois se não reagirmos contra as injustiças (as quais são ilógicas), elas persistirão, ou se ampliarão. Também, essa sua aceitação das ilogicidades sem explicitar ressalvas, já basta, sozinha, para comprometer toda a pesquisa científica, todos os modelos teóricos da Física e da Engenharia, todos os paradigmas, todas as escolas filosóficas, econômicas etc., sem falar desde a Matemática até a Música, pois tudo isso utiliza a lógica como ferramenta básica. E sinto muito, mas não posso deixar de observar que esta sua passividade com os fatos ilógicos pode justificar qualquer coisa, as maiores injustiças, os maiores roubos, as maiores atrocidades. Se o prejudicado se queixar que aquilo é ilógico, é só usar sua frase mágica "nem tudo é lógico". Se for injusto, desonesto, anti-ético etc., e daí?, "nem tudo é justo, honesto, ético etc.". Levando ao extremo, isto justificaria o que os nazistas fizeram com os judeus, o que os brancos fizeram com os negros e índios, o que Israel faz com os palestinos etc.. Entre aqueles judeus que aceitaram sem reação tudo de ilógico que os nazistas fizeram com eles, e os jovens que, no gueto de Varsóvia, lutaram com paus e pedras contra o superarmado exército alemão, fico com os jovens judeus. Assim como hoje, por coerência, fico com os jovens palestinos. E coerência também é lógica.
M: – É, é...

9) MICROCURRÍCULO E TESTAMENTO

Tive uma vida intensa, bem vivida, eclética. Meti-me, até indevidamente, em tudo em que permitiram – ciência, arte, política, letras, informática, eletrônica, tecnologia, política tecnológica, política universitária, publicações, lógica, ecologia, liderança, relações públicas, empresas, palestras, conferências, administração, consultoria em diversas engenharias, congressos, invenções, patentes, cinema, música, piano, audições, composições. Plantei um bosque de árvores, escrevi poesias, livros, artigos, tive quatro filhos em cinco relacionamentos estáveis. Auxiliei incontável número de pessoas. Pesquisei, inventei, errei, corrigi, criei. Aprendi a tocar razoavelmente bem um instrumento (por pouco não segui carreira como concertista de piano). Fiz amizade com pessoas de todos os níveis e zero de inimizades (talvez alguns mal-entendidos...). Dei-me bem, e convivi, com pessoas das mais diversas ideologias e religiões. Como Bertrand Russell, não me arrependo de nada. O grande Russell, em seu testamento, descreve suas lutas por um mundo melhor, com menos injustiças e sofrimentos. Termina dizendo que não se arrepende de nada que praticou e que, se lhe dessem a oportunidade de viver novamente, faria tudo de novo. Eu, como Russell, modestamente lutei por um mundo com menos desigualdades, bradei contra as agressões dos fortes contra os fracos (desde indivíduos até nações), contra a espoliação dos deserdados pelos privilegiados, arrisquei-me contra o autoritarismo, contra a injustiça social. Também, como Russell, nas mesmas condições faria tudo de novo, sem titubear. Porém, se me oferecessem a oportunidade de viver novamente, diferentemente dele eu recusaria tal honra, também sem vacilar. E, se me perguntassem a razão, diria apenas: – "Porque viver cansa! Só imaginar em fazer de novo tudo o que fiz na vida, é suficiente para me deixar esgotado..."

10) EPÍLOGO

MINIPOEMA INDECISO

Passa o minuto
Passa a hora
Passa a semana
Passou o mês

Passou o ano
Foi-se o Outono
Foi-se a vida

Para (um dia/talvez/nunca mais) retornar...

AGRADECIMENTOS

Ao meu irmão Sergio, pela meticulosa revisão de conteúdo – por suas críticas, é quase um coautor. À M. Aparecida Romani e à Sandra Serpa por suas revisões gramaticais e a Eveline Albuquerque pela diagramação. A minha esposa Maria Isabel por suas opiniões sobre a redação preliminar.

APÊNDICE A
PENSAMENTOS E PROPOSTAS

Pensamentos coligidos: alguns, simples citações, outros escritos por mim em uma versão diferente da conhecida, outros, talvez lidos, alguns óbvios e vários possivelmente originais.

* Para os governos, a versão oficial constitui a História. Se, por conveniência, a versão oficial mudar, a História também muda.

* Quando alguém fala: – "Não se preocupe, fique tranquilo", lembro-me logo dos dentistas. Quando eles pronunciam estas palavras, previna-se, pois, com certeza vai doer. Se não, por que eles se dariam ao trabalho de nos tranquilizar?...

* Ele defendia seu ponto de vista absurdo com tanta convicção, que a gente era tentado a concordar com ele. Uma incoerência dita com ênfase demanda esforço para ser contraditada.

* Se o único propósito for vencer a discussão, fale coisas desconexas. A uma frase sem sentido não há como oferecer objeção. É preciso, porém, estar preparado para um risco existente neste comportamento: o(s) oponente(s) ou observador(es) pode(m) solicitar a definição das palavras empregadas na frase desconexa...

* O imperador Selassiê, da Abissínia, dizia que a felicidade é a diferença entre o realizado e a expectativa. Assim, espere pouco; o que vier a mais é lucro.

* Leonardo da Vinci disse: "Ao Criar, sou a própria Criação" e eu emendei: "Ao Criar, sou o próprio Criador."

* Para quem se alimenta com transgênicos: "Tenho o direito de não querer servir de cobaia, mas defenderei até a morte o direito daqueles que desejam servir" (eu, copiando Voltaire e Rui Barbosa).

* "Brinquemos. A vida é uma grande brincadeira, com pitadas de tragédia, ou vice-versa, dependendo do momento e do lado em que você está." Se ninguém escreveu isto antes, acabo de criar. Se já escreveram, minhas homenagens pela elegância da frase.

* Um belo pensamento atribuído a Gabriel García Márquez: "Um homem só tem o direito de olhar outro de cima para baixo, quando o está ajudando a levantar-se."

* Em condições civilizadas, quando estamos convictos da justiça de nossa causa, a insistência educada é a mãe do sucesso. Uma exceção é quando o oponente autoritário não aceita argumentação (caso das ditaduras). Aí, é só na marra, pois não há insistência educada que resolva...

* Notei um fato interessante envolvendo algumas das maiores religiões do Ocidente. Percebi que cada religião oferecia um tanto a mais que a anterior: os deuses gregos possuíam os defeitos humanos, religiões seguintes presentearam o ser humano com uma alma, outras prometeram o renascimento, em outra, poderíamos nos comunicar com os mortos. A longo prazo, tenho esperanças de que a racionalidade suplante as crendices e a Ciência ocupe o lugar das religiões, desmistificando dogmas, ou confirmando o que for possível. Um exemplo é o declínio do sagrado Deus do Fogo grego, cuja importância era justificada pela dificuldade em compreender, obter e manter o fogo – hoje ele é produzido com facilidade e por vários meios; outro, o abandono da pretensão de a Terra ser o centro do Universo, com tudo girando em torno dela.

* Devemos dar cultura humanista aos técnicos, para diminuir sua tendência em transformar indivíduos e suas aspirações em números.

* Os pilotos e tripulantes dos bombardeiros deveriam ser condenados a descer e ver suas vítimas, para observar o belo trabalho que fizeram e os estragos e sofrimentos que causaram.

* O que interessa é a essência. O invólucro (ritual) só serve para enganar trouxas. O surpreendente é que, usualmente, dá-se excessiva importância à forma em detrimento do conteúdo: impressiona mais uma gravata vagabunda em caixa plástica brilhante do que uma caríssima gravata italiana embrulhada em jornal.

* Há inúmeras maneiras de se dar uma boa ou uma má notícia. É aconselhável dá-la do modo que melhor atenda aos próprios interesses.

* Em minha vida, pude observar que, para a grande maioria das pessoas, as conclusões são direcionadas pelas conveniências.

* Um pensamento de valor (não sei o autor): "Pessoas inteligentes debatem ideias, pessoas medianas comentam fatos, pessoas medíocres depreciam pessoas."

* Observei que idealistas frustrados por não poderem resolver os problemas relativos aos seus ideais têm grande chance de se tornarem satíricos.

* Nas nossas festas natalinas e outras datas religiosas, o que se nota é uma franca exploração mercantil do fervor religioso; é como se pensassem: "Jesus nasceu, comemoremos com um banquete, Jesus morreu, prestemos homenagem nos embriagando, Jesus ressuscitou, vamos às compras." Criam-se pretextos para beber, comer e consumir.

* Jamais dividia ou subtraía; só somava e multiplicava. Ficou rico!

* Quem nunca foi contrariado na infância ou na adolescência, é difícil que saiba processar as frustrações na idade adulta.

* Lei que enunciei, verificada empiricamente: "A velocidade com que surgem novas corrupções é maior do que a capacidade humana para tomar conhecimento delas."

* Uma autoridade estadunidense, referindo-se à guerra no Afeganistão: "Jogamos bombas nos maus e alimentos para os bons." E eu complementei: "Só que, às vezes, a gente se engana e inverte. E não costumamos dar nenhuma importância a estes enganos..."

* O governo estadunidense enviou comida para as crianças afegãs. É irônica a preocupação em alimentá-las para depois servirem de alvo às bombas dos próprios benfeitores.

* Os inventores do "bombardeio humanitário" desejam que a gente esqueça a palavra "bombardeio", priorizando só o termo "humanitário".

* Concordo que uma importante razão dos pais terem horror a filhas sexualmente liberadas (enquanto receiam que seus filhos homens não o sejam) deriva basicamente de fatores financeiros. Pois, se resultar um filho e o pai não assumir a responsabilidade (e isto, boa parte das vezes, acontece), os encargos da criação ficarão com a mãe e os avôs. E o pai do nenê, muita vezes, desaparece.

* A vida dura, quanto mais dura, mais dura. (Frase intencionalmente ambígua – o pior é que há vários sentidos com sentido...).

* Uma interessante frase, cujo sentido muda completamente de acordo com a colocação da vírgula: “Se o homem soubesse o valor que tem (,) a mulher (,) andaria de quatro à sua procura.” A falta de uma cedilha pode também acarretar a morte de uma pessoa: o rei ordenou “Levem-no à força”, mas a caneta falhou na cedilha, e o infeliz foi enforcado.

* Quanto mais penso, mais (d/r)esisto (com alguma liberdade na grafia).

* De cada 3 governantes, 2,8 roubam até (d)a mãe. Por isto, simpatizo com os anarquistas (e viva o Bakunin!). Pena que eles (ainda) não apresentaram um sistema viável de governo. Espero que algum dia, com a evolução da humanidade, eles o façam.

* A existência de dogmas (políticos, religiosos, ideológicos) é o maior ultraje à inteligência humana. E a segunda maior afronta é a aceitação de tais dogmas.

* As crianças brasileiras viciadas em refrigerantes e “comidas rápidas” estadunidenses, além de se envenenar, estão inocentemente colaborando, através dos impostos sobre os royalties, com o orçamento do governo dos EUA. Estão ajudando a financiar bombas que, no futuro, terão boa chance de serem jogadas sobre suas próprias cabeças. Evidentemente, isto vale para inúmeros outros produtos, mas os citados têm uma grande carga simbólica.

* Na universidade, quando se aprende a fazer teses, aí não é mais necessário escrevê-las (já se alcançou o cargo máximo). É semelhante ao que ouvi outro dia: “Quando aprendemos a viver, morremos.”

* Parece que um dos motivos da existência das religiões é que o homem não se sente confortável com seus pensamentos e atos, necessitando encontrar cúmplices.

* Em homenagem a elas: “Quanto mais conheço os homens, mais venero as mulheres.”

* Conselho aos homens: “Podeis continuar a detestar-vos uns aos outros, mas amai as mulheres.”

* Não se pode tolerar o terrorismo de pessoa física, mas muito menos o terrorismo de estado, que dispõe de meios infinitamente mais poderosos e que provoca danos, físicos e morais, muito maiores.

* Tudo indica que a humanidade é formada por um grande número de tribos com interesses conflitantes. O desejo, secreto ou declarado de cada tribo, seria eliminar a tribo concorrente ou, ao menos, subjugá-la. Sentimentos altruístas? Mais uma triste ilusão...

* Li outro dia e, imediatamente, abracei a ideia (parabéns a quem a formulou): Nos fatos que dependem de nossa atuação, é obrigatório sermos otimistas, pois quem age com confiança em si, age mais eficientemente. Naquilo que depende da atuação de outrem, devemos estar preparados para o caso pior (mesmo torcendo pelo melhor...). Se acontecer o melhor, ótimo; se não, não seremos pegos desprevenidos.

* Estou cansado de ouvir as frases, proferidas muitas vezes por pessoas de razoável preparo: "Está escrito"; "Só acontece se tem que acontecer"; "Deus decide"; "Não se morre na véspera", como se nosso comportamento não tivesse qualquer influência nos acontecimentos. Sei que minha pretensão de ver alguma racionalidade na religião, onde outros só vêm emoção, é controversa, mas tenho bons aliados, mais radicais que eu (e a própria teologia não faz parte desta racionalização?). Sei que o modo de pensar está condicionado pelo modo de viver. Concordo na quase impossibilidade de modificar a fé cega das pessoas usando argumentos racionais, pois elas pensam assim por hábito ou porque é conveniente para diminuir suas culpas. Mas não resisto à tentação: se tudo já está escrito, então não precisamos tomar quaisquer atitudes na vida, pois elas serão inúteis, restando apenas esperar pelos acontecimentos previamente estabelecidos (e onde fica o conceito do livre arbítrio, antepondo-se à ideia do destino?). Como aceitar que desde os homens primitivos até hoje, envolvendo mais de dezenas e dezenas de bilhões de seres humanos, nossas vidas tenham sido descritas segundo a segundo, prevendo tudo o que faríamos? E o comportamento das futuras pessoas também já está escrito? A previsão vai até quando? Mais cem mil anos? A eternidade? O mais engraçado é que quem diz isto estranha, quando proponho como aposta, um simples teste: atravessar uma estrada larga e movimentada de olhos fechados, repetidamente, ou se jogar de um décimo andar. Digo: – "Não tema. Se não está escrito, nada acontecerá e, se acontecer, é porque estava escrito e aí, meu amigo, você não teria como escapar de seu destino..." Mas ninguém aceita correr o risco,

demonstrando uma tremenda falta de fé... Aliás, não sei por que tantos crentes no destino, contraditoriamente, consultam uma batelada de médicos e aceitam enfrentar penosas cirurgias para prolongar suas vidas: estarão tentando modificar o próprio destino?

* A afirmada dicotomia entre teoria (modelagem) e prática (realização) é falsa. A teoria parte de premissas e por meio da lógica chega a conclusões; se as deduções forem corretas, sob este aspecto a teoria será inatacável. O que existe são aplicações da teoria em situações em que ela não se aplica (casos em que as premissas não são obedecidas, por erro ou por ser em um caso fora do previsto), ou teorias mal feitas, onde as deduções têm falhas.

* Há um embate histórico entre os egoístas e os desprendidos. No momento, os desprendidos estão perdendo feio (conforme Saramago, estamos construindo uma sociedade de egoístas).

* Nada pior do que um jovem conservador. Os moços têm a obrigação de serem revolucionários. Deixem o conservadorismo para os mais velhos.

* O Nacionalismo pode ser uma ideia utilizada para oprimir outros povos ou uma ideia utilizada para resistir à opressão de outros povos. Abomino o primeiro uso (utilizado pelas nações poderosas para seu expansionismo) e defendo com unhas e dentes a segunda utilização, de grande importância para a libertação dos povos subdesenvolvidos.

* Dizem que o estudo da História serve para copiar os acertos e evitar repetir os erros cometidos, mas parece que o que mais se tem copiado são os erros.

* Somos reféns dos meios de comunicação, das agências, jornais, rádios e TVs, que nos comunicam o que lhes convém, omitindo o que desejarem de acordo com seus interesses (muitas vezes contrários aos nossos...).

* A Revolução da Informática/Automação, com seu potencial de suprimir inúmeras profissões, tem tudo para repetir o que sucedeu na Revolução Industrial, quando a explicação hipócrita que davam para os desempregados pela própria Revolução, era: – "Agora vai ser trágico para vocês, muitos não terão o que comer, mas daqui a umas duas ou três gerações o mundo vai ser melhor para todos."

(Ou seja, para os que sobreviverem...). A esperança é que, a curto prazo, ela crie mais empregos do que destrua.

* A vida tem suas injustiças: o tempo aparenta passar mais depressa para quem trabalha (e quanto mais se trabalha, mais rápido passa...). Portanto, quem muito trabalha tem a sensação de viver menos. Quando de férias, o tempo custa a passar – ele dá a impressão de se alongar na medida em que não fazemos nada. Por outro lado, na juventude o tempo aparenta passar devagar, e na idade madura e na velhice o tempo dá a impressão de passar com muita rapidez.

* No piano (e o mesmo deve acontecer em relação aos outros instrumentos, na digitação e, possivelmente, em todas as atividades automáticas), depois que se estudou exaustivamente uma música, a impressão é que a mão, sob algum comando não consciente, atinge um alto grau de automação: a mão "toca sozinha", o pianista fica só administrando, intervindo apenas em certos pontos de controle relevantes.

* Deviam ensinar rudimentos de estatística, probabilidade e lógica no primário, para, mais tarde: 1) As pessoas não caírem na besteira de fazer "estatística de um só", tirando conclusões definitivas baseando-se em um só exemplo, como "Meu avô fumou até os 100 anos, portanto o fumo não faz mal."; 2) Não tomarem posições definitivas sobre fatos que tem uma certa probabilidade de acontecer, mas como se o fato certamente aconteceria. (Exemplo: "Se você deixar seu amigo tomando conta do negócio, ele vai roubá-lo."). O estudo da lógica evitaria o enunciado de falácias como as acima citadas e teria a vantagem de guiar o raciocínio, não só em problemas da estatística e probabilidade, mas nos mais diversos campos.

* Problemas interessantes: 1) Qual a probabilidade de, num experimento probabilístico (lançamento de dados, por exemplo), as frequências se aproximarem da probabilidade calculada (dentro de um dado intervalo), após N eventos (N lançamentos de dados, no exemplo)? Este problema, resolvi. 2) A probabilidade de um fato ocorrer é 1 para N e digamos que ele acontece. Voltando à condição inicial, e como os fatos não têm memória, a probabilidade de ele ocorrer de novo é 1 para N novamente (os eventos são independentes). Mas você jogaria hoje na sena, quina, loteria, no número que deu ontem? O normal é não jogar, e talvez isto se dê por confundirem com o fato de a probabilidade de acontecer o mesmo número, duas vezes em seguida, é 1 para N ao quadrado, muito menor que 1 para N.

* O que não tem prazo, não sai; e o que tem, quase nunca sai no prazo. (Já não disseram que planejamento que dá certo é o que foi mal feito?)

* Meu trabalho cresce na medida em que os outros pensam que tenho tempo sobrando (Meu complemento à Lei de Parkinson, que reza: "O trabalho se expande de modo a preencher o tempo disponível à sua realização.")

* Com tantas teorias contraditórias, não intuitivas, de difícil compreensão e/ou visualização, fora de nossa realidade física, também posso propor a criação de uma, com o pomposo nome de "Teoria do destino probabilístico". Seu Primeiro Princípio será: "Tudo acarreta tudo, e de forma probabilística e caótica." Quem se julgar capaz, e tiver coragem, que desenvolva a teoria a partir desta premissa.

* Penso que a Matemática está muito deficiente, faltando um novo desenvolvimento para tratar os fenômenos sociais. Mal comparando, antes do desenvolvimento das equações diferenciais, muitos problemas da Física, hoje resolvidos, não podiam nem ser formulados. Pois hoje está faltando o desenvolvimento de ferramentas matemáticas para o estudo dos citados fenômenos sociais.

* Um dos orgulhos dos engenheiros é que, de um jeito ou de outro, eles resolvem os problemas (são treinados para resolvê-los). Às vezes pode ficar antieconômico, mas que resolvem, resolvem. Muitos problemas mundiais hoje estariam solucionados se tivessem sido entregues aos engenheiros.

* Eis alguns princípios e constatações que sempre procurei seguir, na medida do possível, e que recentemente descobri, por indicação de meu irmão, serem inspirados, sem eu saber, em ensinamentos taoistas (ver *Tao Te Ching*, escrito pelo sábio chinês Lao Tsé cerca de 500 anos AC). Lao Tsé valoriza o Caminho (ou o Curso, segundo outros), o Despojamento e o Sentir, entre importantes conceitos:
– Devemos desenvolver equilibradamente o pensar e o sentir (embora isto não seja fácil no atual estágio da sociedade humana, ao menos no Ocidente).
– Não gaste mais do que o necessário.
– Procure viver de modo que o necessário seja o suficiente.
– O que exceder o necessário, distribua para quem necessita.
– Muitas vezes o processo é mais importante que o produto.

* Os egocêntricos abundam nos dias de hoje. Um pensamento que bem representa a essência do egocentrismo: "Que seria do mundo, se eu não existisse?"

* Não se deve culpar um animal pelo dano que ele causa, mas sim seu dono. Em relação aos governos, o que a maioria tem feito é culpar os animais e preservar os donos.

* O Judiciário, o Legislativo e o Executivo brasileiros, em nome da liberdade e da democracia, praticam abusos inacreditáveis. E os defensores da liberdade e da democracia perdem força e ânimo para defendê-las quando, dando-se como pretexto os abusos praticados, elas são suprimidas.

* Não acredito no Diabo, mas que a televisão deve ser invenção dele, deve.

* Desabafando: "Em minha opinião, boa parte da música popular importada equivale a lixo. Não é nem de péssimo gosto – é uma total falta de gosto. Mas defendo o direito, daqueles que a apreciam, de não terem capacidade de avaliação. Mas que lamento, lamento..."

* Afora raras exceções, as mulheres são propensas a cair em qualquer conversa, por mais inverossímil que seja. Ou talvez tenham a habilidade de avaliar rapidamente os prós e os contras e fingir que caíram...

* As autoridades dizem que as exageradas multas de trânsito que nos impingem são educativas. Outros dizem que são arrecadativas. Eu acho que são fdaputativas. Há infrações que a gente só sabe que são infrações quando já foi multado.

* É, ao menos, curioso: "Entra-se no médico quase morrendo, ele examina e diz que não temos nada, que aquilo é normal. E saímos supersaudáveis, rejuvenescidos. Somos mais influenciáveis do que pensamos."

* Dois pensamentos machistas – as mulheres que façam os pensamentos feministas correspondentes...: a) Os homens apreciam mulheres entre 30 e 40 anos. Elas já aprenderam tudo e ainda não se esqueceram de nada. b) As virgens com alguma experiência sexual deveriam ser consideradas x% virgens, com x entre 0 e 100, e tanto menor quanto maior a experiência.

* Li uma vez uma boa comparação: com a explosão de informações à qual somos sujeitos, estamos perdidos no mundo como um ascensorista de elevador. Ele ouve o começo de uma piada e não fica sabendo o fim. Ouve o meio de outra e não entende nada. Ouve o fim de outra, todos riem e ele não acha nenhuma graça.

* A Política Nacional de Informática dos governos militares (Reserva de Mercado) fracassou, entre outros motivos, porque nossos patrióticos empresários confundiram proteção momentânea com privilégio eterno.

* A educação tem sido a principal condição para uma nação sair de sua condição de subdesenvolvimento. Pessoas sem preparo básico adequado não conseguem dirigir máquinas, desenvolver softwares, planejar, administrar, tratar da saúde das pessoas, pesquisar, julgar etc.. Em nosso país, a educação tem sido inadequada para o preparo das pessoas necessárias à construção de uma nação eficiente, moderna, justa. E o despreparado, em qualquer local que esteja, é um entrave ao progresso. Tanto faz se é de esquerda, direita, centro, conservador, liberal, progressista, ateu, religioso, qual sua religião etc.. Não há atenuantes. Talvez tenhamos que apelar para o Princípio de Peter (The Peter Principle – por Laurence J. Peter), que reza: "Em uma hierarquia, cada um tende a subir até seu nível de incompetência", para explicar por que existem tantos despreparados em cargos de importância. E isto sem contar com a nomeação, por motivos políticos, de incompetentes para cargos essenciais. (Observação: Por "incompetência" entende-se a inabilidade de alguém em desempenhar adequadamente uma determinada tarefa ou missão.)

* Penso que a humanidade, em suas ações e descobertas, foi longe demais: domesticação de plantas e animais, estrutura da matéria, estudo do universo, genética, estudo do cérebro e dos processos mentais, decifração do código genético, clonagem, comunicações instantâneas, conquista do espaço próximo, nanotecnologia, informática, inteligência artificial etc. etc.. Embora ainda falte muitíssimo a descobrir, não está na hora de dar uma brecadinha, diminuir um pouco a velocidade das inovações?

* Eis por que o Poder Judiciário, dos três, é o que mais degenerou: os outros dois são alvos de maior vigilância e passam periodicamente por avaliações (as eleições, mesmo imperfeitas). O Poder Judiciário, nem isto. É uma constatação da Teoria do Controle que os sistemas

sem controles degeneram. (Simplificadamente: Todo sistema sem controle tende a degenerar em um tempo finito).

* Disseram-me que o Capitalismo é o modo mais eficiente de produzir riquezas (e concentrá-las nas mãos de poucos...) e o Socialismo é o melhor modo de distribuir riquezas (mas, no atual estágio da humanidade, no qual os homens são egoístas ao extremo, ele não os incentiva a produzir). Então, ao menos no momento, não há solução? Neste caso, como a evolução humana é tarefa de longo prazo, a nós só restaria, a curto prazo, socorrer nossos semelhantes, mesmo sabendo que nossa ação representaria uma gota de água no oceano das injustiças sociais? No momento (2014), o pragmatismo chinês está tentando conciliar o que há de eficiente em cada sistema. E, aparentemente, está tendo sucesso – com a importante ressalva da destruição do meio ambiente.

* O Neoliberalismo, quando sinônimo de capitalismo selvagem, é um sistema instável. É só ver as crises que ele provoca ciclicamente.

* Globalização – mais um nome para o Imperialismo?

* Muito sofrimento deixaria de existir se as pessoas se compenetrassem de que, na vida, tudo é provisório, que não há nada definitivo. Nem a morte é definitiva, pois quando nos desintegrarmos, nossas moléculas voltarão a integrar outros entes, animados ou inanimados. É possível que acabemos integrando uma bomba de hidrogênio, um protozoário, uma rocha, ou um gambá. Tudo dependerá da "sorte" de cada um...

* Décimo Primeiro Mandamento: "Não fazer na juventude o que pode causar arrependimento na velhice (por ter feito) e não deixar de fazer na juventude o que pode causar arrependimento na velhice (por não ter feito)."

* Na vida, é espantoso como quantos fatos, favoráveis ou não, são resultados combinatórios: os acidentes (no momento errado e no lugar errado), os desentendimentos entre pessoas, os erros cometidos, simultânea ou sequencialmente, os mal-entendidos. Um exemplo: é um problema de bom tamanho administrar N seres humanos (como filhos), pois há a possibilidade de [(2 elevado a N) menos 1] desentendimentos (combinação de elementos um a um, dois a dois, três a três etc.). Por exemplo, para 4 filhos, temos 15 possibilidades de desentendimentos. O "um a um" refere-se ao fato de a pessoa po-

der se desentender com ela mesma... Mas, mesmo descontando, ainda sobram muitos possíveis desentendimentos.

* Não sei quem falou: "A falsa ilusão dos fins continua a justificar a torpeza dos meios", mas gostaria de ser o autor.

* Definição de subversivo: "Quem se opõe a mim." O subversivo de hoje é o governo de amanhã. Complemento com a definição (atribuída ao Millor Fernandes): "Democracia é quando eu mando em você. Ditadura é quando você manda em mim."

* A televisão e o rádio reabilitaram os que não sabem ler – qualquer analfabeto pode ouvir rádio ou ver TV (acho que, quanto à TV, foi o único resultado tolerável).

* Não entendo como, em tão pouco tempo, os descendentes dos judeus que foram perseguidos de modo tão atroz em toda Europa, passaram de vítimas a algozes. Eles mudaram; minha simpatia, que era por eles, também mudou – entre opressores e oprimidos, meu coração sempre se inclina pelos últimos. Continuo amigo de muitos descendentes de judeus e tenho profundo respeito por aqueles que desaprovam e criticam as atrocidades cometidas por Israel.

* A melhor descrição que vi de Leitura Dinâmica: "Leia hoje, entenda amanhã." E acrescentei: Leitura super dinâmica – "Leia hoje, entenda semana que vem." e Leitura hiperdinâmica – "Leia hoje, esqueça..."

* A soberania, capacidade de tomar decisões para o interesse do país, é um assunto muito importante para ser deixado para os políticos.

* É nas dificuldades que se evolui e é nas crises que se constroem as nações. As vitórias fáceis nada ensinam, apenas nos acostumam mal e nos tornam frouxos, dependentes e apáticos.

* É na luta que se amadurece politicamente.

* Ser sábio é jamais esquecer como somos ignorantes.

* Os descendentes de japoneses no Brasil estão condenados à extinção parcial. Amantes da velocidade e dos carros velozes (ao menos no Brasil), só vão sobrar os que não guiam e os que não andam em carros dirigidos pelos que guiam.

* Não espere que uma preleção didática sobre assuntos profundos prime pela exatidão. É quase impossível conciliar as duas coisas, escrever ou falar de modo simplificado sem deixar passar imprecisões. É por isso que os artigos dos jornais que tentam "explicar" as Teorias da Relatividade ou dos Quanta expressam tantas impropriedades. Exatidão e simplicidade são inversamente proporcionais.

* Se quisermos comunicar algo ao mundo, temos que primeiro conquistar o repórter. Ele é a nossa interface com os habitantes do planeta.

* Um absurdo do capitalismo: gerar dinheiro a partir do dinheiro, sem gerar produção.

* As bombas atômica e de hidrogênio só foram possíveis após o desenvolvimento da Matemática, da Física e da Informática a níveis sofisticados, que só o homem, com sua inteligência superior, conseguiu atingir. Assim, quem morre ou fica mutilado numa explosão dessas, deve se sentir um privilegiado...

* Devia ser óbvio, mas muitos não percebem que é necessário aprender antes de ensinar. Igualmente, para responder é preciso ouvir primeiro a pergunta...

* A antecipação do futuro é um incontestável ato de inteligência.

* É a (e/in)volução: as universidades livram-se dos velhos fósseis e recebem novos fósseis. O problema é que já não se fabricam fósseis como os antigos...

* O testamento mais sincero que vi foi o de Rabelais: "Pouco tenho, devo muito. O resto fica para os pobres."

* Para os apressados em suas conclusões: "Exemplos não corroboram uma conclusão geral nem provam uma teoria, mas um só contra-exemplo "desprova" qualquer teoria."

* Não sei onde li ou ouvi: A Justiça brasileira é tão ausente e/ou ineficiente e/ou hiper-demorada e/ou cara, que é quase inexistente para a grande maioria da população. Assim, com custo altíssimo para a sociedade que a paga, e benefício muito baixo, sua relação benefício/custo é próxima de zero.

* Um governo só é realizador se o anterior deixou as finanças em ordem. Por isso, não julgue favoravelmente apenas o governo que realiza, mas, principalmente, aquele que o antecedeu.

* É um desperdício, mas para engenheiro subir na vida tem que virar administrador.

* Quanto ao resto, tenho as minhas desconfianças, mas na música, penso que o Mundo Ocidental está involuindo.

* A única saída, quando surgem os limpadores de parabrisa de carro com panos imundos, que mais sujam que limpam, é perguntar: – "Quanto quer para não limpar?"

* Minha colaboração para a Lei da Seleção das Espécies: "Os mais burros perecem e só os mais espertos sobrevivem."

* Já tive pena dos drogados (inclusive fumantes e alcoólatras), mas depois percebi que sabem o que estão fazendo, foram avisados das consequências e optaram por se suicidar. Penso que eles estão auto-aplicando a Lei da Seleção das Espécies: "Os menos aptos estão eliminando a si próprios." É o seu modo de contribuir para a evolução do ser humano.

* Entre o explorado e o explorador, culpo mais o explorado por não reagir à exploração.

* A educação é um processo trabalhoso, demorado e de alto custo. Ela demanda tempo e investimentos a fundo perdido. Não há milagres: a sociedade atual tem que investir em benefício da sociedade futura.

* Um belo pensamento de Aliomar Baleeiro: "A liberdade não se recebe por mercê ou tolerância dos opressores. Há que merecê-la ou disputá-la. Sempre que houver almas de escravos, haverá vocações de opressores."

* A música popular, com raras exceções, não utiliza uma variável importante, a variação da intensidade sonora, que constitui o "colorido". O que é básico na música erudita, fica normalmente esquecido na música popular; nela, a intensidade sonora é praticamente a mesma, do começo ao fim (em alguns casos, intoleravelmente intensa). Seria interessante estudar as razões desse fato.

* Conjectura a ser comprovada: quem ouve muita música bate-estacas emburrece. Suponho que a pressão sonora, agindo repetidamente, afeta o cérebro...

* Esquisitices linguísticas: 1) A palavra "sujeito" tem dois sentidos decididamente opostos: a) "Ele é o sujeito da História" (é o agente, o que faz, o que realiza) e b) "Ele sempre foi sujeito à vontade alheia" (submisso). 2) A palavra "provável" também tem dois sentidos opostos: a) Que se pode provar e, portanto, é verdadeiro ("Este teorema é facilmente provável") e b) Que pode ser que seja verdadeiro, mas sem prova, ou que não seja verdadeiro ("É provável que hoje chova."). 3) A palavra "logrado" também: a) "Tinha logrado atingir a sabedoria" (atingiu) e b) "Foi logrado em sua intenção de atingi-la." (não atingiu).

* Um sábio princípio, muito pouco praticado: "Não assumir mais do que se pode fazer."

* Concluí que os casamentos, para terem maior chance de dar certo, deveriam atender a conveniências (são os "casamentos utilitários"). Alguns exemplos, que falam por si: mulher pianista e marido cantor; mulher doente e marido médico; mulher proprietária de frota de táxis e marido dono de oficina mecânica; marido estelionatário e mulher advogada; marido sonegador e mulher fiscal do imposto de renda; mulher dona de loja e marido contador. E um triângulo amoroso utilitário: marido empresário, mulher contadora e amante fiscal da Secretaria da Fazenda.

* Princípio da Sacanagem das Máquinas: "Todos os dispositivos criados pelo homem, e alguns não criados, são intrinsecamente perversos e estão sempre prontos para praticar alguma sacanagem na primeira e/ou pior oportunidade que se apresente." Confiou, paga o dízimo. Exemplos: sistema bancário que cai; automóvel que para devido a algum defeito, na estrada, à noite; computador que trava ou desliga no pior momento; aparelho elétrico que, de repente, não funciona; chuveiro elétrico que pifa, no frio, no momento em que se está tomando um banho quente...

* Os antigos processos artesanais foram paulatinamente sendo substituídos pelos processos industriais. E, aparentemente, esta substituição é o que chamam de progresso. Visto por outro ângulo, poder-se-ia dizer que este progresso consistiu basicamente na transformação

de processos artísticos em técnico-científicos (por exemplo, a tecelagem manual, artesanal, em tecelagem industrial, com máquinas). Agora, porém, está na hora de pensar o progresso em termos de desenvolvimento humano, integrando os bilhões de despossuídos à cidadania. Transcrevo Amartya Sen, Prêmio Nobel de Economia de 1998: "Vivemos um mundo de opulência sem precedentes, mas também de privação e opressão extraordinárias. O desenvolvimento consiste na eliminação de privações de liberdade que limitam as escolhas e as oportunidades das pessoas de exercer ponderadamente sua condição de cidadão."

* Outra frase de Amartya Sen, Prêmio Nobel de Economia de 1998: "Tolerar a injustiça é tão ruim e prejudicial como praticar a injustiça." Generalizei, substituindo injustiça por corrupção, violência, impunidade...

* Um modelo simplificado (mas útil) no estudo de um instrumento: arte (de transmitir sentimentos) depende de treino, repetição, autoaprendizado, adaptação – necessários para se adquirir a habilidade imprescindível à transmissão da sensibilidade do artista. Para se fazer arte, é necessário associar o sentimento, a introspecção, a elevação, à habilidade em transmiti-los, e esta habilidade deve ser adquirida pelo treino. Ciência depende basicamente da transmissão de conhecimentos (escrita, oral, por meio de livros e artigos, registros de experimentos etc.). No estudo do piano (ou de quaisquer outros instrumentos), é possível separar, de acordo com o modelo acima, o que é a arte/habilidade (depende do esforço próprio, não passível de transferência) e o que é ciência (pode ser aprendido de outrem).

* Nas profissões nas quais o recém-formado é jogado sem delongas no mercado de trabalho, como na Engenharia, é de suma importância balancear o currículo didático para um perfeito equilíbrio entre matérias de formação (teóricas) e de informação (aplicativas). Sem suficiente informação, ele vai ter dificuldade em resolver os problemas específicos de sua profissão, e sem uma base teórica forte (com matérias como matemática, física e outras disciplinas básicas etc.), será mais difícil ainda, para não ficar obsoleto, acompanhar a rápida evolução da ciência e da técnica. Presenciei um caso dramático em uma fábrica de rádios. Os rádios usavam válvulas, e o Eng. X era a autoridade técnica máxima, pois ele era conhecedor profundo dos circuitos a válvula (possuía a informação, e informação é poder).

Quando formandos, que já haviam estudado circuitos a transistor na universidade, foram empregados para modernizar a empresa, o Eng. X sentiu-se perdido, pois não sabia nada sobre transistores (não tinha a informação). Em desespero, procurou a universidade, e era patético o esforço que fazia para se atualizar. Se não tivesse formação suficiente, seria muito difícil ele adquirir o conhecimento necessário para, ao menos, conservar um resquício de poder. Imagino que inúmeros casos semelhantes devem acontecer frequentemente e em várias áreas.

* Jamais inventem algo extremante (de grande ou de pequeno valor). As invenções de grande valia, revolucionárias, são perigosas, pois, ou atraem a cobiça de outrem ou, se contrariarem interesses poderosos, podem colocar a vida do inventor em risco (exemplos não faltam). Se forem invenções medíocres, não valerão o esforço para serem postas em prática. Portanto, só inventem algo de valor mediano.

* Uma dúvida: "Algum dia, conseguiremos decifrar a nossa mente? Afinal, temos que usá-la para estudar a própria mente..."

* Escrevo do modo que entendi (os psicólogos perdoem-me se entendi mal): A maioria da humanidade, por enquanto, é constituída pelos neuróticos, considerados "normais" ou "sãos". Temos ainda uma boa parcela, crescente, constituída pelos vulgarmente chamados malucos. Há também os fronteiriços, que estão no limite, entre as duas categorias citadas. Os malucos são mais abundantes do que imaginamos e estão espalhados pela sociedade, nos mais diversos cargos, privados ou públicos, muitas vezes de responsabilidade. É corriqueiro eles terem comportamento variável, ora parecendo sãos, ora comportando-se como malucos. Observei que o perigo reside justamente no fato de eles apresentarem momentos de aparente normalidade. Pois, como em outros momentos, são capazes de agir de modo que os normais não teriam coragem, eles se sobressaem e podem se tornar líderes, levando a maioria a aceitar e/ou praticar atos trágicos (vide a história recente da humanidade). Uma minoria, em extinção, é constituída por seres que conseguem viver praticamente sem neuroses.

* Um levantamento estatístico demonstraria que o preconceito brasileiro é uns 10% contra negros e o restante contra pobres.

* Uma pessoa só pode ser considerada inteligente se tiver inteligência suficiente para fingir que não é tão inteligente. Ou: temos que ser inteligentes o suficiente para saber dissimular a nossa inteligência.

* Esperto é aquele que aprende com os erros dos outros.

* Nós só percebemos que já vivemos bastante quando começamos a notar o grande número de enterros aos quais já comparecemos (Nota: O próprio enterro está fora da contagem).

* Com as mulheres nunca se sabe se fizemos algo que não deveríamos ter feito, ou se deixamos de fazer algo que esperavam que fizéssemos. Se avançamos, somos tarados; se não avançamos, somos afeminados. Não há meio termo.

* Acho deprimente conversar com alguém que não discorda de nada do que eu digo.

* Depois de acuradas observações, concluí que, para os doentes, é preferível serem maltratados em casa do que serem bem tratados no melhor hospital.

* Após cinquenta anos de estudo, descobri que, para o homem, o melhor afrodisíaco é a mulher.

* Eu só chuto cachorro morto. Os vivos mordem!

* Devemos respeitar as opiniões dos idosos e acatar seus conselhos, mas só até o momento em que eles começam a caducar.

* Uma diferença entre um "serial killer" e um piloto de bombardeiro estadunidense (ou assemelhado), é que o "serial killer" também mata muitas pessoas, mas só uma de cada vez.

* Traidor da pátria é sempre o outro. Cada um confunde os interesses da pátria com seus próprios interesses ou com sua ideologia.

* Nas ruas esburacadas, a prefeitura deveria colocar pedágio negativo, para pagar aos motoristas pelos prejuízos.

* Duas constatações: 1) "Quem inventou o alfabeto era muito competente, apesar de não passar de um analfabeto" (adaptação de pensa-

mento atribuído ao Millor); 2) "Ainda bem que o alfabeto está em ordem alfabética."

* Importante descoberta: "A luz anda à velocidade da luz."

* Para sermos bem-sucedidos na vida, devemos destacar-nos ao menos em alguma coisa, mesmo que nas outras sejamos autênticas cavalgaduras.

* Quando vejo os porteiros e manobristas de meu prédio sem nada a fazer durante horas, e eu sem tempo para nada, penso que bem que poderiam vender-me algumas horas deles. Também, deveria ser possível contratar alguém para almoçar, jantar, tomar banho, por nós... Aí, talvez, sobrasse algum tempinho para fazermos o que nos agrada.

* É muito mais fácil incutir uma dúvida, mesmo sem provas, do que uma certeza comprovada. A menos que a certeza proporcione vantagens ao interlocutor.

* Reclamam da linguagem estanque que cada profissão desenvolve, a qual só é entendida pelos profissionais da área (como a linguagem dos médicos, a dos juristas, a dos informatas, a dos biólogos etc..). Pois penso que tal barreira semântica é criada, instintiva e/ou conscientemente, pelos especialistas da área para dificultar o ingresso dos não iniciados. Esta é uma das manifestações do corporativismo.

* Eu estava neutro, mas quando o Bush exigiu que eu decidisse entre ele e o Bin Laden, não tive escolha: fiquei com o Bin Laden.

* Aprecio ter amigos ricos. É bom desfrutar a riqueza deles sem ter remorsos por ser rico em uma nação de pobres.

* Em lugar de dizer: – "Eu sou um fracasso", é mais produtivo ficar repetindo: – "Eu sou um sucesso", mesmo que seja uma estrondosa mentira.

* A praga funciona só quando o praguejado acredita.

* Acredito em horóscopo só quando ele me é favorável.

* Não recebi nada de herança material (meus pais se esforçaram para proporcionar minha formação, mais importante que quaisquer bens), mas nunca tive grandes dificuldades financeiras. Talvez porque nunca ambicionei muito mais do que já tinha; aprendi a conquistar o que almejava, mas sempre me contentando com o que já obtivera.

* Contradições brasileiras: 1) Em nossa democracia pode-se falar o que quisermos, mas o que falamos não tem a mínima influência. 2) Os donos da nação, se e quando prestam contas, fazem-no como concessão e não como obrigação. 3) Queremos nos sentir brasileiros, mas achamos bonito agir como estrangeiros, inclusive utilizando termos desnecessários das línguas deles. Qualquer dia, ao acordar, vamos ter a impressão de estarmos em outro país.

* Cada vez, convenço-me mais de que o povo brasileiro é um povo de macacos imitadores, só faltando cercar num jardim zoológico: pela "música", pelos costumes alimentares, pelo cinema e TV, pelos nomes estadunidenses que a parcela mais pobre dá aos filhos, pela invasão/invenção de termos desnecessários: delivery, off, free, bike, fashion, network, award, trainees, factoring, Folhateen, deletar, inicializar etc. etc..

* Para o estelionato, a engenhosidade humana não conhece limites.

* Culpar o destino pelo que de ruim lhes acontece é o refúgio dos "nádegas flácidas".

* Para declarar sua honestidade, os governos desperdiçam dinheiro público e escolhem firmas de propaganda sem licitação ou com licitação dirigida, o que configura uma dupla desonestidade. Para declarar honestidade, cometem-se desonestidades!

* Quem abusa da liberdade, começa por não merecê-la e termina por perdê-la.

* Um amigo diz que somos mal projetados, com erros básicos. Em contrapartida, mostrei-lhe que a engenharia do ser humano tem detalhes surpreendentes, como o funcionamento de nosso fígado. Este órgão hiper sofisticado, sozinho, realiza proezas que uma dezena de instalações químicas, com tamanho milhares de vezes maior, não conseguiria igualar. Citei também a espantosa estrutura das articula-

ções dos joelhos. Tive, porém, que concordar no que concerne ao envelhecimento. O grande número de desgastes e inflamações que acometem o ser humano é algo desproporcional, seguramente sem sentido. Um idoso, em um vídeo humorístico na internet (mas com muito de verdade) desfila o número de "ites" que ele tem: estomatite, esofagite, colite, sinusite, artrite, rinite, gastrite, bronquite, labirintite, nefrite, estalactite... Não posso me queixar, aos 76 anos, de tantas "ites" (a menos de algumas articulações meio enferrujadas), mas vejo colegas da mesma faixa etária com várias "ites", encurvados, de bengala, padecendo dores. Tenho esperanças que a genética e a medicina, em prazo não tão longo, corrijam esta situação. Como tudo que tem vida, o ser humano deve ter um início, um meio e um fim, mas a fase final da vida não precisaria ser uma fase dolorosa e com tantas limitações.

* Respeito todas as religiões. Não pratico nenhuma e não rezo, como pessoas religiosas que conheço, para "protetores sobrenaturais", mas quando as coisas se resolvem sem minha interferência, brinco que foi meu "santo virtual" que resolveu o problema.

* Não sei se isto é possível, mas, se algum dia tiver que me converter, para não ser injusto gostaria de tornar-me, simultaneamente: budista, católico ortodoxo, maometano, espírita, protestante, católico romano. Não encontro razões para dar preferência a nenhuma destas religiões isoladamente. E, embora não professe nenhuma delas, sempre dei valor às suas contribuições para a coesão social, para as artes, para consolar nos momentos de sofrimento etc..

* Ouvi um padre católico dizer, dirigindo-se aos religiosos: – "Para Deus te ouvir, tens que ouvir os necessitados." E eu complementei, para os não religiosos: "Independentemente de alguém te ouvir, tens a obrigação de ouvir os necessitados."

* Como engenheiro eletrônico, fico surpreso com a confiança que as pessoas têm na tecnologia, como acreditam que os dispositivos tecnológicos são absolutamente confiáveis. Surpreende-me, ainda, a facilidade com a qual a sociedade brasileira aceita ser ludibriada pela propaganda. Apesar disso, cada vez mais eleitores se conscientizam de que a urna eletrônica brasileira (em 2014) é fraudável. Com programas secretos, identificação do eleitor no mesmo computador no qual vota e inexistência de qualquer possibilidade de conferência dos resultados, não há como garantir que o voto dado não seja desvia-

do e/ou que o voto não seja descoberto. Mesmo assim, há pessoas sem conhecimento em Segurança de Dados e outras com interesses nessa situação, que ainda tem a coragem de falar em "urna segura". No primeiro caso, deveriam se precaver em não emitir opinião especializada em área desconhecida e complexa; no segundo, são cúmplices de um engodo.

* Uma vez, no dia da eleição, conversando com um eleitor idoso sobre a insegurança da urna eletrônica brasileira, eu disse que não estávamos acusando ninguém, pois não tínhamos provas (difíceis de obter). Mas afirmávamos que a fraude e a identificação do voto eram tecnicamente possíveis de ocorrer e que precisávamos de salvaguardas. Seu comentário foi mais ou menos assim: "No Brasil, com essa classe política, se alguma fraude puder ser feita, já foi feita."

* No atual sistema eleitoral brasileiro (em 2014), o eleitor não pode saber em quem votou, pois aquela foto que aparece na urna eletrônica não representa nada – o voto pode ser mudado pelo programa sem que o eleitor perceba. Dizemos que, no Brasil, o voto é secreto até para o próprio eleitor. Hoje, em 2014, comparando com as urnas eletrônicas utilizadas no mundo, a urna brasileira é a mais atrasada.

* Frase que criei sobre a urna eletrônica brasileira: SEI EM QUEM VOTEI. ELES TAMBÉM. MAS SÓ ELES SABEM QUEM RECEBEU O MEU VOTO!

* Em nosso país (e penso que na maioria, com algumas adaptações), há várias barreiras a suplantar para se eleger: é necessário dispor de razoável numerário, ter acesso aos meios de comunicação, controlar as pesquisas eleitorais e ter meios de garantir a fidelidade das urnas eletrônicas. Utilizando eficientemente estes meios, não é difícil fabricar um candidato e elegê-lo.

* As pessoas que querem compartilhar as visões religiosas delas com você, quase nunca querem que você compartilhe as suas com elas (autoria desconhecida).

* Observadores argutos têm notado que, a cada reforma que o governo brasileiro consegue aprovar, aumenta-se a carga tributária e/ou diminuem-se os ganhos reais dos assalariados, reais ou nominais. O contrário, raramente acontece. Parece que os sucessivos governos aplicam o Dogma da Separação que apresentei em meu livreto

A República da Panákia,que reza: "Os interesses do governo e os do povo são, não só distintos, como conflitantes." E os governos optam, sistematicamente, por atender aos seus próprios interesses...

* Penso que os responsáveis pelas cíclicas instabilidades mundiais são: os banqueiros, os economistas, os políticos e os advogados, nesta ordem.

* Mandamento político: "Prometa sempre, mesmo que saiba que não poderá cumprir o prometido, pois malvisto é aquele que não faz promessas, jamais aquele que não as cumpre."

* Se o poder fosse integralmente dado às mulheres, com certeza o mundo seria muito mais pacífico. Elas evitariam as guerras, para não estragar a maquiagem, para não correr o risco de desarrumar a casa e pelo amor aos filhos, nesta ordem.

* Desconfio que, para confundir a população, os governantes usam os mandamentos: "Desvie a atenção dos governados, sempre que possível, dos assuntos relevantes; distraia-os com lemas e "slogans" plenos de bons propósitos, mesmo que vazios. Com os governados distraídos, os dirigentes poderão, sossegadamente, executar o que bem entenderem." E: "Os Poderes devem, esporadicamente, denunciar pequenos e médios escândalos em seus próprios quadros; enquanto a população indignar-se e preocupar-se com eles, os grandes escândalos estarão protegidos."

* Na sociedade convivem os Camaleônicos (que se adaptam facilmente) e os Obstinados (que, por interesse ou vaidade, mantêm suas decisões, mesmo que reconheçam suas más consequências). Os primeiros, se os interesse exigirem, invertem seus argumentos rapidamente e os segundos dizem: "Se a realidade não se adapta ao meu modelo, mude-se a realidade; eu fico com meu modelo."

* Tudo demonstra que, finalmente, foi reconhecido o direito de as pessoas serem incoerentes. Descobriu-se que a opinião das pessoas varia com o tempo, e muito, e a rapidez e a intensidade da mudança dependem fortemente das vantagens recebidas. Assim, os governantes podem mudar de opinião sempre que julgarem conveniente e, conforme uma interpretação liberal, eles até poderiam punir aqueles que teimam em ser coerentes.

* A Eletrônica, ao lado dos inegáveis avanços que proporcionou a todas as outras áreas do saber, foi e está sendo usada para cometer um dos maiores atentados contra o ser humano: a negação de sua privacidade. A Informática, com seus cada vez maiores bancos de dados, integrando as mais diversas informações pessoais (inclusive através da espionagem), os radares fotografando veículos, as câmaras de TV filmando, os chips nos automóveis fornecendo sua localização, os celulares fazendo o mesmo com seus portadores, os satélites olhando tudo (inclusive nossas casas) e a planejada implantação de chips em todas as pessoas – estas são algumas das ferramentas que já estão permitindo vigiar cada ser humano individualmente.

* Lembrando Voltaire em seu "Sermão às pulgas": O mosquito da dengue não merece o processo difamatório e de extermínio ao qual tem sido submetido. Ele não está fazendo nada mais do que tentar extrair uma gotinha de sangue do mamífero que Deus criou para servir como seu alimento: o homem... Não tem, pois, a mínima responsabilidade pelo vírus que hospeda, alheio à sua vontade.

* Mistérios religiosos: em toda a história da humanidade, entre os mais diferentes povos, dos gregos aos indígenas brasileiros, sempre esteve presente a ideia de um ou mais deuses que tudo criaram, tudo sabem, comandaram, comandam e comandarão todos os fatos passados, presentes e futuros, até a eternidade. Parece-me que por trás desta ideia, tenta-se atribuir a uma ou mais entidades virtuais, a responsabilidade pelas mazelas, injustiças e crueldades humanas, além da responsabilidade pelas catástrofes naturais (independentes ou provocadas pelo próprio homem), com todas as tragédias decorrentes. Não seria mais justo e produtivo o ser humano assumir sua culpa (naquilo que couber) e procurar se corrigir, em lugar de tentar se isentar, jogando esta culpa sobre seres sobrenaturais? A partir da crença nestas entidades são elaboradas teorias completas, sofisticadas, às vezes sobre personagens cuja existência é baseada apenas em relatos. Afirmam-se, com convicção, fatos idealizados como se fossem reais, tiram-se conclusões sobre premissas arbitrárias e estabelecem-se rituais complicados e estruturas hierarquizadas que movimentam fortunas fabulosas. Prefiro a posição espiritual de Einstein, que presta sua homenagem à natureza, às leis que regem o universo, ao Deus que se revela na harmonia do que existe, em lugar de se preocupar em comandar o destino da humanidade. Aprendo com Spinoza, quando diz que Deus e Natureza são dois nomes para a mesma realidade. Esta posição é compatível com o Budismo, ao não se

apegar a um Deus que tudo criou e que dirige nossas vidas. Em lugar disso, ensina a procurar o caminho da bondade e da sabedoria, pelo empenho pessoal e pela prática de boas ações.

* Li sobre uma tentativa de explicação, pela Psicologia, do fato de existirem descrentes, quando a maioria crê em algum Criador, que tudo fez, tudo vê e dirige: eles seriam mais resolvidos, amadurecidos, prescindindo da figura de um pai protetor a quem apelar nos maus momentos.

* Nas conversas com meu amigo religioso, que desistiu de converter-me, expliquei que eu era um agnóstico tolerante e a diferença entre agnóstico e ateu: o religioso crê na existência do Deus pessoal, entidade superpoderosa que tudo criou e tudo dirige (o que é um dogma) e o ateu crê na não existência do Deus pessoal (o que também é um dogma). Como nenhuma das duas crenças é passível de comprovação, como pesquisador não me sinto à vontade para acolher qualquer uma delas. Nunca aceitei afirmações cabais sobre algo não suscetível de prova ou de contraprova. Afirmações como estas são apenas conjecturas que, se provadas, viram teoremas e se acharmos algum contraexemplo, são rejeitadas sem mais. Desse modo, o agnóstico, se não pode provar nem desaprovar a existência do Deus pessoal, conscientemente afasta-se da discussão, em respeito aos que creem e aos que não creem, permanecendo neutro. Quanto aos alegados atributos do Deus pessoal, aí já é possível ao pesquisador discuti-los. Já ensinava o filósofo grego Epicuro, em 300 AC, que o Deus pai superpoderoso e, simultaneamente, superbondoso contraria o bom senso, em virtude das injustiças, atrocidades e catástrofes que o ser humano pratica e sofre diuturnamente. É esta incongruência que permite ao pesquisador, mesmo sem poder negá-la cabalmente, duvidar da existência do Deus pessoal com os citados atributos.

* Perguntaram a Saramago: – "Como o homem sem Deus pode ser bom?" Ele respondeu com outra pergunta: – "E como o homem com Deus pode ser mau?"

* Sempre recusei a ideia de agir corretamente por medo de um hipotético castigo divino. Sou livre para agir por convicção, não por medo.

* Numa conversa com um amigo, comentávamos sobre o estudo da História, na qual o que mais ressalta são os massacres, os genocídios, a escravidão, desde os tempos antigos até hoje, com suas guerras

mundiais, destruição de países, bombardeios indiscriminados de populações civis, inclusive com bombas incendiárias e de fragmentação. Se levarmos em conta, ainda, o enorme sofrimento devido aos fenômenos naturais, os terremotos, os tsunamis, os maremotos, meu amigo questionou: "Onde se esconde nestas horas o Deus bondoso e de poder infinito?"

* Ditado oriental: "Deus move céus e Terra naquilo que o ser humano é incapaz de fazer. Mas não move uma palha naquilo que o homem pode resolver." Acrescento: "Faz a tua parte e deixa teu Deus, se quiser, fazer a dele!"

* É triste constatar, mas penso que nossa geração vai deixar a Terra, especialmente em relação à ecologia, bem pior do que a encontrou. E o estrago teve a participação de nossos filhos e está tendo a de nossos netos. Estudiosos desconfiam que o ponto de não retorno para a vida humana foi ultrapassado e que a Natureza reagirá às agressões, encarregando-se de suprimir, ao menos parcialmente, uma espécie tão perniciosa. Quanto ao comportamento do ser humano em relação aos seus semelhantes, a situação é trágica. Como no passado, ele continua capaz de cometer as maiores atrocidades. Os homens matam-se, ferem-se, torturam-se, mutilam-se, queimam inocentes. Nações pseudodesenvolvidas inventam pretextos para roubar terras de outros e/ou os recursos destas terras. Destroçam famílias inteiras e destroem, em segundos, o que levou decênios ou séculos para ser construído. Gastam-se fortunas e milhões de horas de cientistas para tentar salvar vidas humanas. Ao mesmo tempo, maiores fortunas são gastas, e outros milhões de horas de pesquisadores, em avançada tecnologia, para criar e testar armas poderosas, sofisticadas, capazes de eliminar ou mutilar seres humanos em massa, em grande parte alheios às razões que motivaram tal carnificina. Uma espécie capaz de tais barbaridades merece existir? Ao que parece, uma espécie de suicídio coletivo está em marcha e talvez seja a resposta da Natureza a esta pergunta. Caso não se efetuem urgentes correções de rumo, a crescente poluição da Terra, do ar, dos oceanos, o envenenamento das águas e dos alimentos pelos agrotóxicos e as agressões à natureza e aos outros seres vivos, tornarão o ambiente inóspito à vida humana.

* Para deixar-nos em dúvida (e um pouco otimistas): recebi uma mensagem sobre o aquecimento global, prevendo dias trágicos para a espécie humana, com calor intenso e bilhões de mortos. Logo depois

recebi outra mensagem catastrófica para a humanidade, prevendo a vinda de uma época glacial. Como não tenho subsídios para saber onde está a realidade, e com as duas mensagens provindo de fontes confiáveis, sugeri a todos adotarmos, provisoriamente, a posição otimista (a média das duas): a temperatura da Terra permanecerá estável...

* Um ato vale mais que mil palavras. Se nossos atos estiverem em desacordo com nossas palavras, o que sobressai são os atos, não as palavras.

APÊNDICE B
SOLUÇÕES FANTÁSTICAS PARA O FUTURO DA TERRA (Ou para o que sobrar dela...)

Como, após a edição de meu livreto *A República da Panákia*, várias soluções, que sugeri com espírito irônico, apareceram como propostas na vida real, fico desconfiado de que as soluções que proponho não são tão inverossímeis assim...

* A crescente especialização da Medicina está chegando ao ponto de logo haver médicos que só entendem, tratam e operam o dedo polegar do pé direito, outros que só entendem dos cotovelos, ou do testículo esquerdo, ou dos fêmures, ou do canal urinário e assim por diante. Por um lado, isto favorece o conhecimento que se obtém sobre o objeto da especialização, mas por outro, dificulta as consultas e tratamentos daqueles que apresentam vários sintomas simultaneamente. Logo necessitaremos, para um simples problema, da assistência de inúmeros médicos de diferentes especialidades. O pior é que os antigos clínicos gerais estão desaparecendo. Quem integrará tantas especialidades? A solução será valorizar os generalistas.

* Críticos desconfiam que os planos de vacinação de idosos são, na realidade, um artifício para equilibrar a caixa da Previdência, eliminando os aposentados. Bastam 10% dos idosos falecerem devido à vacina, para resolver o problema. Um atrativo a mais é a possibilidade de regular a taxa de morbidade da vacinação (a porcentagem de falecidos) conforme a situação financeira da Previdência.

* Uma ideia para desenvolvimento futuro é o RI – Repetidor Infantil –, para livrar mães e pais de ficarem repetindo cansativamente pedidos e ordens a seus filhos. Seria um chip implantado no ouvido médio da criança, e a ordem ou o pedido, solicitados uma única vez, seriam repetidos indefinidamente pelo RI, até que a criança os atendesse.

* Temos que desenvolver alguma defesa contra os sons deletérios ao ouvido humano. Um fato que sempre revoltou os músicos de ouvido apurado e intrigou os cientistas foi a disparidade entre as defesas que o sentido da visão possui contra agressões visuais, e a ausência de defesas eficientes contra agressões sonoras, muito mais abundantes. Os ruídos, especialmente ruídos musicais de péssimo gosto e em

ambientes fechados, constituem uma verdadeira agressão contra cidadãos indefesos e indignados. Os olhos possuem duas defesas importantes (a pupila reage à luz intensa estreitando-se, e as pálpebras podem fechar-se automaticamente ou sob o comando da pessoa), enquanto o ouvido não tem defesas eficientes. Para corrigir tal falha da Natureza (na verdade, ela não tinha como prever a maldita parafernália de amplificadores e de dispositivos barulhentos criados pela Eletrônica), poder-se-ia criar um dispositivo auditivo que atuasse como a pupila, fechando-se automaticamente e restringindo os sons nocivos; ele poderia também, como a pálpebra, ser controlado pelo próprio usuário, conseguindo-se assim reduzir os ruídos a sons quase imperceptíveis.

* Quando do advento de graves epidemias, algumas bacterianas e outras virais, é normal isolar os doentes em ambientes esterilizados e completamente isolados. Uma extensão desta ideia seria envolver diretamente o próprio doente por uma fina camada de plástico especial, que permitiria a respiração da pele, mas não a passagem dos micro-organismos deletérios; a respiração e a alimentação seriam filtradas e esterilizadas por este plástico especial.

* Na hipótese de tudo não se extinguir com a morte, pode ser que em algum longínquo dia a ciência consiga pôr o ser humano em contato telefônico com os falecidos. O catálogo com os telefones, à semelhança das Páginas Amarelas (catálogo dos telefones comerciais), chamar-se-ia Páginas Pretas. Um colega comentou, quando lhe expus a ideia: – "O inventor Graham Bell desejava que todo ser humano, ao nascer, recebesse um número telefônico e o respectivo aparelho. Se durante alguns dias discássemos seu número e não fôssemos atendidos, isso indicaria que ele, com grande probabilidade, havia falecido. Você está generalizando a ideia de Graham Bell: Nem depois de morto, ele poderia deixar de atender."

* Aprende-se desde cedo que os seres humanos possuem cinco sentidos (ao que eu saiba, tentativas para criar outros têm fracassado): audição, visão, paladar, olfato e tato (os sentidos do equilíbrio e muscular, raramente citados, não serão por nós considerados). O surpreendente, entretanto, é a disparidade com que eles têm sido explorados artística e comercialmente. Se não, vejamos: para o estímulo e a satisfação dos dois primeiros sentidos desenvolveram-se os instrumentos e equipamentos musicais, as gravações, as pinturas e esculturas, os espetáculos teatrais, os filmes e vídeos (e os livros,

também classificados como obras visuais) etc.. A indústria que se montou em torno deles é fabulosa e emprega milhões de indivíduos. Compositores, intérpretes, pintores, escultores e diretores de cinema ficaram famosos e são conhecidos por séculos, tendo produzido desde obras simples até sinfonias, concertos, filmes, pinturas e esculturas que são verdadeiras obras-primas. Já em relação ao sentido do paladar, as explorações feitas são, claramente, rudimentares. Apesar do requinte das cozinhas chinesa, japonesa, francesa e de alguns outros povos, dos festivais gastronômicos e das reuniões dos degustadores de vinho, todas verdadeiras manifestações artísticas, nada existe que se compare ao que foi acima descrito a respeito da audição e visão. Não conhecemos compositores famosos que tenham criado "sinfonias" de gostos, nem intérpretes de suas obras; não vamos ao teatro para "assistir" às obras deles, nem suas composições são conhecidas e divulgadas. Algo semelhante acontece com o sentido do olfato, apesar da importante indústria dos perfumes: não conhecemos nenhum grande compositor que tenha criado "canções" ou "sinfonias" de cheiros e que as tenha registrado; tampouco vamos ao teatro "assistir" à apresentação de uma dessas obras. O sentido do tato, a menos de alguns empregos prazerosos, é também muito pouco explorado, por exemplo no trabalho manual com argila, no arranjo manual de flores, no plantio de mudas, no ato de tocar instrumentos, no desfiar de rosários etc.. Pois estes outros sentidos deveriam ser explorados com mais intensidade. Poderíamos criar obras gustativas (ou olfativas), eruditas ou populares, ou grandes sinfonias, fazendo-se nessas obras o emprego de acordes, escalas e arpejos, de gostos e de cheiros, e lindas melodias, também de gostos e de cheiros. Em um acorde de gostos, seus diferentes tipos (doce, salgado, azedo, amargo, adstringente) seriam combinados, cada um com um peso diferente, pesos estes especificados pelo compositor. O interessante é que poderiam ocorrer associações entre os diversos sentidos para fim de sua exploração artística: do mesmo modo que temos obras audiovisuais, além das apenas auditivas e das visuais puras, também surgiriam obras olfato-gustativas, olfato-audiovisuais, olfato-audio-gustativas e outras combinações convenientes. Mais futuramente, aparelhos eletrônicos que produzam, transmitam e recebam transmissões de músicas olfativas ou gustativas poderiam ser criados.

* Para que os alimentos transgênicos não façam tanto mal à humanidade, uma das soluções é aumentar a resistência do ser humano, tornando-o transgênico, inserindo nele o gene apropriado.

* Contra os fumantes, que insistem em jogar fumaça malcheirosa nos outros, em legítima defesa poderemos jogar oxigênio neles. Para isto, existem mini-sprays de oxigênio. Penso que os fumantes detestam oxigênio (até mais que o próprio ar, que tem mais nitrogênio que oxigênio).

* Vi pessoas incubadas em UTIs (que eu chamo de Unidades de Tortura Intensiva), à espera da morte, sem chance de recuperação. Outras, terminais, sofrendo dores que nem a morfina atenuava. Qual o sentido de a pessoa sofrer antes de morrer, ou do corpo humano degenerar com a idade, ocasionando incapacidades físicas e/ou mentais? Em futuro não muito longínquo, a humanidade chegará à conclusão de que o homem deve ter o direito de despedir-se da vida quando o viver tornar-se contraproducente ou intolerável. Uma ideia para o futuro: ao atingir certa idade, implantar-se-ia na pessoa um dispositivo com bateria recarregada automaticamente pelo calor humano. Este aparelho permitiria ao seu portador, por meio de um botão externo, dar-se potente descarga elétrica no coração, paralisando-o instantaneamente quando a pessoa, doente e/ou cansada da vida, desejar descansar. Para não se correr o risco de outros apertarem o botão, culposa ou dolosamente, o aparelho conteria uma senha que só a própria pessoa conheceria, a qual seria digitada em um microteclado inserido na pele, acessível externamente. Quem esquecesse a senha, estaria condenado a morrer de velhice.

* A Terra tem recursos limitados e a população mundial está crescendo dramaticamente. No futuro, mesmo com a necessária distribuição equitativa dos alimentos, o problema da fome será agravado. Penso que a médio prazo será necessário dar a cada indivíduo, ao nascer, o direito de viver no máximo N anos. Também, com os avanços da medicina, geriatria, genética etc., em breve será possível garantir a todos uma vida saudável, sem doenças e/ou degenerações. Assim, findo o prazo dado, a vida da pessoa cessaria automaticamente, sem qualquer sofrimento. O valor de N seria fixado em função do número de habitantes que a Terra poderia sustentar com uma justa distribuição dos alimentos e seria determinado a partir dos estudos de cientistas especialistas nas várias áreas relevantes. Avalio que hoje (2014), com esta premissa, o valor de N estaria por volta dos 70 anos.

* Outra possibilidade futura: a fome e a sede serem banidas do mundo. Pílulas transgênicas, produzidas aos bilhões, teriam a propriedade de alimentar as pessoas, deixando-as saciadas. Estas pílulas conteriam

componentes anticoncepcionais, para estabilizar a população mundial. Para suprir as populações com a água necessária, investimentos pesados seriam feitos na criação de métodos eficientes para a dessalinização da água dos oceanos.

* Outro efeito do crescimento da população mundial: com as atuais taxas, brevemente a capacidade da Terra estará esgotada. Sem medidas corretivas, então será forçoso aos governos, primeiro, incentivarem o "suicídio por solidariedade aos mais novos"; posteriormente, poderá haver a necessidade de instituir uma boa recompensa aos que concordarem em se matar, paga com antecedência (a pessoa poderá usufruir dela ou deixar para a família). Talvez a promessa de enterros com honras oficiais fosse um bom estímulo...

* Proposta de um novo horóscopo: no horóscopo comum, as pessoas crêem que os signos determinam o caráter dos homens. Alguns estudiosos sugerem que os fatos ocorrem ao contrário (quando ocorrem): de tanto uma pessoa do signo Leão ouvir falar que seu signo está correlacionado com temperamento belicoso, ela se torna agressiva; de tanto ouvir falar que o signo Balança tem a ver com amor às artes, as pessoas deste signo dedicam-se às artes. Assim, reconhecendo cientificamente o citado mecanismo psicológico de influência, sugere-se um novo horóscopo, com o qual se poderá prever, com boa chance de sucesso, as tendências das pessoas e as compatibilidades entre elas. Os doze signos seriam os quatro elementos e seus derivados: Terra, Carne, Linguiça; Água, Leite, Queijo; Fogo, Brasa, Carvão; Ar, Fumaça, Poeira. Desse modo, pessoas do signo Brasa teriam grande probabilidade de se tornarem churrasqueiras, uma pessoa do signo Água teria grande chance de ser nadadora, e uma pessoa do signo Leite teria grande chance de ser criadora de vacas. Já pessoas do signo Fogo podem se tornar incendiárias. Com esse horóscopo, a determinação das compatibilidades pessoais (ou incompatibilidades) torna-se óbvia; por exemplo, são compatíveis as duplas: Carne/Linguiça, Leite/Queijo, Terra/Poeira, Água/Leite, e não o são: Fogo/Água, Brasa/Ar, Leite/Linguiça. Casamentos que não obedecessem às compatibilidades teriam pouca chance de durar, especialmente quando a incompatibilidade dos signos se desse entre genro e sogra.

* Todos dizem que as 24 horas do dia não são suficientes para se fazer tantas coisas. Uma solução seria redefinir o número de minutos da hora. Se convencionarmos que uma hora teria 48 minutos, o dia teria

30 horas. Assim ganharíamos, diariamente, 6 horas a mais para serem utilizadas para o lazer ou para trabalhar mais, ganhar mais e pagar mais impostos ao governo. Outra solução seria a criação do "dia-novo", um dia de 48 horas de 60 minutos, obtido pela junção de dois dias comuns em um só.

* Boa parte das religiões cultuam um Deus único (onipresente, com bondade e poder infinitos), possuem códigos de conduta muito parecidos, pregam a solidariedade e prometem o paraíso para os bons e castigo para os maus. Ou seja, sob o ponto de vista puramente religioso, há mais convergências entre elas do que divergências, mais motivos para colaboração do que para antagonismos. Então, por que não se fundem em uma só, tendo por base o muito que há de comum entre elas?

* É uma incoerência juízes condenarem pessoas a N anos de prisão sem terem ideia do que isto significa; o ideal seria fazerem um estágio probatório de, ao menos um ano, nas mesmas condições que seus condenados enfrentarão. Do mesmo modo, os padres de todas as religiões só deveriam aconselhar sobre casamentos quando casados há mais de sete anos.

* Uma proposta administrativa: a Doutrina da Competência Específica. Ela estabelece que: "Cada cargo deve ser preenchido com a pessoa mais apta em burlar as leis e regras estabelecidas, a vigilância das quais é atribuição do cargo em pauta." Por exemplo, para o cargo de Presidente do Banco Central, quem melhor do que um especialista em especulação financeira? Também, quem melhor do que um chefe do tráfico de drogas para dirigir o setor da polícia encarregado do combate às drogas? Eles seriam imbatíveis nessas posições!

* Uma proposta para implementar quando a tecnologia permitir: cobrir as cidades com algo material (uma cúpula com furinhos, sobre a qual se espalharia água) ou tipo barreira energética, para controlar a chuva. Por exemplo, far-se-ia chover todos os dias das 3 às 5 da manhã, quando a maioria está dormindo (ou deveria estar).

* As pessoas estão ficando cada vez mais dependentes dos telefones celulares, ficando em pânico quando percebem que perderam ou esqueceram o seu em algum lugar. A tecnologia, com a crescente miniaturização dos celulares, já permite resolver o problema de transportá-los e evitar perdas, roubos ou esquecimento dos mes-

mos. É possível, atualmente, inserir um chip de comunicações sob a pele, em local conveniente, deixando expostos apenas um minúsculo microfone/alto-falante. A energia necessária pode ser gerada pelo próprio calor humano, e ninguém precisaria mais se importar em levar o celular, pois ele iria aonde a pessoa fosse. Tal solução deixaria de ser necessária quando a "comunicação telepática" interconectasse todos os seres humanos entre si. Outra proposta a ser implementada quando a tecnologia permitir: nas pessoas que vivem grudadas na TV (aquelas que adorariam ver TV 24 horas por dia), seria implantado um chip televisivo, diretamente na área visual do cérebro (nos lobos occipitais), com ligações à área auditiva (lobos temporais). Este chip, associado a uma miniantena parabólica (do tamanho de uma moeda grande e implantada sobre o couro cabeludo), permitiria a conexão à televisão o dia inteiro. A mudança de estações seria feita por meio de uma prótese rotativa, implantada num dente molar e manipulada com a língua. Mais à frente, no mesmo chip, poder-se-ia integrar uma memória regravável, com capacidade suficiente para conter algumas centenas de músicas e filmes. Ela permitiria ouvir e/ou ver as músicas e/ou as imagens desejadas, apagá-las e gravar as novidades. O passo seguinte seria dado quando o chip abrigasse um computador completo, integrando as funções descritas, a internet e muitas outras.

* Observei que os desvalidos são os que menos sofrem nas crises, nos tempos de calamidade, nas guerras, pois já estão normalmente sofrendo com a fome, a falta dos serviços básicos etc.. Se isto for verdade, temo que algum tecnocrata bondoso pense em treinar as crianças pobres a resistir à falta de comida. Assim, com o aprendizado, quando passassem fome, sofreriam menos.

* Penso que as Constituições deveriam proibir as oposições de se opor. Não há nada mais maçante que um opositor, um chato que vive discordando da gente. Será que eles não percebem como são indesejáveis?

* Não é preciso ser muito esperto para perceber que o descompasso entre o aumento populacional e a diminuição da oferta de alimentos e água potável, ocasionada pelo esgotamento da Natureza, pelo envenenamento dos mananciais de água e da terra etc., levará a uma hecatombe universal. Urge encontrar uma solução para os problemas da população crescente e dos alimentos decrescentes. Uma brilhante proposta, que resolve os dois problemas simultaneamente, é a construção do Grande Moedor, já descrito em meu livreto *A Re-*

pública da Panákia. Nos restaurantes populares, logo na entrada, haveria uma catraca eletrônica comandada por computador. Esta catraca efetuaria um sorteio rigorosamente programado e oficialmente neutro (admite-se uma leve ingerência dos serviços de segurança), escolhendo uma a cada cinco pessoas. Os não sorteados seriam dirigidos à fila da direita, onde receberiam pratos com hambúrgueres. Os sorteados receberiam um volumoso jornal com os últimos estudos sobre a necessidade do controle populacional e seriam dirigidos à fila da esquerda, a qual terminaria diretamente no Grande Moedor. Por meio de um alçapão, eles cairiam nele através de um corredor com gases anestesiantes, seriam triturados com temperos apropriados e transformados nos hambúrgueres que alimentariam os que não foram sorteados. A razão da entrega do jornal é que a celulose do papel é um ótimo elemento para dar consistência aos hambúrgueres e salsichas.

Esta obra foi composta por Eveline Albuquerque
em Georgia e impressa em papel pólen soft 70g/m²
pela Bartira Gráfica e Editora em setembro de 2014.